东吴史学文丛

丛书主编 王卫平 池子华

中国近代铁路史新探

——朱从兵自选集

朱从兵 著

苏州大学出版社
Soochow University Press

图书在版编目(CIP)数据

中国近代铁路史新探:朱从兵自选集 / 朱从兵著
.—苏州:苏州大学出版社,2014.5
(东吴史学文丛 / 王卫平,池子华主编)
ISBN 978-7-5672-0670-0

Ⅰ.①中… Ⅱ.①朱… Ⅲ.①铁路运输—交通运输史—中国—近代 Ⅳ.①F532.9

中国版本图书馆CIP数据核字(2014)第098982号

书　　名	**中国近代铁路史新探——朱从兵自选集**
著　　者	朱从兵
责任编辑	张　凝
出版发行	苏州大学出版社
	(苏州市十梓街1号　215006)
印　　刷	苏州工业园区美柯乐制版印务有限责任公司
开　　本	700 mm×1 000 mm　1/16
印　　张	14.25
字　　数	271千
版　　次	2014年5月第1版
	2014年5月第1次印刷
书　　号	ISBN 978-7-5672-0670-0
定　　价	36.00元

苏州大学版图书若有印装错误,本社负责调换
苏州大学出版社营销部　电话:0512-65225020
苏州大学出版社网址　http://www.sudapress.com

总 序

苏州大学是国家“211 工程”重点建设高校和江苏省属重点综合性大学，其前身为创建于 1900 年的东吴大学。1952 年全国院系调整时，东吴大学与苏南文化教育学院、江南大学数理系等合并为苏南师范学院，同年定名为江苏师范学院，在原东吴大学校址办学。1982 年经国务院批准改名为苏州大学。迄今为止，苏州大学已是一所拥有 6 个校区、113 年办学历史的著名高校。

历史学是苏州大学的传统学科之一，其源头可以追溯到东吴大学时期。1952 年江苏师范学院成立之初，设历史专修科；1955 年，原北京师范大学历史系主任、著名史学家柴德赓教授受命南下，创建了江苏师范学院历史系。

“文革”结束以后，历史系在学科建设、教学研究、人才培养、学术交流等方面均取得长足发展。在此期间，中国史中的太平天国史、江南社会经济史等逐步成为历史系的特色研究领域，出版了《太平天国在苏州》《左宗棠评传》《苏州手工业史》《六朝史》等颇具影响的学术著作；世界史教师也通力合作，先后编写了《世界古代史》《世界近代史》《世界现代史》《世界当代史》等系列教材，在高校历史学界产生了较大影响。

继 1983 年中国近现代史、世界史成功申报硕士点后，1991 年中国近现代史专业开始招收博士研究生，并于 1994 年正式取得博士学位授予权。1993 年以后，中国近现代史学科还被江苏省政府列为重点建设学科。1995 年，结合苏州大学院系调整，历史系更名为社会学院。

现在的社会学院包含了 5 个系 8 个本科专业，而历史学系无疑居于龙头地位。进入 21 世纪以后，苏州大学历史学科的发展更为明显，学科建设和科研水平不断提高。2005 年，历史学被评为一级学科硕士点；2007 年，获评历史学博士后流动站；2008 年，历史学专业成为江苏省品牌专业，中国古代史获评江苏省精品课程；2010 年，历史学被评为一级学科博士点，后因一级学科的变化，调整为中国史一级学科博士点和世界史一级学科硕士点。与此相应，中国史成为江苏省一级学科重点学科。而历史学科教师承担的国家社科基金课题每年均有斩获，成为科研中的一个亮点。

从“九五”时期开始，历史学科即参与苏州大学“211 工程”建设项目，并作出了积极贡献，先后出版了“苏南发展研究丛书”、“苏南历史与社会研究丛书”、“吴文化研究丛书”等系列研究成果。在此过程中,我们积极落实学校“服务社会”的办学宗旨,努力服务于地方经济与社会发展,为各级政府部门既提供了有效的决策咨询服务,又承担了多项大型文化工程的建设任务,如:《苏州通史》(编纂)、“苏州文献丛书”(古籍整理)等;还构建了“江苏省吴文化研究基地”、“江苏省红十字运动研究基地”等重要科研平台。所有这些,都为学科建设和人才培养打下了坚实的基础。

苏州大学历史学科的发展,源于长期办学的深厚积累,得益于学校领导及相关职能部门的大力关心和支持,更是与广大教师的辛勤耕耘、努力工作分不开的。为此,2012 年 9 月,经历史学科诸同仁的充分商讨并得到社会学院的同意,我们决定编辑出版“东吴史学文丛”。“东吴史学文丛”收录了我校历史学科多位在职教授的研究成果,每位教授的成果单独成集。它们在一定程度上反映了各位教授的成长历程和治学特色。

在“东吴史学文丛”的编辑出版过程中,王玉贵教授付出了大量的劳动,苏州大学出版社的领导和各书稿责任编辑给予了大力支持,在此一并表示感谢!

苏州大学社会学院院长

王卫平

2013 年春节

前　言

学术进步的动力在于不断地探索、积累、集成和总结，因此，学术发展的规律就是：一个时代的学术经过一个时期学人们的探索和积累之后，就会出现一个学术集成和学术总结的高峰。学术集成意在汇聚学人成就，为学术传承奠基；学术总结则意在剖析学人长短，为学术传承铺路。学术的集成和总结常常是学术发展史的一个转折点或里程碑。从这个角度来看，每位学人都有进行学术总结的必要性，论文的结集出版往往带有个人学术总结的味道。

从研究生阶段开始蹒跚学步，我在学术研究的道路上已探索了二十多年，涉及的领域主要在太平天国史和中国近代铁路史。考虑到《太平天国文书制度再研究》（合肥工业大学出版社 2010 年版）和《上海小刀会起义与太平天国关系重考》（天津古籍出版社 2010 年版）已基本囊括了我的太平天国史研究成果，这次结集就不再收录太平天国史方面的论文。关于铁路史研究，我虽然出版过《铁路与社会经济——广西铁路研究（1865—1965）》（广西师范大学出版社 1999 年版、合肥工业大学出版社 2012 年再版）、《李鸿章与中国铁路——中国近代铁路建设事业的艰难起步》（群言出版社 2006 年版）和《张之洞与粤汉铁路——铁路与近代社会力量的成长》（合肥工业大学出版社 2011 年版）等，但有一些论文尚未在这些著作中反映，还有些论文则较著作有更系统的建构，因此，这些著作并未集中反映我二十多年来研究铁路史的探索路径和总体思路。当然，探索路径和总体思路不是一回事，要在一本自选集中同时反映，亦非易事。这次结集考虑的基本点就是以向学界展示我一段时间以来研究铁路史的总体思路为主。

我的中国铁路史研究，其基本内容可分成三个方面：一是中国近代铁路建设事业的起步，这是以往研究中注意得不够的，至少是以往研究中还缺乏若干问题意识。西方列强要求中国建设铁路，只是问题的一方面。更重要的问题是，究竟有哪些因素，或经历了什么样的过程，才使这种要求转化为中国封建统治者自身的要求，从而使铁路建设成为国策。二是中国近代铁路建设的探索史，即铁路建设事业起步以后，从中央到地方，从政府到社会，在铁路建设的过程中遇到过哪些问题,有过什么样的思考、认识和抉择,最终又建立起了什么样的应对体制和机制,根据这些体制和机制又有哪些铁路建设的具体实践。对这些问题进行深入的研究,才不至于使铁路建设史出现空心化的倾向。三是铁路的筹建、建设、运营和管理给社会可能带来什么样的影响,这种影响可从宏大的或区域的政治取向、经济变迁、社会生活、生态变化得到反映,也可从人们日常生活的细微之处获得感知。这三个部分,构成了我近二十年来研究中国近代铁路史的总体框架。

在第一部分,我选了3篇论文,反映了铁路建设事业起步阶段统治高层对铁路态度的变化、对铁路建设的动力选择和当时的舆论动员情形。对这一部分内容感兴趣的读者,可进一步参阅拙著《李鸿章与中国铁路——中国近代铁路建设事业的艰难起步》。在第二部分,我选了4篇论文,主要是一些代表人物的铁路建设思想和实践,张之洞是我关注较多的人物,对他在芦汉铁路、沪宁铁路和粤汉铁路筹建过程中的所思所想所为,我进行了长期的研究,对他与粤汉铁路的关系,我已有专著出版,不再收入相关成果。孙中山在民初对中国铁路建设有很深入的思考,我也曾以较多的时间,系统地探讨过他的铁路建设思想,发表了系列研究论文,这次选入2篇,企望读者对孙中山的铁路建设思想有新的认识。严复和赵炳麟属于另外两种类型的人物,严复对铁路建设问题有过思考,但无实践,只是充当献策的谋士,这使他的铁路思想具有理想和务实的矛盾色彩;赵炳麟作为言官,对铁路建设问题亦有理性的认识,但当他被抛到铁路建设的前沿舞台时,却有一种不胜其力的尴尬。通过这些人物的认识、思想和实践,我们不难认识到近代铁路建设的艰巨性和复杂性。在第三部分,我选了3篇论文。从特定区域来看,铁路建设对社会的影响,与该区域的区位特点有关。我早年研究过广西铁路筹建史,在作为边疆省份的广西,铁路筹建与边防问题密切相关,使中央和地方对铁路建设产生了分歧,这对区域社会的政治生活具有一定的影响;从全国范围来看,铁路对社会的影响反映在近代社会力量的成长上,这种成长,从铁路筹建的体制和机制的变化可以得到很好的说明。虽然我做的是粤汉铁路研究,但目的是揭示铁路与近代社会力量成长这种关系的普遍性;从微观层次来看,铁路的建设和经营也深深地影响着人们的日常生活,这种影响既有正面的,也有反面的。为了说明反面的影响,我提出了所谓"反日常"的概念。

至于我的探索路径,我在此简要地做一说明。我的铁路史研究始于研究生阶段的自发学习,硕士学位论文即以铁路史为选题。当时的选题是铁路人物,试图做全国性铁路史研究。攻读博士学位时,导师王庆成研究员建议我继续从事铁路史的探索,并与地方史相结合,由此而有了区域铁路史的研究。由于当时社会史的研究正热,所以当时确立的研究视野是社会经济史。获得博士学位以后,我继续深化博士学位论文的研究,与此同时,又回过头来注意与硕士学位论文相关的学术动态，并有计划地加强全国性铁路史研究，试图将铁路的全国性通史与地方史的研究结合起来。2004年调入苏州大学以后，我对全国性铁路史的研究得到了进一步加强。我的设想是，从晚清铁路史研究入手，有了基础之后，再向民国铁路史、中华人民共和国铁路史推进。到目前为止，我的研究仍然以晚清铁路史为主，对民国铁路史的涉及还不多。对全国性铁路史研究的切入点仍是铁路人物，我拟选择李鸿章、张之洞、盛宣怀、孙中山等对中国近代铁路建设决策能够产生重大影响的人物，并对李鸿章、张之洞、孙中山等人有所探讨，由此而有了一系列的研究成果。在研究方法上，我也在不断思考，主张铁路史应是一门多学科交叉的综合性学科，应从政治史、思想史、经济史、技术史和社会史等学科视野进行探讨，呼吁多学科的学者共同努力，编纂具有新范式、新话语的大型铁路通史。从我个人的实际研究视野来看，总体上是从政治史转向社会史，具体地说，还有以下三个方面的变化：从以往强调西方列强对铁路利权的侵夺，到建构中国政府和社会如何应对铁路利权问题的体制和机制；从注意近代铁路建设的历史环境、体制机制等问题，到逐渐地关注铁路建设和经营所引发的社会变迁；从以前关注铁路建成后的社会经济史，到提倡探讨铁路建设和运营中的社会经济史。在实现这些视角转换的过程中，我也根据具体的研究需要，将对铁路人物的研究与线路史、区域铁路史、铁路专题史结合起来，试图揭示中国近代铁路史的基本规律，从而凸显研究的问题意识。以上的探索路径也反映在我培养硕士、博士研究生的过程中，我已有18位研究生的学位论文以中国近代铁路史为选题，这些论文都是在我的同时期对中国近代铁路史研究新的认识指导下完成的，也在一定程度上印证了我探索中国近代铁路史研究方法的基本轨迹。

中国近代铁路史应有新的建构，这种建构只有在作为政治史、思想史、经济史、技术史和社会史的铁路史都已有相当研究基础之后才有可能。从目前的研究状况来看，这种新的建构显得任重道远。这主要是因为，铁路史研究远未引起学者们的重视，主流学者没有深入到铁路史研究中来，多学科合作研究的团队难以形成，在全国还未出现铁路史研究的学术重镇或学术中心。我真诚地期待具有新范式、新话语的中国近代铁路史的新建构会早日出现。

目　录
Contents

近代铁路建设事业的起步

- 晚清宫廷的思想动态与铁路兴办（1865—1889）
- 《申报》与中国近代铁路建设事业起步的舆论动员
- 甲午战前京津铁路线的筹议述论——兼议中国近代铁路建设起步的动力选择

晚清宫廷的思想动态与铁路兴办(1865—1889)

现代意义的铁路于1825年在英国出现。10年后,在世界主要资本主义国家兴起铁路建设热潮的时候,有关铁路、火车的知识开始传入中国。1835年,《东西洋考每月统记传》(道光乙未六月)载有《火蒸车》的报道。此后,一些欧洲来华传教士在鸦片战争前撰写的汉文外国史地书籍里,也有提到铁路或辆辘路以及火轮车、火车等名词的,这些书籍主要有:稍后于1835年刊出的息力《英国论略》、1838年刊出的高理文《美理哥合省国志略》、1839年刊出的郭士立《万国地理全图集》等。这些书籍对铁路的叙述都很简略,并多模糊印象之词,1840年刊出的郭士立《贸易通志》对铁路才开始有比较详细的记载。[1]鸦片战争以后,一批睁眼看世界的中国人所撰著的介绍外国史地知识的著作中,也多次提到英国、美国的铁路和火车,这其中以徐继畬的《瀛环志略》和魏源的《海国图志》最具代表性。他们对铁路、火车已经有了较为确切的认识,并作出了比较恰当的评价。他们的认识和所作的评价表明他们并不排斥采用铁路和火车的可能性。这种可能性变成中国铁路建设事业起步的现实性,经历了一个曲折的过程,这个过程直接反映了晚清宫廷在1865—1889年间思想动态的演变。

晚清宫廷在1865—1889年间的统治结构可粗略地概括为:两宫皇太后(1881年后只有西太后慈禧)和皇帝为最高当权者,宫廷官僚可分为三部分:以言官为重要力量的廷臣、以督抚将军为主体的外臣、介于廷臣和外臣之间的总理衙门(1861年设)和海军衙门(1885年设)官员。一般来说,由于政务视野的不同,廷臣的思想较为保守,外臣的思想相对善变和开明,而总理衙门大臣和海军衙门大臣也是比较开明和善于变通的。两宫皇太后和皇帝的思想在外臣、总理衙门和海军衙门官员的影响下会逐渐地发生变化。因此,从晚清宫廷总体的思想动态来看,铁路兴办的阻力主要来自廷臣。

一、1860—1879年:外臣对铁路态度的变化

当然,当列强早期要求中国建筑铁路,提出试行、仿办等主张时,外臣对

---

〔1〕 宓汝成:《帝国主义与中国铁路》,经济管理出版社2007年版,第18页。

铁路的态度也是排斥的,只是他们对铁路的态度较早地发生了变化。要不要接受铁路、要不要在中国建设铁路的议题,进入晚清宫廷则是铁路知识传入后30年的事情。19世纪60年代中后期,晚清宫廷就此议题曾经有过3次讨论。这3次讨论基本上是在外臣的范围内进行的。

第一次是在1865年。李鸿章当年议复总理衙门关于电线问题时表示:"中国或亦仿照外洋机巧,自立铜线,改英语为汉语,改英字为汉字,学习既熟,传播自远,应较驿递尤速。"当时上海的西报借此蜚语,以为李鸿章有兴办铁路之意,总理衙门立即专门驰函查寻,李鸿章解释说:"自是彼族设此謦言,无聊尝试,原可置之勿理。"[1]但是,如何拒绝列强的要求,总理衙门想听听沿海沿边各省督抚将军的意见,所以2月12日行文曾国藩、刘坤一、崇厚、官文、李鸿章等滨海沿江各省的将军、督抚16人,要求他们"力为设法阻止,以弭衅端而杜后患"。至于拒绝的理由,该衙门指出:"海外各国,设立铜线法以通信息,开铁路以利往来二事,皆各国争欲举办之件。……其开设铁路一事,屡经各国公使晤时提及,均经本衙门理阻各在案。原因中国地势与外洋不同,倘任其安设飞线,是地隔数千百里之遥,一切事件,中国公文尚未递到,彼已先得消息,办事倍形掣肘。……如开设铁路,洋人可任便往来,较之尽东其亩,于大局更有关系。是以叠经本处力为拒绝。"[2]在这种"力为拒绝"的基调下,各省督抚将军发出的都是一片反对之声。

第二次是在1866年。1865年秋,中国海关总税务司赫德交给总理衙门一份题为《局外旁观论》的说帖,1866年,英国驻华公使馆参赞威妥玛在英国驻华公使阿礼国授意下,草成一件题为《新议论略》的节略,都要求中国学习西方"各等新法"[3],而阿礼国在给总理衙门的铁路节略中,再度推荐,劝中国采纳司蒂芬孙的铁路计划,先兴办一二条利润丰厚的短线。总理衙门在接到《局外旁观论》和《新议论略》后,以他们所论"于中外情形深有关系"为由上奏清廷,要求交给沿海、沿江通商口岸地方各省督抚"妥议"。清廷觉得其中亦"有不能不预为筹划者",但并未采纳总理衙门的建议。总理衙门随后又上奏指出:"窥洋人之立意,似目前无可寻衅,特先发此议论为日后藉端生事地步。若不先事通筹,恐将来设有决裂,仓卒更难措置。"仍请清廷将赫德、威妥玛所论交各督抚讨论筹划,清廷这才接受总理衙门的建议,于1866年4月5日发布上谕,要求沿海沿江各省督抚"详慎筹划"。[4]由于这次讨论和筹划的

[1] (台)"中央研究院"近代史研究所编:《海防档·丁·电线(六)》(上),艺文印书馆1957年初版,第8—9、23页。
[2] 宓汝成编:《中国近代铁路史资料(1863—1911)》第1册,中华书局1963年版,第19页。
[3] 宝鋆等修:《筹办夷务始末》(同治朝)卷40,(台)文海出版社1966年影印版,第31页。
[4] 中国史学会主编:《洋务运动》(一),上海人民出版社、上海书店出版社2000年版,第15—16页。

中心不是铁路问题，所以只有部分督抚在复奏中提到铁路问题。这些督抚看到了铁路的基本功能在于“辅轮船之不及”，但也意识到列强对此有“故神其说”的成分。他们认识到列强“欲广通其路于中国”为“包藏祸心”，其深层目的是“以重怵我百姓之心”。他们否认中国建筑铁路的必要性和可能性，“贸迁驿传固无须此”以及“其弊与轮船等”是他们否认必要性的基本理由，而“必致扰民”、“地势物力均所不能”以及“运思巧而不适于用”是他们否认可能性的基本理由。总的态度就是铁路并非中国当时急务，应该谨慎地拒绝洋人的要求。[1]

第三次是在 1867 年。考虑到铁路等问题是 1868 年的修约交涉中列强“势所必争之事”，总理衙门为此而早做准备，提出作为预案的“条说”，于 1867 年 10 月 12 日奏请清廷将“条说”“密切函寄”各省将军督抚“嘱令妥为悉心筹划”，得到清廷的批准。[2]1867 年 10 月 12 日至 1868 年 1 月 16 日间，各省将军督抚共 18 人纷纷专折各陈其说，意皆阻止洋人建筑铁路。但是，在这次讨论中，部分官僚已能比较客观地认识到铁路的利弊，沈葆桢认为：“铜线、铁路，如其有成，亦中国将来之利也，且为工甚巨，目前亦颇便于穷民。”[3]福建巡抚李福泰议复说：“铜线铁路，洋人决计行之已非一日……或曰彼人之意，不在沿海江岸也。我朝西北边界，与俄英法均有路可通，而由印度趋缅甸，亦可竟达西藏云南。彼国商船由海道而来，迂回数万里，若由西北陆路，行以铁路之法，旬日竟达，取道捷而为费省，固各国所必争。如其议而行之，百货聚于中华，富强之资也。”[4]湖广总督李鸿章在 1867 年 12 月 31 日奏折中的看法则独树一帜，他认为：“电报、铁路、轮船和机器——外洋强力之所在——中国也可以采用……旅行海外的中国人得到证明，这些事物并非有害，而是有益的”，但是，必须向外洋各国力陈不得强迫做过早的或匆促的决定。[5]他还指出：“然与其任洋人在内地开设铁路电线，又不若中国自行仿办，权自我操，彼亦无可置喙耳。”[6]

经过 19 世纪 60 年代的三次讨论，外臣逐渐改变了对铁路一味拒绝的态度，甚至有人提出了“自行仿办”的微弱呼声，总理衙门的官僚们也认识到“至铁路一节，并非谓其无益”，但又觉得铁路系“现在未能遂办者”[7]。这种看法影响了一批思想变通者。也许是这些缘故，美国绅士阿尔伯特 · S. 毕克默

---

〔1〕 朱从兵：《李鸿章与中国铁路——中国近代铁路建设事业的艰难起步》，群言出版社 2006 年版，第 52 页。
〔2〕 宓汝成编：《中国近代铁路史资料(1863—1911)》第 1 册，中华书局 1963 年版，第 22—23 页。
〔3〕 宝鋆等修：《筹办夷务始末》(同治朝)卷 53，(台)文海出版社 1966 年影印版，第 5 页。
〔4〕 宝鋆等修：《筹办夷务始末》(同治朝)卷 55，(台)文海出版社 1966 年影印版，第 34 页。
〔5〕 [美]马士：《中华帝国对外关系史》(第二卷)，上海书店出版社 2000 年版，第 229 页。
〔6〕 宓汝成编：《中国近代铁路史资料(1863—1911)》第 1 册，中华书局 1963 年版，第 25—26 页。
〔7〕 宝鋆等修：《筹办夷务始末》(同治朝)卷 63，(台)文海出版社 1966 年影印版，第 86—87 页。

在19世纪60年代末预言:“在清国,建成一条甚至多条铁路以及铺设多条电报设施的日子应该为期不远了。”[1]

从19世纪70年代开始,西方列强为催促中国启动铁路建设事业,不断提出各种要求和设想,展开各种外交权谋,使宫廷外臣中的一部分人渐渐地对铁路的态度有了较大的改变,并试图进一步改变晚清宫廷中最高当权者的态度。但是,在19世纪70年代,廷臣的阻力很大,在一定程度上甚至影响了最高当权者态度的变化。

由于总理衙门早有应对之策,列强在修约交涉中未能取得在华兴办铁路的条约权利。英国驻华公使阿礼国在修约交涉后指示在华英国商人说,铁路“不能作为一种条约的权利来提出要求,开始应该以实验的方式介绍进来”[2],以便使清廷的官员对铁路有一个较为直观的印象。1872年9月,英国商人在天津试行火车。李鸿章和其他地方官都前往观看和试坐。经过试行,李鸿章认为,“此火车之来中国,可谓创观,其制作亦可谓精美之至”,并为试行的火车命名“利用”号。[3]似乎是因为有了这次成功的摆演,一家名叫兰逊—瑞碧公司的工程公司在英国财界显要的支持和曼彻斯特市商会的赞助下,还想直接对清朝的最高统治者进行同样的活动。他们以为,如能成功,则清廷会更快地做出修建铁路的决定,当时的《申报》透露说:“若以火车铁路全具进献请小试之,试之之后,显见其有益之处,中国因此遂大用之,亦未可必也。倘后竟能大用,因此致富,吾等诸国与之交接通商,亦必更有利矣。”[4]该公司准备利用同治帝于1873年的大婚典礼,集资6万英镑以庆贺婚礼名义,送一条包括火车(机车)2辆、客车货车2—3辆、铁轨20—30里的“婚礼铁路”当作展览品,以便宣传推广。只是在英国驻华公使告知他们清廷不愿接受后,才未成为事实。[5]由此看来,晚清宫廷的最高当权者对铁路是不接受的。

然而,英国商人并不甘心,为了进一步试探清廷对铁路建设的态度,他们又拟在上海至吴淞之间筹建铁路。为了配合他们的行动,《申报》还营造筹建铁路的舆论环境。1874年是该报大力宣传铁路利益的一年。2月26日,该报发表了《吴淞口建造火车铁路以达上谕论》,指出:“泰西诸国火轮舟车创设有历年所,分道而驰,并行不背。凡于世人事,无不称便,尤为便于商旅,盖货物之流通更速,贸易之来往较易,故银钱之利息愈厚矣。”[6]7月15日,该报又

---

[1] 郑曦原编:《帝国的回忆——〈纽约时报〉晚清观察记》,生活·读书·新知三联书店(北京)2001年版,第28页。

[2] 宓汝成编:《中国近代铁路史资料(1863—1911)》第1册,中华书局1963年版,第29页。

[3] 《申报》第1册,上海书店1983年影印版,第518页。

[4] 《申报》第3册,上海书店1983年影印版,第209页。

[5] 宓汝成:《帝国主义与中国铁路》,经济管理出版社2007年版,第43页。

[6] 《申报》第4册,上海书店1983年影印版,第169页。

刊载了《火轮车为福国之举》的文章，以铁路对美国西部开发的作用为例分析其“有益于国”的功能，要求中国试行。[1]7 月 20 日，刊登《论机器》的专论，开头即说明要让中国的“在上有权之人”亲见铁路利益的必要性，认为只有这样，铁路的利益才能像轮船那样，为华人所信，并进而“购用之”、“制造之”。[2]接着，该报又与中国人办的倾向保守的《汇报》展开了一场铁路利弊的大论战。12 月 12 日，该报发表《论世务》的文章，以评李鸿章作为“救时宰相”为切入点，以问答的形式阐述了中国建筑铁路的必要性、艰巨性和必然性。[3]

廷臣对铁路的态度，给英国商人的热情浇了一盆冷水。当时，俄国蚕食我国新疆边境地区，强占伊犁，而日本、法国又在东南沿海侵略台湾，1874 年，在清廷内部掀起了塞防海防之争。这次争论鲜明地反映了宫廷对铁路的态度，据 1877 年 7 月 11 日李鸿章给在英国的郭嵩焘回信说：“西洋政教规模，弟虽未至其地留心谘访考究，几二十年亦略闻梗概。自同治十三年(即 1874 年)海防议起，鸿章即沥陈煤铁矿必须开挖，电线、铁路必应仿设，各海口必应添洋学格致书馆以造就人才。其时文相目笑存之，廷臣会议皆不置可否，王孝凤、于莲舫独痛诋之。曾记是年冬底赴京叩谒梓宫。晤恭邸(指恭亲王奕䜣——引者注)极陈铁路利益，请先试造清江至京以便南北转输，邸意亦以为然，谓无人敢主持。复请其乘间为两宫言之，渠谓两宫亦不能定此大计，从此遂绝口不谈矣。”[4]

所谓“廷臣会议皆不置可否”，连“两宫亦不能定此大计”，说明当时宫廷内的守旧势力十分强大。对铁路态度已有变化的李鸿章感觉到要求兴办铁路的艰难，但他仍然做着努力，从晚清宫廷的最高人物之一慈禧开始做说服工作。1875 年年初，李鸿章在京期间从 1 月 29 日至 2 月 2 日连续三次被慈禧太后召见，他趁机请开铁矿，要求架设电线铁路，在各海口添设格致书院，荐郭嵩焘出任洋务，并赞同福建巡抚移驻台湾，建设海军，要求左宗棠停止西征。慈禧对这些建议未置可否。[5]列强也没有放弃对铁路利益的宣传，1875 年 6 月，德国公使巴兰德向总理衙门递送宣传“创用蒸气电气各法”的清折，认为德国“铁道轮车”运送客货的能力“实为亘古未有之奇”。[6]1875—1879 年间，《申报》及时报道中国周边国家特别是日本和俄国的铁路建设动态，结合

[1] 《申报》第 5 册，上海书店 1983 年影印版，第 49 页。
[2] 《申报》第 5 册，上海书店 1983 年影印版，第 65 页。
[3] 《申报》第 5 册，上海书店 1983 年影印版，第 567 页。
[4] 《李鸿章全集》第 5 册，海南出版社 1997 年版，第 2709—2710 页。
[5] 窦宗一：《李鸿章年(日)谱》，(台)文海出版社 1980 年版，第 4857 页。
[6] 宓汝成编：《中国近代铁路史资料(1863—1911)》第 1 册，中华书局 1963 年版，第 16—17 页。

时事阐发铁路建设的必要性,继续制造兴办铁路的舆论。[1]这期间,李鸿章以"购回自办"为目标处理了吴淞铁路交涉,但购回的吴淞铁路被沈葆桢拆除;丁日昌在台湾"建言须就地试造铁路、电线,已奉廷僚议准",但因人事纠葛和经费难筹而未建成;李鸿章曾派人到日本去考察该国的铁路系统与矿山,但鉴于"内地若果议及,必至群起相攻"[2],当英国人带着天津"当地铁道的新计划"访问他时,这个计划遭到他的拒绝。[3]尽管如此,1879 年还是出现了李鸿章拟在天津紫竹林建筑铁路的传闻。[4]

也就是说,由于廷臣的保守势力强大,连李鸿章对铁路也采取了谨慎的态度,这引起了列强的担忧。因此,又有德国商人谋划通过李鸿章再次给清廷进献铁路模型。1879 年 1 月 30 日,郭嵩焘的日记详细地记载了拟献清廷的铁路模型情况:"德国克罗卜厂致送合淝伯相小火轮车机器一具,运至伦敦,先邀一观……盖为两小火轮车机器,携带车厅,亦分头等、二等、三等,几褥、地毡悉如火轮车厅之式,门窗之属皆具。其货车、煤车、牛羊及马上下车式,无一不肖为之。为铁路八段,用八巨箱盛之。穿山为路者一,山旁划为车路者二,铁桥渡水者二,铁路中通马车为铁栅阑者一,叠石为门、下通马车者一,塾[整]房、铺户及买火轮车票,逐段点缀。木工十之五,铁工十之四,其牛马之皮皆浆树皮为之,取可以受颠播,亦居十之一。两旁路为苔草及杂树,惟妙惟肖。(其管事官)朗斯敦述克罗卜之意,欲请合淝伯相代致之朝廷,因请为两小火轮车取具[具取]一名。因取'山效奇、川贡珍'之文,一名之'效奇',一名之'贡珍'。于是于所凿山榜曰'凿山通道',其山前为门若城,榜曰'阊阖门',而于山旁开路处仿摩崖式,题其上曰'瀛岛',一桥左方曰'飞星过汉',一桥左方曰'驾月陵霄',其右方曰'行气若虹',曰'阁道中开'。倩丹崖以篆书为之。铁路下为马车路,横出若瓮门,榜其两方曰'熙来',曰'攘往',倩丹崖以隶书为之。戏具致之中国,亦一巨观也。"[5]

1888 年来华的美国美以美会传教士何德兰,在根据在华见闻所写成的《慈禧与光绪——中国宫廷中的生存游戏》一书中提到,光绪帝在少年时代,在"听说了铁路和用火开的车之后就想要,而且直到沿着紫禁城内的荷花池畔建成了一条窄轨铁道才算满意。欧洲的工厂造了两节小车厢和一节机车,这么一来他就可以带领宫廷女官们乘坐这不同寻常的旋转木马一游了"。至于这条铁路的下落,他还说:"1901 年我去紫禁城时,那铁道、车厢和机车还

---

[1] 朱从兵:《李鸿章与中国铁路——中国近代铁路建设事业的艰难起步》,群言出版社 2006 年版,第 76—80 页。

[2] 宓汝成编:《中国近代铁路史资料(1863—1911)》第 1 册,中华书局 1963 年版,第 79 页。

[3] 中国史学会主编:《洋务运动》(八),上海人民出版社、上海书店出版社 2000 年版,第 395、407 页。

[4] 郭嵩焘:《郭嵩焘日记》第三卷,湖南人民出版社 1982 年版,第 696 页。

[5] 郭嵩焘:《郭嵩焘日记》第三卷,湖南人民出版社 1982 年版,第 403—404 页。

在，但没等到朝廷回銮就被联军中的有些人当作宝贵的战利品运到欧洲去了。”[1]在紫禁城内建窄轨铁路，一直还未有相关的史料可以证明。从何德兰所记的内容来看，所谓的窄轨铁路，有可能是1879年德国人通过李鸿章进献的铁路模型。

晚清宫廷的思想动态是不利于铁路兴办的。由于外臣中李鸿章的态度较早地发生了变化，认为从经济和海防的角度看中国应该建设铁路[2]，因此，曾于1877年至1880年到中国进行科学考察的匈牙利贵族塞切尼·贝拉在与李鸿章见了3次面后就断言：“假如将来中国要修建铁路，李鸿章一定是推动者，但他一定会动用中国自己的力量而不是让外国人把钱拿跑。”[3]

二、1880—1885年：廷臣的阻力与三次铁路试办的受挫

要使铁路能够兴办起来，必然要改变晚清宫廷的思想动态，最起码也要使晚清宫廷的最高当权者对铁路的态度有所松动。到19世纪80年代，在李鸿章的努力下，通过3次争论，这一目的基本达到了。正是在这种情势之下，“试办”铁路从列强的要求，变成清廷外臣的主张，再变成清廷最高当权者的基本态度；而铁路建设也由“酌量试办”到“毅然兴办”而到“定计兴办”，成了清朝统治阶级的基本国策。当然，这其中仍然有一个曲折的过程。

进入19世纪80年代，李鸿章等外臣就掀起了一场铁路问题的争论。1880年8月，清廷“以俄国归还伊犁条约中变，俄人有派兵封闭辽海之说，促前直隶提督刘铭传入觐”[4]。刘铭传以时局日艰、外患日迫为由，至北京后于12月3日以《筹造铁路以图自强折》奏请建造铁路。他从俄事入手分析，接着沥陈铁路对于用兵和“裕国便民”的意义，要求议借洋债解决铁路建设的经费问题，提出了以北京为中心的粗略的主干线路规划。[5]刘铭传的奏折引起清廷的重视，清廷当天即发布上谕称：“刘铭传奏筹造铁路一折，所请筹款试办铁路，先由清江至京一带兴办，与本年李鸿章请设之电线相为表里等语，所奏系为自强起见，着李鸿章、刘坤一按照折内所陈，悉心筹商，妥议具奏。”[6]

---

[1] [美]何德兰：《慈禧与光绪——中国宫廷中的生存游戏》（晏方译），中华书局2004年版，第73页。

[2] 朱从兵：《李鸿章与中国铁路——中国近代铁路建设事业的艰难起步》，群言出版社2006年版，第87页。

[3] 《塞切尼眼中的李鸿章、左宗棠》，《近代史资料》总109号，中国社会科学出版社2004年版，第28页。

[4] （国民政府）交通部、铁道部交通史编纂委员会编：《交通史路政编》第1册，（国民政府）交通部、铁道部交通史编纂委员会1935年版，第18页。

[5] 刘铭传：《刘铭传文集》（马昌华、翁飞点校），黄山书社1997年版，第43—46页。该折于光绪六年十一月初二日（1880年12月3日）在京发出，崔运武《中国现代化中的地方督抚》第99页误为1879年12月3日，特此说明。

[6] 《光绪朝东华录》第1册，中华书局1958年版，第1001页。

由此拉开了筑路问题争论的序幕。

随后就有了廷臣反对铁路的主张,12 月 31 日,李鸿章根据薛福成的意见应谕上奏《妥议铁路事宜折》。这是李鸿章以“我朝处数千年未有之奇局,自应建数千年未有之奇业”的胆识,第一次将自己的铁路建设思想全面付诸奏章,可以说,这也是李鸿章要求中国建设铁路的宣言书和基本纲领。他以“凡建一事,必兼权乎利害重轻而后无疑畏拘牵之虑;凡议一事,必确得之阅历考校而后无揣摩影响之谈”为认识的出发点,这份奏折集中回答了两个基本问题,即中国要不要建铁路?如何建铁路?他明确提出:“铁路为富强要图,亟宜试办。”[1]这样,“试办”铁路就从列强的要求变成了晚清宫廷外臣的明确的策略性主张。

争论期间,有刘坤一调和言论的想法,也有刘锡鸿理性思考的反对意见。清廷一方面误解了李鸿章、刘坤一奏折的大意,另一方面又被刘锡鸿的思考所折服,因此,1880—1881 年的铁路问题争论以李鸿章、刘铭传的失败而告终。1881 年 2 月 14 日,清廷发布上谕,认为:“兹据先后复奏:李鸿章以经费不赀,若借洋款,有不可不慎者三端;刘坤一则以有妨民间生计,且恐于税厘有碍。所奏均系为慎重起见。铁路火车为外洋所盛行,若以创办,无论利少害多,且需费至数千万,安得有此巨款?若借用洋债,流弊尤多。叠据廷臣陈奏,佥以铁路断不宜开,不为无见,刘铭传所奏,着无庸议。”[2]有此上谕,一时没有再敢议兴铁路者。薛福成说:“庚辰冬,刘省三爵帅上疏请开铁路,合肥傅相复疏既韪其说,于是都中议论汹汹,若大敌之将至者。斯时主持清议者,如南皮张庶子之洞、丰润张侍讲佩纶,虽心知其有益,亦未敢昌言于众,遂作罢论。”[3]

争论中,李鸿章提出“亟宜试办”的要求,醇亲王奕譞也主张铁路可以试行于“煤铁之矿、开垦之地以及屯军设防之一二口岸”,而上谕中也提到“铁路火车为外洋所盛行”,他们两人果断谋划,启动了唐胥铁路的试办工作。当时的西报报道说:“据称,醇邸在津时,先与傅相谈及铁路一事,思得一计,曰:如建造铁路,必须由许郭庄一路造起,方免从前梗议之辈复滋议论。盖许郭庄建筑铁路系为开平运煤起见,无甚关系,事尚可行云云。嗣后醇邸回京,即将此议面奏皇太后皇上,已蒙俞允。故现在设法招商集股,以成此举。查此事从前议论纷如,未有定说,今一旦克抵于成,岂不快哉,我西人无不拭目俟之。”[4]

---

〔1〕《李鸿章全集》第 3 册,海南出版社 1997 年版,第 1214 页。

〔2〕宓汝成编:《中国近代铁路史资料(1863—1911)》第 1 册,中华书局 1963 年版,第 102—103 页。《德宗实录》卷 126,第 13 页。

〔3〕丁凤麟、王欣之编:《薛福成选集》,上海人民出版社 1987 年版,第 143 页。

〔4〕宓汝成编:《中国近代铁路史资料(1863—1911)》第 1 册,中华书局 1963 年版,第 125 页。

在李鸿章的支持和唐廷枢的主持下，筑路事宜进展迅速。1881 年 6 月 9 日兴工，6 月 30 日开平煤矿总工程师薄内的夫人钉下第一枚道钉，开始敷设铁轨，至 12 月工程告竣，全线从唐山煤井起至胥各庄共 18 里，是为唐胥铁路。这是李鸿章等人铁路"试办"策略所取得的第一个成果。由此看来，铁路的"试办"是在晚清宫廷的最高当权者（这其中包括醇亲王奕譞）对铁路的态度有所松动的情况下开始的。

宫廷内反对铁路的声浪很大，李鸿章等人只敢称唐胥铁路为"快车路"、"硬路"或"马路"等〔1〕，而且铁路的试办不能进一步开展了。1882 年 3 月 7 日《字林西报》载，李鸿章曾极主建造自天津至北京的铁路，并进行筹资活动，因无人敢应而不果。〔2〕1883 年 1 月，刘坤一到天津，与李鸿章会商国事，对李建铁路议渐表同情。〔3〕7 月，曾纪泽致电李鸿章引荐英国东电公司本德尔承建上海至杭州海塘的铁路，他也只得回电说："铁路利益最大，尚未定议兴办，本德尔似宜缓商。"〔4〕同时，他又致函奕䜣说："火车铁路利益甚大，东西洋均已盛行，中国阻于浮议，至今未能试办。将来欲求富强制敌之策，舍此莫由。倘海多铁舰，陆有铁道，此乃真实声威，外人断不敢轻于称兵恫喝，尚祈主持大计为幸。"〔5〕

恭亲王奕䜣似乎是被说动了，在他的主持下，清廷神机营在北京三家店地方建立机器局，因机器需煤，又于门头沟等处开办煤矿，并仿照开平煤矿，采用机器取煤，至 1883 年腊月以后，机器之解赴门头沟者，"车辆载运，穿城绕郭，络绎不绝"。当时传说这些机器内有"备修铁路之用者甚多"，一时间，"道路相传，莫不惊讶"。〔6〕1884 年上半年，清廷权力中枢发生了一次重要的变动，史称"甲申易枢"。通过这次变动，军机处的权力实际上掌握在了醇亲王奕譞和他的心腹孙敏汶手中。这有利于铁路的继续试办。6 月，詹事府代递左中允崔国因奏称："建设铁路，则调兵转饷运漕，均可迅速，且通商惠工，可夺外洋之利。"慈禧则下谕称："铁路一事，前经李鸿章等会议，以需费至巨，未即兴办。惟此等创举之事，或可因地制宜，酌量试办。着总理各国事务衙门会商李鸿章详加酌复，妥筹具奏。"〔7〕慈禧关于"酌量试办"的指示，是晚清宫廷最高当权者对铁路态度的一次突破。"试办"铁路又从外臣的明确的策略

〔1〕 朱从兵：《李鸿章与中国铁路——中国近代铁路建设事业的艰难起步》，群言出版社 2006 年版，第 141—142 页。

〔2〕 窦宗一：《李鸿章年(日)谱》，(台)文海出版社 1980 年版，第 4898 页。

〔3〕 窦宗一：《李鸿章年(日)谱》，(台)文海出版社 1980 年版，第 4902 页。

〔4〕《李鸿章全集》第 7 册，海南出版社 1997 年版，第 3464 页。

〔5〕《李鸿章全集》第 6 册，海南出版社 1997 年版，第 3260 页。又参见窦宗一：《李鸿章年(日)谱》，(台)文海出版社 1980 年版，第 4908 页。

〔6〕 中国社会科学院经济研究所抄档：《光绪十年二月初六日御批・光绪十年二月初五日福建道监察御史奴才赵尔巽奏》。

〔7〕 窦宗一：《李鸿章年(日)谱》，(台)文海出版社 1980 年版，第 4919 页。

性主张变成了晚清宫廷最高当权者的基本态度。

关于这次"试办"的情况,1884 年《点石斋画报》之《兴办铁路》称:"兹于五月下旬(约 6 月中旬)天津来信云,创办铁路一节,朝廷业已允准,由大沽至天津先行试办。嗣于六月二十三日(8 月 13 日)悉,朝廷又颁谕旨,饬令直督李相速即筹款兴办天津通州铁路。其火车式样,前一乘为机器车,由是而下,或乘人,或装货,极之一二十乘,均可拖带。将来逐渐推广,各省通行,一如电线之四通八达,上与下利赖无穷。窃不禁拭目俟之矣。"〔1〕

其实,当时的试办,主要是李鸿章筹拟线路,向德国购置铁路器材,总理衙门准备向美国借款。〔2〕这使法国很不甘心,法国决定利用清廷在中法战事中急于谋和的机会,在和约中塞进有关铁路的条款。法国最初在同清廷进行媾和谈判时,故意索要巨额赔款,给谈判设置障碍,以便进一步讨价还价。马尾海战中,中国惨败,上海法国领事密告李鸿章提出无耻的勒索方案:"如赔费为难,或于十八省外之海岛,暂租于法,否则预允日后建造铁路,酌认地段若干,准法商充当公司。"〔3〕在赔款、租岛和让予路权三者之中,路权的让予似乎无关痛痒,法国的这一勒索方案对李鸿章表现出较大的诱惑力。由于法国企图垄断路权,引起其他国家的嫉视和反对,他没有立即做出明确答复。〔4〕随着战局的变化,法国方面的勒索方案也在变化。在马尾战败后,10 月下旬,法国又向清廷提出有所缓减的勒索要求:基隆、淡水暂由法保守,由法管理若干年,法借银二千万,以一千万购法船械及铁路料,一千万现银,借作准备海、陆军及造铁路,限四十年分批还本息。〔5〕李鸿章没有贸然允诺,10 月 27 日,他建议总理衙门采取这样的策略:"盖借银修铁路,各国争欲揽办,由我为政,或法国或别国均可,且藉以弃怨结好,实两利也。"〔6〕由此,清廷即将借债修路的消息不胫而走,引起了廷臣的纷纷反对,一时间,朝中言官交章谏阻,仅 10 月 31 日一天,就有 11 人的奏折论及铁路问题,表示反对,他们的意见是一不可借法款,二不可造铁路。

但是,在 11—12 月间的北京城仍时有即将进行铁路建设的传闻。一种说

〔1〕 陈平原、夏晓虹编注:《图像晚清》,百花文艺出版社 2006 年版,第 181 页。

〔2〕 朱从兵:《李鸿章与中国铁路——中国近代铁路建设事业的艰难起步》,群言出版社 2006 年版,第 148—149 页。

〔3〕 顾廷龙、叶亚廉主编:《李鸿章全集·电稿(一)》,上海人民出版社 1987 年版,第 271 页。

〔4〕 据《帝国主义与中国海关》第 4 册,1885 年 3 月 3 日,金登干致赫德电:"茹(指茹费理)暗示,李督前曾允让某些有关铁路的权利。"(第 84 页)。3 月 9 日,赫德致电金登干又认为:"我不知道李曾说过什么,但我肯定他知道并没有任何允让的权力,法国驻津领事常想取得铁路和借款的利益,但都拒绝了。"(第 86 页)。笔者以为:正是李鸿章没有做出明确的答复,才造成了金登干和赫德对此态度的不同理解。

〔5〕 顾廷龙、叶亚廉主编:《李鸿章全集·电稿(一)》,上海人民出版社 1987 年版,第 312 页。

〔6〕 顾廷龙、叶亚廉主编:《李鸿章全集·电稿(一)》,上海人民出版社 1987 年版,第 314 页。

法是:“神机营王大臣等拟借洋债五百万两,修置铁路,自西山起至芦沟桥止”,以便运煤供神机营炮厂之用。[1]另一种说法是:“用机器取煤,借款五十万,自西山开铁路至德胜门,以便运煤,造机器。”[2]也许是受这些传闻的影响,当时的《北华捷报》受到鼓舞,发表了两则报道。一则称:“我们以很满意的心情宣称:从北方传来电讯……在中国兴建铁路这件事,在原则上已被[清廷]接受了。”另一则指出:“无须再行怀疑,在中国兴建铁路之事,是很迫切的,原则已被接受了。”[3]这些传闻并未找到确证,而言官们对此攻讦甚急,11 月 24 日,山东道监察御史文海上奏反对,陈述借债修路,其害有四,认为修建铁路是“夺中华之利以富外洋”,铁路一兴,“游手更多”,“不均甚矣”,如此则“必致生变”。[4]

传闻中的“借洋债”是指向法国借款,因此,这些传闻也使美国行动起来。1885 年年初,美国前公使西华向总理衙门提交建造铁路的说略,认为“中华必建铁路,不能久延”,并引介美国的铁路制度,举荐承办、经营中国铁路的人员。当时,美国铁路公司还派威尔生来华实地调查。威氏在天津、北京先后与李鸿章及总理衙门各大臣有所洽商,总理衙门约他明春再议。威氏返沪时,特取道运河南下,察看通州至镇江间的商务。[5]这似乎表明当时有意试办通州至镇江间的铁路。这些动向使朝中言官坐立不安,1 月 8 日,陕西道监察御史张廷燎以当时中法战事正急为由请求清廷罢修该条铁路,他说:“现在既有洋款可借,即便用以多购兵船,保护台湾,使与腹地呼吸相通,收复鸡笼,未为不可。”[6]徐致祥则连续上奏劝止铁路之举。1 月 10 日,他再次上奏,从经费着眼,认为借款修路是“借夷之款以增夷之利,用夷之法以遂夷之计”,要求清廷罢修铁路以治理黄河,甚至说“倡导此说与赞成此说者,非奸即谄,而置国家之大害于不顾也”[7]。他的这一番鼓动并没有打动清廷,当日清廷反而颁谕斥责他“并不平心论事”。由于他在申述急修河工的理由时,过多触及时弊,惹怒了清廷,受到“降三级调用,不准抵销”的处分。[8]因进言反对修筑铁路而获咎处分,这在晚清历史上是第一次。

然而,对徐致祥的处分并未阻止内廷言官反对铁路的思潮。有人还不死心,极力反对修筑铁路。1 月 16 日,浙江道监察御史汪正元继续上奏清廷,认为

---

〔1〕 中国史学会主编:《洋务运动》(六),上海人民出版社、上海书店出版社 2000 年版,第 169 页。
〔2〕 中国史学会主编:《洋务运动》(六),上海人民出版社、上海书店出版社 2000 年版,第 174 页。
〔3〕 宓汝成编:《中国近代铁路史资料(1863—1911)》第 1 册,中华书局 1963 年版,第 129—130 页。
〔4〕 中国史学会主编:《洋务运动》(六),上海人民出版社、上海书店出版社 2000 年版,第 170 页。
〔5〕 李国祁:《中国早期的铁路经营》,(台)“中央研究院”近代史研究所专刊(3),1976 年版,第 60 页。
〔6〕 中国史学会主编:《洋务运动》(六),上海人民出版社、上海书店出版社 2000 年版,第 171 页。
〔7〕 中国史学会主编:《洋务运动》(六),上海人民出版社、上海书店出版社 2000 年版,第 172—173 页。
〔8〕《光绪朝东华录》第 2 册,中华书局 1958 年版,第 1862、1867 页。

西山铁路有“不可开者”六,指出:“劝开铁路之人,闻系法国领事官。法人虎狼也,何爱于我而劝我兴利哉?况铁路之害,法人曾自受之,何为劝我!”〔1〕由此看来,晚清宫廷中反对建筑铁路的势力不小,持续了近半年的铁路试办活动被迫停止。这对列强谋求铁路利权也是相当大的阻力,他们只有对清廷继续施加压力。列强的压力使有关铁路的问题终于成为中法媾和谈判中的一个特定项目。这可能也是清廷拟为自己留条言和的出路而处分徐致祥的原因。

中法战争以后,1885 年 6 月 21 日,清廷发布上谕,表示要筹办海防,指出:“现在和局虽定,海防不可稍弛,亟宜切实筹办善后,为久远可恃之计。”7 月 29 日,左宗棠应谕上奏,极陈海防应办事宜 7 条,其第六条即请速修清江浦至通州铁路,以通南北之枢,一便于漕运,一便于征调。〔2〕8 月 11 日,李鸿章在讨论海军建设的奏折中也提到:“或谓开源之道当效西法,开煤铁,创铁路,兴商政。矿藏固多美富,铁路实有远利,但招商集股难遽踊跃,官又无可助资。若以轻息借洋款为之,虽各国所恒有,仍群情所骇诧。若非圣明主持于上,谁敢破众议以冒不韪?”〔3〕所以,鉴于“群情骇诧”的阻力,李鸿章争取使“圣明主持于上”,准备继续试办铁路,9 月 26 日,他入都陛见,以后连日与慈禧、奕劻、奕譞、军机大臣、总理衙门商讨建铁路等三事〔4〕。据李鸿章于 1886 年 11 月 11 日给奕譞的信说:“去秋曾拟试办大沽至天津百廿里之小铁道,展觐帘前,略经陈及,仰蒙俞旨允可,嗣因集资未成。”〔5〕也就是说,当时争取试办,是得到慈禧同意的。10 月 14 日,李鸿章又赴京参加海军衙门成立大典,恰逢总理衙门讨论漕运问题,李鸿章遂将盛宣怀兴办铁路以利漕运的说帖进呈,并向慈禧面请试办漕运铁路由陶城至临清段。〔6〕慈禧当即要求漕运总督崧骏等人复议。

这样的形势似乎鼓舞了美国。在美国的活动之下,李鸿章还将铁路模型送进了皇宫。中法战争后不久,美国工程师詹姆士·威尔逊(J. H. Wilson)将军来到中国,在驻华公使田贝的支持下,将美国铁路工程和行车方法的优越性呈献给中国人,周密部署和举办了别开生面的铁路模型展览。他们从美国搬来了全套能够运转的铁路模型,其中包括 100 尺长的干线和侧线,以及转辙器、转台、客车、机车和煤水车。这套模型都是经过精心制造的,成为美国当时铁路、机车、车辆等的精确缩影。这套模型于 1885 年 9 月间在天津督署展览给总督李鸿章看了,他颇为称许,且说他在 10 月间进京时将带到那里去展览。10 月 16 日,李鸿章命将业已运京的模型再给展览一次,翌日,他便将其

〔1〕 中国史学会主编:《洋务运动》(六),上海人民出版社、上海书店出版社 2000 年版,第 175—176 页。
〔2〕 《左宗棠全集》第 8 册,岳麓书社 1996 年版,第 595 页。
〔3〕 中国史学会主编:《洋务运动》(二),上海人民出版社、上海书店出版社 2000 年版,第 570 页。
〔4〕 窦宗一:《李鸿章年(日)谱》,(台)文海出版社 1980 年版,第 4943 页。
〔5〕 《李鸿章全集》第 5 册,海南出版社 1997 年版,第 2865 页。
〔6〕 窦宗一:《李鸿章年(日)谱》,(台)文海出版社 1980 年版,第 4944 页。

呈献给皇帝的父亲醇亲王。几位能操纵模型的中国机械师随入王府。醇亲王非常高兴,并感谢他们教他的随从操纵模型。两天后,醇亲王将模型送进皇宫,展览给皇帝和皇太后观看,进行得很顺利。两宫对此颇感兴趣,且花了一些时间仔细观察这具模型。这是他们第一次见到谈论已久的铁路的一个最完美的形象。11 月 5 日,田贝在给美国国务卿贝雅的信中认为,这些展览"对于启发[中国]政府官员注意铁路是有功效的",甚至可以促使慈禧太后、光绪皇帝和醇亲王"领悟这项现代化器具能给中国许多好处"。〔1〕

田贝的打算应该是落空了。他不知道的是,10 月 27 日,文海在其一份奏折的附片中要求"即将铁路停修并嗣后中外大小臣工断不准请修铁路"〔2〕。11 月 11 日,太仆寺卿延茂又奏述铁路有"四不可开",极力反驳洋务派关于铁路"惠商通旅,可以获重利"的观点。〔3〕而崧骏等人在派人调查了修建漕运铁路的可行性后仍无把握,采取了慎重的态度,于 12 月 3 日上奏指出:"窃以北路河运为艰,经直隶督臣李鸿章议请开办铁路,预备添运江浙漕粮,洵属美举。惟陶城埠以上百余里,紧靠黄河,黄流迁徙无定,大汛时湍悍异常,将来铁路造成之后,能否不至冲突,实无把握。"〔4〕12 月 8 日,清廷谕令"暂缓议办",漕运铁路因此而流产。

1880—1885 年间,曾经出现三次铁路试办的局面,而且后两次试办还得到晚清宫廷最高当权者一定程度的批准和同意(慈禧曾做出"酌量试办"的指示),由于廷臣的阻力,这三次试办都无法继续进行。在三次试办的过程中,中国出现了自建的第一条铁路,日后的铁路建设有了最初的基础,而美国的铁路模型竟然还送进了皇宫,引起了最高当权者的兴趣。这预示着,如果取得最高当权者的进一步支持,铁路试办仍然存在着继续进行的可能性。

三、1886—1889 年:慈禧态度的变化与"定计兴办"铁路

1886 年似乎又有了转机。5 月,李鸿章"以铁路开通,可为军事上之补救,奏请将铁路事务划归总理海军事务衙门管理,奉旨依议"〔5〕。7 月 3 日,醇亲王奕譞、李莲英告慈禧检阅海军大概,慈禧心动,亦欲亲自参观,命奕譞与

〔1〕 宓汝成编:《中国近代铁路史资料(1863—1911)》第 1 册,中华书局 1963 年版,第 65—66 页。
〔2〕 中国史学会主编:《洋务运动》(六),上海人民出版社、上海书店出版社 2000 年版,第 178 页。
〔3〕 中国史学会主编:《洋务运动》(六),上海人民出版社、上海书店出版社 2000 年版,第 179—181 页。
〔4〕 中国史学会主编:《洋务运动》(六),上海人民出版社、上海书店出版社 2000 年版,第 183 页。
〔5〕 (国民政府)交通部、铁道部交通史编纂委员会编:《交通史路政编》第 1 册,(国民政府)交通部、铁道部交通史编纂委员会 1935 年版,第 73 页。又说:"中国创办铁路,初无专属之机关,光绪十一年,李鸿章始奏归总理海军衙门办理,自是而后,铁路遂渐有管属。"曾鲲化《中国铁路史》上册第 44 页也载:光绪"十二年四月,李以路政关系重要,奏请将铁路画务统归总理海军衙门管理,是铁路行政有管辖官署之始"。但曾鲲化《中国铁路现势通论(下)·年表》第 4 页却认为此事的时间在光绪十二年十一月。

李鸿章商量兴办铁路事。李鸿章主张采用官商合办,先建北京至山海关铁路,以备日俄。醇亲王返津与慈禧定计。[1]但她并未决计兴办铁路,所以这次筹议与商讨都没有结果。9 月 2 日,《申报》载文《论中国招人承办铁路之法》称:"中国之铁路至今尚未举办,旁观者莫不为之深惜。近闻李傅相前此入觐之时,曾经垂问及此。李傅相仍据前复陈折内七利之说极言事之宜行,而朝廷已有某大臣先入之言为主,谓既有人不以为然,则亦姑莫轻举。似此言之,则是中国之铁路目下并未有开办之机也。"[2]

尽管如此,慈禧态度的一度变化,使李鸿章有了继续试办铁路的机会。1886 年,开平矿务局"以所开新河历年浅阻,原修铁路止二十里,运煤迟滞,恐误各兵船之用"为由,向李鸿章提出"从胥各庄至阎庄沿新河南岸接修铁路六十五里"的要求。李鸿章当时做出了批准试办,并俟办有成效,再行奏陈的大胆决定。[3]然而,铁路的继续试办并不顺利。在接修工程进行期间,天津要修筑两座铁桥,当时又有洋人在租界内摆演小铁路。因此,有人将这两种现象联系起来,引发了李鸿章拟在天津一带利用洋人修建铁路的传闻。苏州武举人李福明就此向都察院呈递条陈,以夺民生计为由要求拆毁唐山至芦台、天津紫竹林至海关寺铁路,并永不准他处修建铁路,并指出:若出于"防务运道诸大政"的考虑,必须修筑铁路,"则与其修自洋人,不如修自中国;与其修自官府,不如修自百姓"[4]。10 月 24 日,都察院左都御史奎润等将李福明的条陈奏报清廷。10 月 26 日,慈禧太后发布懿旨,"着总理海军事务衙门查明具复,并由军机处恭录函知李鸿章一体钦遵查照"[5]。11 月 11 日,李鸿章将拟具的与奕譞会衔奏稿寄给他审定,对自己批准试办铁路的情况进行了解释和说明,对李福明的观点进行了分析和批驳。[6]他又致函奕譞说:"试办铁路一节,前数年内外臣工,屡有条陈。去岁左相遗疏,复痛切言之,钧指亦有试行渐开风气之说。无如各省疆吏畏难因循,又虑为清议所阻,无敢创举。鸿章忧时感事,亦未能冒不韪以独伸己见。……适开平矿局禀请绅商集股接修胥各庄至阎庄六十余里铁路,运煤便商,于民间庐墓、耕作毫无妨碍,批准试办,殊与洋人无涉,亦欲藉此渐开风气也。"[7]虽有"清议所阻",但奕譞是李鸿章的同道中人,他支持铁路的试办。他看到唐胥铁路的接修工程即将结束,

---

〔1〕 窦宗一:《李鸿章年(日)谱》,(台)文海出版社 1980 年版,第 4962 页。
〔2〕《论中国招人承办铁路之法》,《申报》第 29 册,上海书店 1983 年影印版,第 387 页。
〔3〕《李鸿章全集》第 5 册,海南出版社 1997 年版,第 2866 页。
〔4〕 中国史学会主编:《洋务运动》(六),上海人民出版社、上海书店出版社 2000 年版,第 185 页。
〔5〕(国民政府)交通部、铁道部交通史编纂委员会编:《交通史路政编》第 1 册,(国民政府)交通部、铁道部交通史编纂委员会 1935 年版,第 39 页。
〔6〕 以上李鸿章的观点见《李鸿章全集》第 5 册,海南出版社 1999 年版,第 2865—2867 页。
〔7〕《李鸿章全集》第 5 册,海南出版社 1997 年版,第 2865 页。

又提出了进一步接修的问题。[1]有醇亲王奕譞的支持,李鸿章也对进一步接修铁路持赞同意见,并积极行动起来。1887年2月2日,在给海军衙门的《条复四事》中,李鸿章非常爽快地表示:“铁路试办,拟即遵来谕,由阎庄至沽,由沽至津,令官商妥议。复到即咨请海署会奏。但招股多少、迟速俱难逆料,凡官可以为力之处,自无不竭力助之。沽北之路作为官商合办,调兵运械极为灵便。”[2]在醇亲王奕譞的支持下,唐胥铁路的延展在海防建设的名义下进行。以海防的理由要求试办铁路符合中法战后清廷加强海防的愿望,得到慈禧懿旨的批准。为建设津沽铁路,李鸿章向英商怡和洋行借款63.7万余两,向德商华泰银行借款43.9万余两。至1888年10月,津沽铁路建成。这是李鸿章等人提出的铁路“试办”策略取得的又一个阶段性成果。

在试办津沽铁路的同时,李鸿章为促使慈禧改变对铁路反复无常的态度,决定动用海军建设经费,分别在颐和园昆明湖畔和北海、中海西侧各修建一条铁路,供她享用,以使其切身感受铁路的利益。1887年3月20日,李鸿章进京护慈禧和光绪扫墓,乘着刚刚批准津沽铁路建设的余热,他会同曾纪泽向慈禧和奕譞建议建筑铁路等洋务大计,他还请慈禧允许由洋商报效,于颐和园内建游玩铁路火车,供她和光绪乘坐。[3]在得到慈禧太后的同意后,李鸿章即操办起来,派直隶按察使周馥、候补道潘骏德寻找洋商承办。一开始他们找的是法商爱礼,但因该商要求太多,转与法国新盛公司德威尼订购洋轮坐车6辆、丹特火机车1辆,并铁轨7里余。这种活动在李鸿章的函电中依稀地得到反映,4月30日,他致电周馥说:“暂借德威尼小铁道应用,爱礼罢议。可与德威尼商议小铁道轮车价目,拟订合同稿,电复候核。”[4]5月12日,他致奕譞函说:“法商爱礼小铁路颇多要求,已遵示回复。另与他商议订约价六千金,半年运到,届时再候谕遵办。”[5]半年之后,一部分器材如期到京,《申报》记载了当时运载器材入京的情况。12月21日,该报《燕市歌声》载:“近由天津呈进轮船二只、火轮车一辆,仍照今春成案,自通州迄海淀以活铁道更递运往送入昆明湖,交海部验收。沿途护送官兵及搬运铁路夫役约有数千人,都人往观者亦繁有徒也。”[6]窦宗一《李鸿章年(日)谱》载,1888年1月

---

〔1〕《李鸿章全集》第5册,海南出版社1997年版,第2869页。

〔2〕《李鸿章全集》第5册,海南出版社1997年版,第2873页。曾鲲化在其《中国铁路现势通论·年表》之光绪十三年二月十四日条下载:“醇贤亲王、李文忠公奏准建设天津大沽至阎庄铁路,组成津沽公司,议定官商合办,并将唐山线延长至林西。路界官商合办之名词,由斯发现。”见曾鲲化《中国铁路现势通论(下)》第5页。

〔3〕窦宗一:《李鸿章年(日)谱》,(台)文海出版社1980年版,第4968页。

〔4〕顾廷龙、叶亚廉主编:《李鸿章全集(电稿一)》,上海人民出版社1987年版,第808页。

〔5〕《李鸿章全集》第5册,海南出版社1997年版,第2874页。

〔6〕《申报》第31册,上海书店1983年影印版,第1121页。

20 日,颐和园工程告一段落,洋商所供小型火车在园内试行,华人司机不慎出事,慈禧命撤去机头,由人推行。[1]

中海铁路的器材则在一年之后才到达。1888 年 10 月,已做好迎接铁路材料入京的准备工作,“又闻今由三海弹压处左右翼技勇营练兵队调派官兵二百名前往扎护押解来京,已饬该官兵整备行装”[2],同时,也已开始准备建筑路基工程,11 月 11 日,《申报》报道:“中海添修铁路一事,前已据闻录报。近日钦奉懿旨:着自南海迤旁新盖之两卷殿起,直北抵御河桥西、福华门内塔下添造铁路一道,俟由外洋购到火车即行安置。已经海部会同奉宸苑饬商鸠集工匠七百人于九月廿九日(1888 年 11 月 2 日)开工兴筑,并由官各给腰牌一面,以便稽察。”[3]11 月 28 日,该报《京师近信》中又报道:“兹闻此段铁路基地经工匠七百名日事工作,业已修筑完善。”[4]

这批铁路器材包括机车和客车,不便运载,只能“用活铁路趱行”,“每车以十余人拉拽以行”,所以速度很慢,11 月 24 日,这批器材从通州北浮桥起运入京,至 12 月 5 日,运抵北京宣武门,12 月 7 日,运抵醇亲王府给奕譞阅视。12 月 8 日晨,其中的 3 辆车“由石驸马大街经西单牌楼、甘石桥、丁家街进西安门、福华门至中海”,呈进慈禧太后和光绪帝亲览。这天的翁同龢日记说:“合肥以六火轮车进呈,五进上,一进邸。今日皇太后御览,紫光阁铁路已成,未知可试否也。”12 月 9 日,其余 3 辆“仍沿大街出西直门送往颐和园内”。海军衙门遂咨请奉宸苑建造车坞 13 间,用于存放 3 辆火车。[5]12 月 13 日,翁氏日记记载:“至军器库收工,因观新进之火轮车,约长三四丈,狭长,对面两列可容二十八人,凡三辆。又观机器车,不过丈余,此天津所进,三辆留西苑,三辆交火器营收,昨日甫到也。”[6]

12 月 16 日,李鸿章致函海军衙门说:“德威尼所办铁车到京,业经呈验进御,尚惬慈怀,蒙询工价及如何给奖之处。该公司承办此车,即电致该国著名大厂,选上等匠手,极好工料,加意制造。现成七车及七里铁路,并运脚等项,除原订价银六千两外,闻所赔贴不下四万余金。该公司既以承办上用之件为至荣宠,又希冀将来生意,故不惜工本,不计价值,力求精致,不敢补领工价。此时若赏以银两,转没其报效之忱。自应遵示赏给宝星。”[7]该给哪些人赏

---

〔1〕 窦宗一:《李鸿章年(日)谱》,(台)文海出版社 1980 年版,第 4973 页。
〔2〕《申报》第 33 册,上海书店 1983 年影印版,第 719 页。
〔3〕《申报》第 33 册,上海书店 1983 年影印版,第 869 页。
〔4〕《申报》第 33 册,上海书店 1983 年影印版,第 973 页。
〔5〕《申报》第 33 册,上海书店 1983 年影印版,第 1049、1085、1175 页;第 34 册,上海书店 1983 年影印版,第 7、61 页。
〔6〕 陈义杰整理:《翁同龢日记》第 4 册,中华书局 1992 年版,第 2236、2238 页。
〔7〕《李鸿章全集》第 5 册,海南出版社 1997 年版,第 2877 页。

赐宝星呢？李鸿章又给奕譞等人写信介绍说："查坐车六辆，内上等极好车一辆，上等坐车二辆，陈设华美，制作精工；中等坐车二辆，行李车一辆，亦俱材质光洁；尚有铁路七里有奇，其原订价银仅六千，而自巴黎洋厂加工精制，分起装运来华，实不敷工料运料之数；询据该国领事林椿声称，前项坐车，虽由德威尼承办，该国银行监督登飞筹贴银款，巴黎总办公司拔郎督催购运，制造厂监工雷声经手攒造，所有造车及运费银两，均系情殷报效，不敢计资论值。"[1]因此，李鸿章为登飞、拔郎、雷声和德威尼等外国人向清廷请赏宝星。

慈禧不但对建成的游玩铁路"尚惬慈怀"，而且还要对承办的法国商人"给奖"。我们不难看出，她至此已经完全接受了铁路。因此，在12月8日，即慈禧和光绪亲览铁路车辆和器材的当天，她同意接修津通铁路。但是，这引起了一场空前激烈的铁路问题的争论，即津通铁路的争论。由于李鸿章等人大力提倡修筑铁路，所以，尽管有廷臣仍然反对建筑铁路，但争论的焦点已经不是在中国是否应该建筑铁路的问题了，而是铁路的规划问题，即在起步阶段应该修筑何条铁路的问题。

争论的第一阶段(1888年12月至1889年2月)为廷臣讨论阶段，以反对意见为主。当时京中士大夫纷阻铁路，李鸿章语外人："翰林为较有影响之阶级，多半无事可做，为失意之穷儒，喜劾论而无力，习性反外，尤其对外人之近于推翻孔教者为最反对。"[2]因此，1889年2月14日，慈禧太后发布懿旨，认为海军衙门的会奏"所陈各节辩驳精祥，敷陈剀切，其于条陈各折内似是而非之论，实能剖析无遗"，觉得"在廷诸臣于海防机要素未究心，语多隔膜"，同意海军衙门将此会奏付诸沿海各省将军督抚讨论。当时的《申报》报道："通州铁路势将中止，而李傅相力排众议，拟见大功，谕令公司督办等另勘路途，专折入奏，吁恳开办以便商务而收利权，迭经列报。现闻皇上以傅相所奏与廷议意见两歧，因思兼听则明，偏听则暗，谕令沿海督抚商议具奏，以定从违，候旨裁夺。"[3]这样，争论的第二阶段(1889年2月至5月)就是外臣讨论的阶段，外臣的观点相对较为务实，支持铁路建设的观点渐占上风。张之洞要求建设芦汉铁路的奏折详实而有深度，5月5日，清廷发布懿旨对张之洞的主张尤为赞赏，承认建设铁路为"自强要策"，认为"但冀有益于国，无损于民，定一至当不易之策，即可毅然兴办，毋庸筑室道谋"，要求海军衙门就张之洞所奏详细议复。[4]

---

〔1〕 中国史学会主编：《洋务运动》(六)，上海人民出版社、上海书店出版社2000年版，第221—222页。郝瀛编著《中国铁路建设概论》(中国铁道出版社1998年版)第31页认为，六辆豪华客车由德国进口的说法是错误的，实由法国进口。

〔2〕 窦宗一：《李鸿章年(日)谱》，(台)文海出版社1980年版，第4978页。

〔3〕 《申报》第34册，上海书店1983年影印版，第399页。

〔4〕 宓汝成编：《中国近代铁路史资料(1863—1911)》第1册，中华书局1963年版，第170—171页。

在争论期间,中海、北海铁路有所延长。中南海紫光阁铁路地点在紫光阁以东,时应宫附近为车库。铁路穿越中南海北福华门(今已拆)、北海阳泽门,再沿北海西岸经极乐世界、阐福寺向东至镜清斋(今静心斋)为止。据中国第一历史档案馆所藏《北京中海铺修铁路图样》和《北京北海至中海铺修铁路图样》可知,福华门和阳泽门以南为第一期工程,以北为第二期工程。后来因慈禧太后常居住于仪鸾殿(今怀仁堂),把铁路延长至怀仁堂附近的瀛秀园。这是北海内最为幽静雅致的园中园,是西太后经常前来游幸歇脚的处所。这次工程的时间大约是在 1889 年 3 月间。这在李鸿章的电文中有所反映。1889 年 3 月 18 日,他致电旅顺周臬司(馥)并刘道(含芳)说:"潘道(骏德)函称:京内原购小铁路,须照原样添购中里七里,望即就近与德威尼订办。专买铁轨,不买车。何时可到,订明电知。"周馥等人不敢怠慢,于 3 月 21 日回电李鸿章说:"铁路七里已定价湘平银六千九百五十八两,限三个月到津。另立合同具禀。"李鸿章即刻电告潘骏德称:"已饬定购原样铁轨七里,限三个月到津。"〔1〕福华门至阳泽门、阐福寺门前的铁轨采取活按的办法,以免影响车马通行。因铁路途经紫光阁,所以称为紫光阁铁路;又因该路地处西苑,又称西苑铁路。〔2〕

经过 3 个月多的准备,8 月 26 日,海军衙门奕譞等人复奏,认为:"今缓议津通而先办汉口芦沟,两头并举,四达不悖,以为经营全局之计,循序渐进之基,庶几有益于国,无损于民,事出万全,决可毅然兴办。"〔3〕8 月 27 日,清廷对奕譞等人的复奏表示认可,发布懿旨说:"所奏颇为赅备,业据一再筹议,规划周详,即可定计兴办。着派李鸿章、张之洞会同海军衙门,将一切应行事宜,妥筹开办;并派直隶按察使周馥、清河道潘骏德随同办理,以资熟手。"〔4〕"定计兴办"的表示,说明清廷已决定建筑芦汉铁路,自此以后,建设铁路成为清廷的一项政策被确定下来,这是津通铁路争论的最后结果。

从 19 世纪 60 年代至 80 年代,经历了二十多年的时间,晚清宫廷对铁路的态度经历了从"力为拒绝",到"酌量试办",再到"毅然兴办",最后到"定计兴办"的转变,铁路建设作为富强要政,自此成为清廷的基本政策。此后,虽

〔1〕 顾廷龙、叶亚廉主编:《李鸿章全集(电稿二)》,上海人民出版社 1987 年版,第 51 页。

〔2〕 纪丽君、亢宾编著的《图说晚清铁路》(中国铁道出版社 2011 年版)认为,西苑铁路建于 1878 年(该书第 11 页),这是错误的。前文已有史料说明了这一点,从 1878 年晚清宫廷的思想动态来看,1878 年出现西苑铁路也是不可能的。而赵妮娜《遗失的火车故事》(机械工业出版社 2010 年版)则认为,西苑铁路动工于 1886 年,完工于 1888 年(该书第 25 页)。动工于 1886 年的说法不对,从全线看,完工时间应为 1889 年。

〔3〕 宓汝成编:《中国近代铁路史资料(1863—1911)》第 1 册,中华书局 1963 年版,第 178 页。

〔4〕 中国史学会主编:《洋务运动》(六),上海人民出版社、上海书店出版社 2000 年版,第 262 页。又参见宓汝成编:《中国近代铁路史资料(1863—1911)》第 1 册,中华书局 1963 年版,第 182—183 页。

然也还有廷臣不时地跳出来反对铁路的兴办，但是，他们已不能构成铁路建设的阻力了。这样的结果，得之稍迟，却很不易，表明了晚清宫廷顺应世界铁路建设潮流的姿态和面对“数千年未有之变局”寻求富强之策的意愿，说明了晚清宫廷的总体思想动态已有所改观。列强在中国试办铁路的过程中已小有斩获，英国、德国获得了津沽铁路借债，美国的铁路模型进入了皇宫，法国也承办了颐和园和北海中海铁路。更为重要的是，中法新约已使列强一定程度上获得了在中国建设铁路的条约权利。进步有时需要付出代价，这预示着此后中国的铁路兴办避免不了列强的干预和渗透，而中国的铁路大吏们也将面临着更为严峻的时代课题，即建立什么样的铁路建设体制才能更好地保护铁路利权和主权。

（原载《学习和探索》2013 年第 3 期）

《申报》与中国近代铁路建设事业起步的舆论动员

中国近代的铁路建设事业起步于19世纪80年代。这里所谓的"起步",既包括铁路的试办以及延展,也包括铁路建设国策的确立。虽然在19世纪80年代仍然很曲折,且较欧美晚了半个多世纪,但是,铁路建设事业的起步毕竟是晚清政府在中国现代化进程中迈出的重要一步,对中国近现代历史产生了深远的影响。中国近代铁路建设事业,何以能够起步,起步为何如此艰难?这些问题都值得探讨。应该说,这不能仅仅从19世纪80年代去探讨,因为19世纪70年代诸多历史条件的相互作用已为19世纪80年代铁路事业的起步奠定了基础。否则,我们就很难理解为什么19世纪80年代一到来就有了铁路问题的争论和铁路试办的开始。这其中,就有舆论动员所起的作用,而《申报》充当了当时舆论动员的主角。

《申报》的舆论动员实际上配合了当时列强谋求在中国建设铁路的活动。从19世纪40年代末起,西方列强就企图在中国建筑铁路,但是,当时没有引起中国社会各阶层的注意。19世纪50年代,来自中国社会统治阶级和被统治阶级的思想家都有了建设铁路的意向。[1]至19世纪60年代,随着第二次鸦片战争的结束,西方列强加快了谋求在中国建设铁路的步伐,试图获得条约上的保证,清政府统治集团进行了三次关于铁路问题的讨论,对列强的要求做出了否定的回答,拒绝在中国从事铁路建设。因此,诞生于19世纪70年代初的《申报》从一开始就关注中国铁路建设事业,希望中国的铁路建设能够尽快地起步,为此进行了多方面的舆论动员。

---

〔1〕 朱从兵:《李鸿章与中国铁路——中国近代铁路建设事业的艰难起步》,群言出版社2006年版,第30—33页。1853年4月,当英国费士邦舰长(Captain Fishbourne)乘何默士(Hermes)舰到镇江参观时,受到太平军领袖们(指罗大纲和吴汝孝等人)的友善欢迎,他们称他为兄弟,并告诉他说:将来外国人可以随便用汽船、铁路、电线及其他西洋机器而无碍。他们对他说:"我们将要同您们一样。咱们同拜一位上帝,而且共同生活如弟兄。"(晏玛太:《太平军纪事》,中国史学会主编:《太平天国》第6册,上海人民出版社、上海书店出版社2000年版,第925页)。

一、铁路建设事业起步的可能性
——报道列强在中国的铁路活动

为了让中国人能够感受到铁路的利益,西方列强感觉到必须将铁路直接介绍到中国来,它们在中国举办铁路模型的摆演,谋划小铁路的建设。《申报》对这些活动都有报道,从这些报道可以看出,当时中国的统治阶级和被统治阶级对铁路的态度都有了变化。从统治阶级阵营来看,李鸿章等人对铁路的态度有了转变,而下层民众对铁路的态度从他们对吴淞铁路的反应来看,亦持欢迎的态度。这就昭示着,中国近代铁路建设事业的起步是有可能性的。

关于修建小铁路的谋划,始于 1872 年。这年 5 月左右,上海的外国商人"老保顺之东家、旗昌管理火船之东家、丰裕洋行、立德洋行、同小兴洋行内之东家兀非磷"等以"上海一隅来往行人日多一日"为由,通过共商而决定,拟集资 12 万两从美国购置设备,向工部局申请建筑一条小铁路,线路为:从小东门码头经过金利源海关,再由新北关门口经过苏州河对面,一直到同和祥码头洞浦一带。他们连续在《申报》上登载招股告白三次,面向中外商贾募集资金。[1]为了配合这次集股行动,刚刚创刊的《申报》在第二期即发表《议建铁路引》,进行铁路建设的宣传和鼓动。该文通过分析,认为上海已经成为"货物骈集、商贾辐辏之区",这样的地方应该像西方的"名都大邑"一样建有铁路,以"出奇异、便工力",该文赞颂洋商们的铁路建设计划为"西域之大观、中华所罕见",赞扬铁路"可以多装人货,其法捷,其价廉,仍效驷马尔界之心",而且"可避拨船风潮之虞,可免小车尘雨之污,既快且捷,直欲使一蹴而至,是则华人之获益良非浅鲜"。该文也清醒地认识到:"独中国于创建铁路一款,议之八九年,竟未见成功。有心世事者,徒深浩叹。"因此,对这次铁路筹建能否成功,该文的作者还是有忧虑的,一是担心"英、法两工部局谓此举有碍事理",二是担心在上海的"恃撑拨船、推小车以取衣食之资"的"四方游食之小民"因铁路失业。对于前者,作者建议此后"集其事者"要"审思而详察";对于后者,作者则建议为父母者要让子女"各执一技以谋生,不独士农工商为然也"。[2]尽管做了如上的宣传工作,但集股还是不顺,后由于集股无成,此议遂寝。

关于举办铁路模型的摆演,最早的也是在 1872 年。这年 9 月,英国商人在天津试行火车。李鸿章和其他地方官都前往观看和试坐。经过试行,李鸿章认为:"此火车之来中国,可谓创观,其制作亦可谓精美之至。"他并为试行

---

〔1〕《申报》第 1 册,上海书店 1983 年影印版,第 7、11、15 页。
〔2〕《申报》第 1 册,上海书店 1983 年影印版,第 5—6 页。

的火车命名“利用”号。[1]对这次摆演，《申报》进行了报道。李鸿章对铁路的态度似乎使人受到了鼓舞，有了这次成功的摆演，一家名叫兰逊—瑞碧公司的工程公司在英国财界显要的支持和曼彻斯特市商会的赞助下，还想直接对清朝的最高统治者同治皇帝进行同样的宣传活动，期望清政府更快地做出修建铁路的决定，当时的《申报》透露说：“若以火车铁路全具进献请小试之，试之之后，显见其有益之处，中国因此遂大用之，亦未可必也。倘后竟能大用，因此致富，吾等诸国与之交接通商，亦必更有利矣。”[2]

至1873年，美国驻上海副领事布拉特福在美国驻上海领事、驻华公使和美国国务院的支持下，凑银15万两组织起吴淞公司，准备建筑上海至吴淞的复线铁路。他旋又转让给英商怡和洋行，并由后者组织一家英美合资而以英商为主的公司，取了一个“吴淞道路公司”的含糊名称。当时拟定的铁路线是：“由英租界河南路隔河对面而起，直北至西人炼枪之处，复向东北九里至刚安村，即在刚安村建桥以过，过河东折而北，则为西国酒店，由酒店直东至吴淞河边，沿河至吴淞为止。”当时，英国驻上海领事麦华陀以建筑“一条寻常马路”为名向上海地方当局提出购买上海、吴淞间地皮的要求。铁路器材从海外运到上海后，麦华陀又致函苏淞太道，闪烁其词地说是运来了“供车路之用”的铁器等件。但是，由于资金不足等原因，铁路工程在1874年上半年曾一度停工。尽管英、美商人玩弄了偷梁换柱的手法，但在他们开始组织公司的时候，《申报》于1873年5月6日就明确地以《上海至吴淞将造火轮车铁路》为题进行了报道，此事理应引起上海地方官吏的注意，当时的报道还说：“今官宪之准行诸上海者，不知其果以为可行而准之耶？抑尚有疑而未定耶？”[3]

一年之后，所谓的“寻常马路”又有了新的进展。1876年1月，吴淞道路公司在完成路基工程后，开始了路面铺轨工程，进展顺利，2月14日，已铺轨四分之三，即由“引导”号机车牵引试行料车。这是在中国土地上第一次行驶火车。早在铁路开始铺轨之时，上海道冯焌光就照会麦华陀，以“民称不便”为由，要求英商停工。麦华陀等“悍然不顾，仍照常开工”。实际上，所谓的“民称不便”之说，是不能成立的。据《申报》报道，当时，“西人雇佣民夫，民甚踊跃，且行走火车之时，观者又皆欢欣鼓舞”。虽然每日只有装拉石子的数辆料车来往数次，但是，每日往观者不下数千人，“大有众蝶觅香，群蚁逐羶之势”[4]。3月23日，《申报》发表《论铁路事》一文，认为路事屡列报端而路工仍被阻的原因在于“中官则自欺，西人则欺人”。为什么这样说呢？该文分析

〔1〕《申报》第1册，上海书店1983年影印版，第518页。
〔2〕《申报》第3册，上海书店1983年影印版，第209页。
〔3〕《申报》第2册，上海书店1983年影印版，第405页。
〔4〕《申报》第8册，上海书店1983年影印版，第317页。

说："西商之买地者，数年买成一地，则观察即印一契，何致如此买地而观察毫不觉察，不一询问为何如此买法，恐难免不无自欺之处。但本馆前亦曾闻一事，买成一地，会审衙门中西官曾往会勘，陈司马已见本报深疑系造铁路，询之西官，西官当以只造马路为词，是西官亦难免欺人之咎矣。自欺欺人，为时已久，延至今日，始行合盘托出，晚矣。"同一天的《申报》另载《铁路续闻》的消息则说：路工被阻是由于"上宪(指沈葆桢)有批饬禀报迟延之意"[1]。"自欺欺人"之说诚有道理，但如果南洋大臣沈葆桢本着积极的态度，有足够的勇气、卓越的见识和开阔的胸襟，此事可以朝着良好的方向发展，使中国近代的铁路建设事业得以较早地启动起来。

沈葆桢去世时，《申报》又发表了《西报论故督》一文，对沈葆桢拆毁铁路的原因提供了一种说法："制军前在台湾时，人传其语，谓此海岛固可战可守，惜无通达之路，是应知铁路之用之可贵矣。乃一任江督，即将上海至吴淞之火车路连根拔去，况此火车从英将来之时，已定其名曰：'总督'，既至中国，又以华字加于其上，此其媚中国者，至矣。而中官不察，遽命挖去，或谓制军不肯舍其旧而新是谋，殊有老成识见。然西人抑又闻舆论谓，此路买回之时，系直隶总督在燕台擅自成交，不先咨会，似有轻慢南洋之意，所以决计拆去。此西人之不解者，又一也。"这里的说法大概是李鸿章所言沈氏"偏愎"，该文所言沈氏"器小"的注脚吧。[2]也就是说，在沈葆桢看来，铁路可在台地建，而不可在内陆建，而在李鸿章看来，此属"偏愎"之见。至于李鸿章在烟台就吴淞铁路问题与英方达成协议时有无轻慢沈葆桢之意，我们无从悬揣。但李鸿章与他是有过沟通的，并解释了自己介入此事的原委和苦衷。[3]1877 年 10 月 26 日，《申报》发表的《论铁路火车事》对此则是另一种看法，作者借从台湾回来的友人之口指出："南洋大臣沈公固创议造铁路者也，是应深知铁路之有益也，岂铁路能有益于台湾，又反致无益于吴淞乎？且沈公当亦深知此项铁路之不能合用于台湾也，若欲用之于鸡笼等地以运煤，则嫌其太长，又嫌其重出。若竟用之于内地以运各物至船，则商民无不大得便宜，惟嫌其太短，虽再加百倍，亦合用也。故余谓火车之停，断非南洋大臣之意也。"[4]这种看法固然是为沈辩护，但有强为代言之意，因此，算不得高明。也有人对沈葆桢拆毁

---

[1] 《申报》第 8 册，上海书店 1983 年影印版，第 261 页。

[2] 《申报》第 16 册，上海书店 1983 年影印版，第 5 页。

[3] 朱从兵：《李鸿章与中国铁路——中国近代铁路建设事业的艰难起步》，群言出版社 2006 年版，第 100 页。1881 年 1 月 22 日，《申报》发表的《论铁路筹款之难》一文又评论说："论者谓沈文肃公意见太拘，以冯道擅允洋人之请，致使有用之材尽归无用，而二十万白金凭空抛却，甚属可惜。"(《申报》第 18 册，上海书店 1983 年影印版，第 85 页)这里的所谓"意见太拘"，与李鸿章所说的"偏愎"相似。

[4] 《申报》第 11 册，上海书店 1983 年影印版，第 405 页。

铁路表示理解的。《申报》于 1877 年 9 月 18 日发表《论吴淞铁路》一文阐述了铁路对于载运货物、救灾和军事的积极作用，对中国将要拆毁铁路表示了宽容的态度，其重要的理由有二：一是，“英国创造铁路之时，亦均费尽大力，英人于此等事深信新奇，而初作之时，尚复许者半，而阻者半，何况刻下华人于西人所行诸事无不极力而肆诋，深恶而痛绝乎?”二是，“今若此路不拆，恐英人援此以为例，他日又在他处再造一路，又须与之购买，是中国本欲兴此铁路，因此反多一周折也。此圣人所以有欲速则不达之言也”。最重要的是：“铁路本属至美之事，而英人必欲强中国为之，而中国不愿为人所强，乃反变为至难之事矣。”[1]这里的分析充满了智慧，体现了作者的长远眼光和辩证思维，作者将沈葆桢拆铁路的现象放在新生事物成长的曲折性和艰巨性中去考察，仍然看到了中国铁路建设事业起步的可能性。

二、铁路建设事业起步的必要性
——通过多种形式直接宣传铁路的利益

尽管铁路建设事业的起步存在可能性，但是，从可能到现实，还有很多阻力，当然也有许多问题需要解决，这就必须加强对铁路建设的必要性的论证和宣传，在这方面《申报》采用多种形式进行了努力。

1872 年 11 月 28 日，《申报》发表了《论内地收购设火轮车路》的文章，陈述了铁路的“四利”：“诚使各路通行，则州县省驿站之费，而文报无阻，其利一也；差使免供应之烦，而威福难作，其利二也；转运减车牛之扰，而粮饷无缺，其利三也；官事无稽滞之虞，而顷刻立办，其利四也。有关系于国家之政者，诚非浅鲜。”但对中国应否立即兴办铁路，还是采取了谨慎的态度。这篇文章指出：“惟是国家大事不可率尔举行也，闾阎大利亦不可骤为变易也。斯民可与图成，难与谋始。是在创议者之不避谤毁，不辞艰难，以成此大利益之事也。惟必须确实采访察看，真知有利而无害，有益而无损，方可举行。否则，无以服众论，即无以持独见也。兹闻已拟定购造铁路以为样式，如实有裨益于国家之政，愈助夫贸易之道，则从此可仿而行之。”[2]这样的观点与当时英国确立的“等待”策略是一致的。

1874 年是《申报》大力宣传铁路利益的一年。2 月 26 日，该报发表《吴淞口建造火车铁路以达上谕论》，指出：“泰西诸国火轮舟车创设有历年所，分道而驰，并行不背。凡于世人事，无不称便，尤为便于商旅，盖货物之流通更速，贸易之来往较易，故银钱之利息愈厚矣。”[3]7 月 15 日，该报又载《火轮车为

---

〔1〕《申报》第 11 册，上海书店 1983 年影印版，第 273 页。

〔2〕《申报》第 1 册，上海书店 1983 年影印版，第 721 页。

〔3〕《申报》第 4 册，上海书店 1983 年影印版，第 169 页。

福国之举》的文章，以铁路对美国西部开发的作用为例分析其“有益于国”的功能，要求中国试行。[1]7 月 20 日，刊登《论机器》的专论，开头即说明要让中国的“在上有权之人”亲见铁路利益的必要性，认为只有这样，铁路的利益才能像轮船那样，为华人所信，并进而“购用之”、“制造之”。[2]接着，由于传闻上海吴淞将开铁路，《申报》与中国人办的倾向保守的《汇报》展开了一场铁路利弊的大论战。

8 月 26 日，《申报》刊载《火轮车路辨》，对《汇报》所提出的关于铁路四大弊进行辩驳，认为：“《汇报》所言，仅取其小，而概不知其大。”关于所谓的“失事”，《申报》辩称：“西人亦经用心将所搭马车及乘船楫受伤者与搭火车受伤者互相考较，而火车受伤者实少七倍。此事系国家考究入册，有凭可据。”关于所谓的行人“难于趋避”，《申报》介绍了铁路与普通道路的关系有三种情况：一是“在旷野无人居宅之处”，铁路两旁“尚无栅栏以藩篱”；二是在“有人迹之地”，铁路“必护以栅栏而不准入”；三是“遇有横出路径”，则视路基高低，“或以桥跨之，或以桥穿其下”，或于两旁设门，“派人管守”。关于所谓的“货有凑至太捷之虞”，《申报》反诘说：“然则国内转输载运，其被阻且慢者，乃为国之利乎？”它并指出铁路运输较之传统的帆船运输“究更为有常”。关于所谓的船业“将有百万人失业”，《申报》的反驳是有说服力的：“此事尚有两端之论，若造火车路必用多人，失此业者可就彼佣，故境有火车路一大带造成后，而所经各处之贸易顿然广大数倍，昔之就业于大路之人皆可行业于火车各分路，其势实无失业之患也。”关于外国人在中国建筑铁路应先呈禀朝廷，《申报》则认为，按西国之例，“今吴淞一带，经西人全行购买停妥，且所过各径路亦兼买就，其地已为私地，于私地之上设举各事，似不必禀于国家也”。以上诸方面，是铁路之“小者”，而其“大者”为铁路对国家“颁政、遣使、调兵、转饷之利”，《申报》揭示了铁路在当时综合国力中的核心地位，指出：“故吾尝言，此国之内若有火车，彼国则无，则彼实不能与此相埒，火车之利有如此之大也。”并说：“《汇报》设欲为中国实讲火车之害以利之，吾乃曰：类此之论，若能取信于人，实所以致害中国了。”应该说，这样的看法是相当尖锐的。[3]

《汇报》发表长篇文章抓住两点反驳《申报》，一是担心外国人将在中国“遍国以擅行自办”；二是认为因火车“失事”，西人“常视火车为危机”。对此，《申报》于 9 月 12 日登载《复揭火车利弊》一文予以回击。对于第一点，《申报》认为，英人在吴淞一带购地筑路系遵照“和约续条”允许西人在通商口岸购买若干地基的规定，至于“通商各口以若干远近为限”，估计以 60 里为率是没有

〔1〕《申报》第 5 册，上海书店 1983 年影印版，第 49 页。
〔2〕《申报》第 5 册，上海书店 1983 年影印版，第 65 页。
〔3〕《申报》第 5 册，上海书店 1983 年影印版，第 193 页。

问题的。对于第二点,《申报》引用了英国官方公布的1873年铁路载客量和伤亡率的统计数据,指出:客人若肯遵循常制,按每日每人而算,1128万天内仅死1人,而以年算之,则37600年才死1人。这样的事故死亡率较之搭航船、火船、小船等是小而又小的。正因为这样,在1873年,英国铁路客运量才达到450余兆人。这篇文章的最后还推测了铁路客货运所产生的巨大受益达5770万镑,以说明铁路的利益。[1]

但是,对于第一点的忧虑并不仅限于《汇报》,据闻当时的上海道沈秉成也在查问其事以期阻止。在这种情况下,11月11日,《申报》又刊登《上海至吴淞筑火车路末议》一文,对此问题再行申述,说:"特凡各通商口岸四卫之数十里内,有条约专例,准西人任意购买地基,起造房屋,今任其越格在卫内筑路,亦援建屋之例耳,有何不可?不许其在内地开路,必先不许其在内地买地,倘仍照条约,即不能禁西人之买地,又何地禁西人之不筑路耶?"这篇文章以"火轮车路为世人第一要事"为由,并不讳言西人欲将铁路遍及中国内地为"久蓄于胸怀"的愿望,并阐明了吴淞铁路筑成后的三点好处在于:沿线地皮涨价、便于沪人至吴淞港外眺望游览、使中国四海之人亲见而共信其利益,对这种不费中国一钱而为中国日后建筑铁路"先立一式样"的行为没有人表示支持,感到"实不可解"。[2]

尽管如此,《申报》并不失去信心,从李鸿章身上看到了中国建筑铁路的希望。12月12日又发表《论世务》的文章,以评李鸿章作为"救时宰相"为切入点,以问答的形式阐述了中国建筑铁路的必要性、艰巨性和必然性。关于必要性,该文指明了铁路和电线对于国家富强的重要意义,指出:"虽然此二事者,实为裕国便民之要务,不欲富强则已,苟欲富强,此二事者,必须先事举行,不能偏废也。"国家的强大体现在开发和保卫边疆的能力和实力上,因此,该文就铁路对开发边疆和保卫边疆的战略重要性进行了深入的分析,告诉人们,铁路建设对于边疆地区的人口增长、土地开垦和礼义教化等将发生一系列影响,将使"荒野沙漠之外不啻如腹内各省",如此则能保边疆太平。关于艰巨性,该文主要是从中国人心风气方面立论的,指出:"开创甚难,费用亦大,且事属新奇骇人闻见,未免有难于下手、艰于使人之处。前《汇报》所论中国难用铁路情形实属见到之言,故吾谓此二事既成之后,无不称其利益;未设之行,无不欲为阻止,非徒李伯相一人不能举办,即令中国数十年内亦难望其有成。"关于必然性,该文从两个方面立论,一是基于事物发展的辩证法从艰巨性看到了必然性,认为:"天下事往往拒之愈久,而迎之愈骤;行之弥难,而成之弥易,有不期然而然者矣。"二是从当时中国已经开始开办炼铁诸矿等学

---

〔1〕《申报》第5册,上海书店1983年影印版,第255页。
〔2〕《申报》第5册,上海书店1983年影印版,第459页。

习西法的实际进程推论而来的,指出:“煤铁之利一经广大,则诸务必举,而二事亦必行,特目下尚非其时耳。于何见之?于呢羽、轮船诸物见之。昔年中国前辈谓呢羽、洋布为外国之物,不甚穿着,今则不服用呢羽、洋布者鲜矣。昔年谓浮海为险事,自有轮船之后,其不欲浮海者亦鲜矣。何也?皆取其便易也。铁路、电线二事,特未创行耳,倘有一省创行,则世人皆知其便利,亦必效行矣。”〔1〕应该说,这篇专论的认识水平还是相当高的。

在吴淞铁路交涉陷入僵局之际,《申报》于1876年6月9日刊载了一篇西方人写的《劝中国建火轮车路说》,以汕头1871—1873年大米进口量和进出的华人数、印度救灾的实例说明铁路对于赈灾救饥的重要性,然后以运河的开凿为例来反驳修建铁路会“伤害风水地脉”的观点,并指出:“与其有修补运河之巨费,何不修理火车之道路?”最后总结说:“火轮车的好处,在百姓饥荒之时,能够搬运粮米予百姓食用;商贾人往来贩卖货物也能够运货物予买卖人挣钱;用军出师更能够调兵快到对敌之所,中国或迤西边界不靖,可以调拨迤南、迤北、迤东三路极远之官兵,坐火轮车由新开车路迅速前往,或迤北亦然。若果海洋而不宁,又可以将南、西、北三路者调往。如此理办,上于国家有益,下于黎民有裨,上下均得实惠矣。”〔2〕当时社会上有一种传闻,说吴淞铁路购回后,不但继续自办,而且还有续建上海至苏州铁路的计划。《申报》于11月8日刊载《论用铁路火车宜先自南北通衢始》对这个计划表示反对,主张修建王家营至京城的线路,从运价、就业问题和经费等几个方面论证了其可行性。〔3〕12月18日,又载《咏火轮车》诗,其一云:“轮随铁路与周旋,飞往吴淞客亦仙,他省不知机器巧,艳传陆地可行船。”〔4〕

1876年以后,《申报》开始结合时事阐发建筑铁路的必要性。1877年10月26日,《申报》发表《论铁路火车事》,该文再三慨叹吴淞铁路停车给往返沪淞的人们所带来的不便,由于当时传说吴淞铁路拆毁后将运往台湾修建铁路,作者借从台湾回来的友人之口对铁路开发台湾资源特别是木材的意义进行了分析,指出:“以吾目中所见,台湾土产之轻小者,尚能以人力运出,若重大之货物如美材等者人力不能逮,俾尽作柴薪,未免可惜。而各省制作各局反用重资向外洋购用,未免失算。中国向日本所买之木料,台湾皆有,日本能取之以致富,台湾则弃之以为薪,可见材木亦有幸不幸耳。若能大兴铁路,则废弃之材皆为有用之材矣。生番见此情形,亦当兴求富之念,必乐转运各物

〔1〕《申报》第5册,上海书店1983年影印版,第567页。
〔2〕《申报》第8册,上海书店1983年影印版,第530页。
〔3〕《申报》第9册,上海书店1983年影印版,第445页。
〔4〕《申报》第9册,上海书店1983年影印版,第581页。

与众人贸易，相习既久，归附亦更易矣。”[1]10 月 27 日，该报发表《又论铁路火车》，借从各西国和东洋回来的友人之口阐明了开发矿产和建造铁路对于欧洲各国富强的重要性，指出：“余前游各西国与东洋回，深见各国之致富，首则在于开各矿，次则在于造铁路，故各国均能蒸蒸日上焉。是以欧罗巴一洲之地，其国中能有此二事者，则盛；若无此二事者，则衰，均已明效大验矣。”这位友人建议将拆毁的吴淞铁路移建从通州至北京的铁路，如此则便于漕运问题的解决，更重要的是，此路可以让清政府最高统治者“亲见铁路之制”，认识和了解铁路的利弊，从而有利于铁路建设事业的启动和推广，因为轮船在中国的制造和使用就经历了这样的一个过程。这位友人还说明了这样一个道理：只要善于保护和利用铁路，铁路在军事上也是无害有益的，普法战争、日本平叛和俄土战争都证明了这一点，因此，他得出结论说：“由此观之，国家岂但有铁路则盛，无铁路则衰乎？中国何必固执也。”[2]10 月 29 日，《申报》又发表了《再论铁路火车》，对铁路在军事上、赈灾和商品流通方面的作用予以阐发。在军事上，作者以来自海上的西方列强为假想敌，认为建设铁路有利于中国的防守，“仍我之利，非彼之利”；在赈灾问题上，作者以印度救灾的情况证明铁路是有利于拯救灾民的，可以避免人之相食的惨剧。由于当时山西正发生饥荒，因此，作者以从天津运粮至山西为例，从运输的速度和成本两方面分析了铁路赈灾的优势；在商品流通方面，作者提到桂米运粤的历史及在当时遇到的困难，指出如能在两广间建造铁路，“米商既不畏滩河之险，又可无留阻之忧”[3]。

1877—1878 年，北方各省发生了史无前例的大饥荒，史称“丁戊奇荒”，该报乘此时机宣传铁路对于赈灾的重要性。1878 年 7 月 9 日，该报登载《论转运莫善于筑火车马路》一文，从赈灾粮的运输情况来分析建设铁路的意义，指出：“今晋豫之灾至于如此，有银无米又若是情形，为民之上膺国家之任，自宜统从前、现在之利弊而熟筹之，务使有至简且易之法，可以通粮食之来源者，则莫如于内地陆路总要之处筑铁路一条，而于各州县分设小路，所费虽巨，而其法究系一劳永逸，且上下均有所利，固不若开浚运河之费事而又无益也。且筑路一事，苟能行之，则海中有轮船，而内地有火车，岂非甚便哉？况铁路、马路均筑于北方，推车度日之人仍不至减其谋食之利也。通盘筹划，实惟此事为方今第一之要务。”接着，该文分析了铁路是否资敌和夺民生计、铁路建设如何筹款等问题。关于是否资敌的问题，该文指出：“余谓此言直竖孺之谈耳。夫欧洲各国欲至内地，必由海道，苟有龃龉，则海禁必先严密，而所设铁

〔1〕《申报》第 11 册，上海书店 1983 年影印版，第 405 页。
〔2〕《申报》第 11 册，上海书店 1983 年影印版，第 409 页。
〔3〕《申报》第 11 册，上海书店 1983 年影印版，第 413 页。

路之处，又何难以一千人守之，使其断绝哉？假令虑俄人于北方满蒙部落之外壤地相连，有所窥伺，则我于山左右陕豫内地设立此路，势必不至边城，彼又何能长驱直入哉？使外国之兵可以近我铁路，驾车直入，则天下已不可为矣。尚复容我顾虑哉？”关于是否夺民生计，该文说：“铁路虽成，水路乘舟者仍不少减，且铁路旁通原有马路推车者仍有生意，而传信递文之辈亦不过时日快捷，而仍不能不用此辈也。”关于经费问题，该文指出：“殊不知中国工多费大之事，除运河而外，尚不知有几端？”对于铁路建设启动迟缓的原因，该文总结说：“总之，畏难，一也；泥古，二也；不敢排众论而伸独断，三也。”[1]1879年1月7日，《申报》又载《论中国不可不建轮车铁路》一文，论述了铁路对于赈灾的意义以及铁路建设的若干重要问题。关于铁路对赈灾的作用，文章指出：“试观同治十年十一年间，闽粤两省水旱不均，禾稼歉收，幸在沿海得以江苏、安徽之米由洋船运来接济，若如光绪二三年间山东、直隶、河南、山西皆有旱灾，谋赈济者苦于鞭长莫及，以致遭饥荒而殒命者数十万人。设使早筑火轮铁路，何至若此？他如湖南、陕西、甘肃、四川，皆非水路可通，一逢歉岁，即使邻省丰收，骡马车辆可以转运，而道途既迂，运费太重，迁延日久，饥民嗷嗷，其不致以生乱者，鲜矣。书曰：民惟邦本，本固邦宁，百姓不得足食安居，国家焉能久享升平哉？”铁路的作用还在于军事：“此不但利商贾，运货物，转输粮食，拯救饥荒，而于用兵之际，其用尤大，不捷而速，军行若神，使敌国几疑兵卒从天而下，如遇一方有事，则三方之兵可以咸集，轮车之利，不其溥哉？”关于铁路是否有伤风水的问题，该文以运河的开凿为例进行反驳说：“独不观运河之始辟乎？当其初开之时，凡坟墓之有碍河路者，未尝不移之他所，而中国人从未闻议其坏风水、伤地脉也。移骨迁冢，亦未闻有鬼神作祟也。知此则虚诞之词可以一扫而空之，运河既开，其利不小。”关于铁路建设的资金筹集问题，该文提出了两种办法：“惟是创始者难为功，鸠资集众非可徒托之空谈，国家于此时兴大役，拨巨款，一时亦难以筹措，则莫如仿照招商局成法办理，招人充股。或仿泰西事例，与商民借款行息。”并说：“近来蒿目时艰，关心大局者，辄虑中外贸易银流外洋，指为一大漏卮，因是银价日昂，民生日蹙，今若以兴筑铁路之役，借贷于外国商民，路成则西商无不道出其间，而所贷之债自可递年渐偿。”关于铁路是否夺民生计，该文的分析不同于前文：“殊不知，若作铁路，首先需人平辇，确填沟坎，供畚掮，趋工作，安置穷民无算；既成之后，管理、修葺、运煤、辇物，事事皆需人而为之。”关于铁路建设的人才问题，该文认为：“惟为非常之事，必得非常之人，必也。任用得人，始可济事。盖才不限于一隅，人不限于一国，楚材晋用，自古为然，苟有才者，无论中外皆

〔1〕《申报》第12册，上海书店1983年影印版，第593页。

可录用，无拘于资格，无泥于声望，出重聘以邀之，擢美官以任之，收指臂之助，而尽群策群力之用，则中国之兴可以翘足俟也。”[1]

只有确认铁路的利益，理性地对待铁路的弊病，才能深切地体认铁路建设的必要性。这其中不只是对具体利益的阐发，更有上升到国家富强高度的警示。我们从上面的内容也不难看出，在19世纪80年代三次铁路问题的争论中提出的基本问题，《申报》的一系列专论都已涉及，这就为李鸿章等人应对反对者的意见提供了思想养料。从这个意义上来说，《申报》为中国铁路建设事业起步所做的舆论动员功不可没。

三、铁路建设事业起步的紧迫性

——报道列强修建通达中国边疆地区的铁路计划

在19世纪70年代，中国近代铁路建设事业的起步，不仅存在着可能性和必要性，而且还有着相当的紧迫性。当时，西方列强铁路建设的技术已经达到相当高的水平，及至1874年，19世纪中期经济征服者最突出的成就——梅格斯的“秘鲁中央铁路已经慢慢地行驶在1.84万英尺的高山上。当火车在山巅中出没，在岩洞中穿行时，遂使早期英国铁路的一般行程相形见绌”[2]。当时已有了建设穿过英吉利海峡的海底铁路的设想，1874年11月16日的《申报》就以《铁路过海》为题予以及时报道：英、法两国“又议定在海底通一洞路以便火车可径达两岸也。此举若成，将为天下第一奇异功程矣。所用之费亦大，约不下千万银数焉。按此事曾久已谋及，然议论至今，始行定局矣。闻其法则以大铁管铺设于海底云”[3]。在铁路建设技术飞速发展的背景之下，建设跨越崇山峻岭、飞渡江河的跨国铁路就不在话下，因此，西方列强有了一系列从周边建设铁路通达中国的计划，中国边疆地区的国防安全和中国铁路建设的主权受到威胁，《申报》在这方面做了不少揭示和提醒，对以天朝上国自居的清政府来说，应该有一种逼迫感。由此看来，中国要不要建设铁路，就成了一个具有相当紧迫感的时代性问题。

值得注意的是英国的计划。从19世纪50年代末开始，英国就一直有人在致力于谋划修建自缅甸至云南的铁路[4]，至19世纪70年代仍然没有停

---

〔1〕《申报》第14册，上海书店1983年影印版，第22页。

〔2〕艾瑞克·霍布斯鲍姆：《资本的年代：1848—1875》，江苏人民出版社1999年版，第65—66页。

〔3〕《申报》第5册，上海书店1983年影印版，第475页。由于此项工程需耗费巨资，一直未能正式动工，所以，张荫桓1889年9月1日的日记还说：“英、法海底铁路议而未成，中国之谈铁路者已洒洒千言，记其行度，夸其制作，以自矜博洽矣。年来中国取则西法，十掷未必得犍；而假西法以愚中国者，又类市人骇虎。”[中国史学会主编：《洋务运动》（八），上海人民出版社、上海书店2000年版，第285页]。

〔4〕宓汝成：《帝国主义与中国铁路（1847—1949）》，经济管理出版社2007年版，第20—21页。

止。1873 年 9 月 29 日,《申报》刊载了题为《论英国拟由印度、西藏造铁路以通云南事》的报道,称:“咸丰年间,回民作乱于滇,苗民作乱于黔,云南与内地不能往来者十有数年。然各省锤箔之锡,非云南点铜不能合用,故锡商均由粤东浮海至印度,复从印度遵陆,由西藏至云南边境,鬻得点铜之锡,仍由原路以达粤东,较之由粤东绕道广西以至云南更为便捷。闻如兴办锡者,亦十有余年,现今贩运点铜各商不谓为滇锡,反谓为洋锡也。后因此路一通,而英商亦曾经此行走,遂请于英之朝廷,拟由印度经西藏至云南界,制设火车铁路九百里,以便诸商往来云南贸易。”该报道认为,此路建成缩短了英国与云南的交通距离,使英国“于通商各海口之外,又益一通商陆口”。为了让中国人能够接受这样的计划,该报道还指出,此路建成“未始非滇人之一大利”,并预言“英人既通云南之后,亦必通四川”,而从如此的“神仙缩地之术”亦可“愈以见泰西诸国之获利,火轮车船之可贵也”,最后还提出了“华人曷不效而行之”的要求。[1]多年之后,《申报》又提到这个计划,1879 年 6 月 18 日刊载的《西南边境大势论》说:“前数年英人欲由印度入缅甸通道云南,遂有马嘉理之案,龃龉两载,几至兵争。其通道初意原欲开筑铁路以建陆路马头,而中国婉言辞之,英人亦以野人戕其官员,虑此后不免他祸,遂即罢议,而英人之心卒未尝忘也。”并指出:“所患者,英既有缅,由印度而东直抵云南,不啻与中华错壤,假令甸关之外,缅界之中,建筑铁路,我亦无从过问,而后此藉以通商,则取其载运之便;即藉以征兵,亦资其调遣之速,我固能保交涉事件无更甚于马嘉理之案,驻华公使无不如威妥玛之贤乎?”[2]

德国人的计划可谓宏大。德国地质学家和地理学家李希霍芬于 1868—1872 年间在中国进行了 7 次旅行,跑遍了中国当时的 13 个行省。他在 1870 年的日记中写到,胶州湾交通方便,有广阔的发展余地。从胶州湾修一铁路经过煤区,通过济南铁路分支,一条通往北京,一条通往河南和山西,这样可以开发河南北部和山西南部的重要煤田和铁矿。1874 年,他又在地理学会报告中提出,修建从西安经哈密到伊犁的铁路,与从鹿特丹至天津的欧亚铁路相连。[3]这样的构想在当时的《申报》中有及时的报道。1874 年 7 月 10 日,《申报》载《欧洲人议开火车路》的消息提及此事并加以评析说:“中国前有日耳曼著名之博士名里士多文者,遍历中国各直省,考察地势,今博士于欧罗巴洲颁刊袖珍书一册,将开筑火车路以及中国与欧罗巴两境相连之事,详为论列。据云,美国人近将太平滨海之金山郡与亚兰的海滨之各郡欲以火车路相

〔1〕《申报》第 3 册,上海书店 1983 年影印版,第 309 页。
〔2〕《申报》第 14 册,上海书店 1983 年影印版,第 607 页。
〔3〕罗文俊、石峻晨编著:《帝国主义列强侵华铁路史实》,西南交通大学出版社、中国铁道出版社 1998 年版,第 100 页。

连,此举诚为当世之急务也。然所藉接连之人,不过四五千万而已。今若于亚西亚洲作火车路,则将欧罗巴三百兆人与中国三百兆人皆相助为理,其功则必倍蓰矣。顾欧洲人论及此事,亦明知非中国所能准行,亦必不能假道于中地也。"[1]

沙俄的野心也不小,最为时人所忌,当时的《申报》也有揭露。1874 年 12 月 28 日,该报刊登题为《俄国将开火车路以达中国边界》的报道,宣称"现在俄罗斯朝廷议拟筑开火轮车路一条以直达中国属下之地界",只是该报道未获悉"其径取何路",但特别提醒中国说:"按俄罗斯之此举也,或谓其因欲便运两国往来货物耳,然其内或另有大谋欤? 抑或国家之大谋为首,而通便货物次之耶? 吾华人闻此信息而未免茫然,必生隐虑矣。"[2]1879 年 1 月 10 日,该报发表《论俄人专意铁路,中国不可不备》的专论,透露了当时俄国的铁路建设动态,揭露了俄国专意于铁路建设的目的。关于铁路建设动态,该文提供的重要信息是:"俄国巨官尝论铁路之兴,以今日而观,必自窝瓦河旁萨拉特夫以达乌拉河口,又近里海之孤厘掖孚以至于机洼布哈拉、杉木干、搭士干、库尔干、喀什噶尔,若此则调遣师旅,转输饷糈,最为迅直。"其总的趋势是:在俄土战争的刺激下,"俄国近年专注意于铁路,自西而东渐造渐远"。俄国进行铁路建设的目的是:"按轮车铁路,各国皆有,均系首重便商,次则利国。惟俄则与众不同,凡欲修建铁路,国家必派武员查勘合宜,方许筑造,否则不可。揣其用意所在,专为调兵运粮计,是则俄之所重者,盖在此而不在彼也。"因此,该文作者忧心忡忡地指出:"俄国铁路若达中国西北境,中国必当预为筹备,如其不然,一旦兵衅或开,必受其敌,所幸者,今日犹可及早图之耳。即如昔年普法之战,法之败于是役者,以防御铁路疏忽,调兵运饷着着输人,不及普国之整齐迅速,以致普兵入境而法兵尚未麇集,故有师丹之败,一蹶而不振甚矣。轮车铁路之不可不急建也。"最后,该文较为详细地介绍了俄国彼得大帝改革的重点在于考选和培养习于西学的人才以开风气的历史经验。[3]

法国人在越南亦有筑路的设想。1880 年 4 月 28 日,《申报》刊发《安南将开筑铁路》的新闻:"昨阅香港报,知法国……又拟在通商之处建设火车铁路,以便往来,其路西则通至暹逻,北则通至云南,总期有利于贸易场中。暹逻闻之,惧法人乘机进逼,肆其蚕食,君臣筹商,竟无良策。据西人论及此事,谓法之欲建车路,非为占地贸易之计也,特欲践约以保护越南耳。盖法人久欲通商于中国云南省,惟因道途崎岖,转运不便,故隐忍以伺。今幸越南与之立

〔1〕《申报》第 5 册,上海书店 1983 年影印版,第 33 页。
〔2〕《申报》第 5 册,上海书店 1983 年影印版,第 619 页。
〔3〕《申报》第 14 册,上海书店 1983 年影印版,第 34 页。

约，允准开通道路，以广贸易，则交界之暹逻及云南等处，倘有交涉事件，法国可以代谋，不嫌越俎。若中国更许其建筑车路以递于两粤滇黔，则贸易从此可期日增月盛，此允法人之素众，而思一旦如愿以偿者也。呜呼，时事如此，我中国得毋有鞭长莫及之嗟乎？"[1]

虽然当时的日本还不可能有在中国建筑铁路或建筑通达中国边疆地区铁路的计划，但是，日本国内铁路建设的动态还是引起了舆论的关注，《申报》及时地报道了日本的铁路建设动态。1875 年 12 月 27 日，《申报》载《论日本转售铁路事》一文，开头即述铁路对于边防、调兵和商贾的三利，认为当时的日本实行国有铁路私有化政策是"殊失计"，而中国迁延时日，"不汲汲于仿用西法者，岂转不如日本哉"？该文还从财政经济的角度分析了中国铁路建设迟未启动的原因："盖自粤逆扰乱，东南财赋之区未能复元，重工要务必有大费，苟工既兴而费不能支，岂非为强邻所窃笑哉？是以当道诸公不得不慎而又慎，以存乘势待时之见也。即如开矿采煤，倡议有年，而目前仍未兴办，建筑铁路，亦倡议有年，而云南通缅甸一路慭允英人之议，使之兴办，而中国若不与闻其事者，岂中国不如日本之信西法，而不肯为哉？"[2]1878 年 5 月 17 日，该报又载《日本增筑铁路》的消息称："日本前从箱馆开一火车路直达东京，行人称便，经本馆节次列报。兹又闻日廷欲从西京再开一路而抵鸟左地方，估价需洋一百万元，约计三年大功方克告竣云。"[3]

在 19 世纪 70 年代，《申报》舆论动员的形式包括对铁路问题的一般性新闻报道、开展铁路利弊问题的专题辩论、发表连续的铁路专题论说、结合时事评说铁路问题等。而就舆论动员的内容来说，有对发生在中国的相关铁路活动的报道，有直接对铁路利益的宣传，还有对国外铁路建设动态的引介。其目的是引起中国社会各阶层特别是所谓的"在上者"对铁路问题的兴趣，促使他们对铁路问题的态度逐步发生变化，从而培育起要求建设铁路的力量，推动铁路建设事业尽快起步。可以说，19 世纪 70 年代，正是这样一个年代，朝野有识之士纷纷对铁路表示接受[4]，为铁路建设事业的起步奠定了思想认识上的基础。这样的变化与《申报》所做的舆论动员有密切的关系。

（原载《安徽大学学报》2010 年第 1 期）

[1] 《申报》第 16 册，上海书店 1983 年影印版，第 449 页。
[2] 《申报》第 7 册，上海书店 1983 年影印版，第 613 页。
[3] 《申报》第 12 册，上海书店 1983 年影印版，第 445 页。
[4] 朱从兵：《李鸿章与中国铁路——中国近代铁路建设事业的艰难起步》，群言出版社 2006 年版，第 112—118 页。

甲午战前京津铁路线的筹议述论

——兼议中国近代铁路建设起步的动力选择

京津城际高速铁路今年建成通车了，这是我国最早的高速铁路，标志着我国即将迎来高速铁路时代。在近代，京津地区也是我国最早建成铁路的地区。从19世纪40年代末起，西方列强就图谋在中国建设铁路，对中国铁路线的筹议，最初多集中在西南、华南和东南沿海。19世纪60年代天津开埠、公使进京以后，筹议路线逐渐转向京津地区，京津铁路线是备受关注的线路之一。它既作为独立的线路而被屡屡议建，又往往被包含在许多筹议的长途铁路干线之中，作为其中的一段。

一、1863—1883年：运煤和漕运、海防

1863年秋，英国铁路界巨子麦克唐那·司蒂芬孙在怡和洋行的鼓动下由印度来华，在广州"倾听商人、传教士、官员等各阶层的外国人对于把铁路输入中国的意见"，制订了一份以汉口为中心的综合的中国铁路系统计划，这个计划拟设4条干线、3条支线和3条实验线，形成了中国最早的铁路网规划。其中的第4条干线是上海经镇江至天津、北京，而实验线中又有可"使清廷深刻地了解铁路的利益"的北京至天津铁路。这是京津铁路线的最早筹议。他将铁路系统计划呈给清廷，并主张应该由清廷自行办理"这些实验性的铁路"，但是，这个计划没有得到中国的允许，总理衙门将此计划束之高阁而不理。[1]1866年7月，英国公使阿礼国在给总理衙门的铁路节略中，曾再度推荐，劝中国采纳司蒂芬孙的计划，先兴办一二条利润丰厚的短线，可了解铁路的利益。[2]不言而喻，京津线就在这些所谓"利润丰厚"的短线之中。1867年，署湖广总督、江苏巡抚李瀚章奏称："至铁路系为火轮车而设，火轮车之利又过于轮船，欲由直隶之天津达于京师，由缅甸达云贵广东，由江苏之上海达湖北汉口，屡见外国新闻纸，因我所不欲，持论愈坚，虚声恫喝，无所不至。然筑室道谋，初无成议。"[3]由此看来，京津铁路线是西方列强热议的

---

〔1〕［英］肯德：《中国铁路发展史》（李抱宏译），三联书店1958年版，第4—8页。

〔2〕李国祁：《中国早期的铁路经营》，（台）"中央研究院"近代史研究所专刊(3)，1976年版，第13—14页。

〔3〕宝鋆等修：《筹办夷务始末》（同治朝）卷52，（台）文海出版社1966年影印版，第33页。

线路之一。1868年,有英国人鼓吹"世界上没有比大沽到北京过去三十哩的佛头岭这一地区更宜于建筑铁路了"。这位英国人狂热地鼓吹天津港口的作用,并说:"倘有一条铁路通到斋堂矿区,其利益便会如我所描述的那样大。如果进一步使铁路远伸到山西省会,通过蕴藏有最上等煤、铁资源的富庶的炼铁区的中心,那么……还有什么不能办到的呢?"[1]这年10月,就有英国人私自勘测了从天津大沽至北京西斋堂的铁路线,并计划将此路延长到山西大同。[2]

英国人之所以对这条线路感兴趣,是因为天津开埠后商船对北京郊区煤炭资源的大量需求。那位英国人就说得很清楚:"如果斋堂及其附近各矿能向外国贸易开放——这正是矿主们所亟切盼望的,则从大沽筑一条铁路到斋堂,无疑地将是一项有利的投资。……因为这条线路可以带来大家要用的软质无烟煤、青白石灰、建筑用石头、上等版石,也许还有目前很少想到的别的许多东西。"[3]所以,早在1862年冬,英国公使布鲁斯就指使其使馆人员柏卓安,私往北京附近的斋堂勘测煤矿。他在勘测报告中认为,斋堂的煤如有铁路或木路运输,当可降低成本,并称天津的中外商人对此很有兴趣。

19世纪70年代议建较多的仍然是京津铁路线。1873年5月6日,《申报》发表《上海至吴淞将造火轮车铁路》一文透露说:"前风闻天津至京城开创车路,闻者莫不欢心,谓今而后天津至京不须一日矣,快哉!此举诚大有益于民也。不料事未行而即中止,闻之者又莫不深以为恨。"[4]关于这次筹议的具体情况,没有更多的资料可资了解。这可能与李鸿章对铁路的态度转变有关系,而李鸿章对铁路态度的转变又与英国人在天津进行的一次铁路摆演有关。1872年9月,英国商人在天津试行火车。李鸿章和其他地方官员都前往观看和试坐。经过试行,李鸿章认为:"此火车之来中国,可谓创观,其制作亦可谓精美之至。"他并为试行的火车命名"利用"号。[5]也许英国商人们趁着李鸿章对铁路发生兴趣之机而提出建筑京津铁路的要求,竟能得到他的支持,故而《申报》才有相关的报道。

但是,清廷对铁路的态度并没有发生转变,1874年冬,同治帝去世,李鸿章赴京叩谒梓宫,在京期间,与恭亲王奕䜣见面时"极陈铁路利益,请先试造清江至京以便南北转输",当时奕䜣之意"亦以为然",但他又"谓无人敢主持"。[6]清江至京的线路筹议,明显是出于解决漕运问题的动机。京津线即清江至京的一段,因此,京津铁路线作为独立线路的筹建也会遇到较大的阻力。不过,

---

〔1〕 宓汝成编:《中国近代铁路史资料(1863—1911)》第1册,中华书局1963年版,第14页。
〔2〕 宓汝成:《帝国主义与中国铁路》,上海人民出版社1980年版,第43页。
〔3〕 宓汝成编:《中国近代铁路史资料(1863—1911)》第1册,中华书局1963年版,第14页。
〔4〕《申报》第2册,上海书店1983年影印版,第405页。
〔5〕 宓汝成编:《中国近代铁路史资料(1863—1911)》第1册,中华书局1963年版,第17—18页。
〔6〕《李鸿章全集》第5册,海南出版社1997年版,第2709—2710页。

人们似乎已尽了较大的努力，据寿尔的《田凫号航行记》载："中国，尤其是天津，铁路计划的历史迄未能令人鼓舞。一位侨居此地的商人曾最坚决地努力诱致当局们同意这一种计划，但全归失败。人们曾勘测路线，精密地估计大沽至天津，继而至北京，这一条铁路的费用，并且筹措了必要的资金。"[1]直至 1879 年，英国人似乎还热衷于这条铁路的筹划，11 月 2 日，清廷驻英公使郭嵩焘与几个懂得矿学的英国人交谈时"询及铁路工程"，英国工程师狄克森则说："由天津通铁路以达京师，所费不过百万。贷之英国，每岁息银不过七厘，窃计此项铁路，岁息可得二分，除完缴息银外，所得皆国家之利也。"而郭嵩焘认为："是以中国一切都无虑，惟虑无人耳。"[2]而在天津，李鸿章似乎也有所行动，如果京津线从天津起造的话，那么，1879 年社会上传闻李鸿章拟在天津紫竹林建筑铁路，亦非空穴来风，是有所依据的。据郭嵩焘 1879 年 12 月 1 日的日记，清廷驻英副使刘锡鸿在离任临别前，"闻合淝伯相有在梓竹林修造铁路之说，致总署书痛驳之"[3]。

由上可见，在 19 世纪 70 年代，英国对京津铁路线依然保持着浓厚的兴趣，而中国国内铁路建设起步的阻力则仍然很大。所幸，李鸿章等人已对铁路表示接受，有筹建京津铁路的意向，其目的可能与漕运有关，这就与英国取煤的目的有所不同。

在 1880—1881 年的铁路问题论争中，当时专主西征、收复新疆的左宗棠力持定议，坚定地支持刘铭传，并主张先建防俄北路，从天津至北京段入手。1881 年 1 月 20 日，《申报》发表《论铁路择地之要》一文，重点论述"择地取道"的问题，告诉人们：若取军事的原则，从中国边疆大势及当时遭遇的边疆危机出发，则"自东而西横亘燕蓟秦晋间，苟有铁路一道，则左军得以往来，视俄人之所乘，而以重兵御之，移调之速，直有欲东则东、欲西则西之势"，其线路为"自京师至山西，然后入陕，再至甘肃，以达关外其程途若干里"，然后再自京师东出山海关，而西北边外、蒙回诸部落之地以及西南云贵藏等处决不可筑；但是，若取经济的原则，那么，这条作为当时"陆路防俄之要着"的铁路规划线，则"似犹可缓也已"。[4]对于这条防俄铁路，左宗棠是支持的，1881 年 3 月 25 日《申报》所载《铁路有益于民俗说》透露说："前日得都中消息，知此事之举行，已有十之七八，不特省三爵帅倡建是谋，即李伯相亦曾缕述其利，而左侯相入赞枢廷，首先拟议此事，已定于天津至北京一路先行造筑，不日即将兴

---

[1] 中国史学会主编：《洋务运动》(八)，上海人民出版社、上海书店出版社 2000 年版，第 403—404 页。
[2] 《郭嵩焘日记》第三卷，湖南人民出版社 1982 年版，第 673—674 页。
[3] 《郭嵩焘日记》第三卷，湖南人民出版社 1982 年版，第 696 页。
[4] 《申报》第 18 册，上海书店 1983 年影印版，第 77 页。

工。”[1]这是关于中国人明确筹议京津铁路线的最早记载。左宗棠筹议的目的，是作为防俄北路的一段，侧重于军事的动机；列强的目的，前文已述，是为了取得北京郊区的煤，侧重于经济的动机。但是，有了这条铁路，也更便于列强由天津直入北京，有利于列强对清廷的控制，其政治上的，甚或是军事上的动机也是显而易见的。不仅如此，当时的列强还有修筑一条长途铁路干线的计划，京津线也被包含在其中，由此计划也不难看出列强的动机。据刘锡鸿于1881年2月14日奏称："我中国地舆数十倍于英，据西洋匠师言，由广州、潮州、长沙、岳州、汉口沿大江东折至南京，北而淮扬，取道临清、天津以达京师，为铁路一道，需银七千万两。"[2]这条从广州至京师的纵横联通线，一旦建成，对中国经济的影响将是深远的。如果这条铁路操纵在外人手中，中国的经济命脉就会受到外人的控制，而中国也几无国防可言。京津线作为其中的一段，可谓其中的核心路段，由此既控制了中国的漕运，又控制了中国的政治中心。可谓一路通，而中国尽在掌中。不难看出，京津线路处于当时较有影响的几种铁路线规划的核心路段，如防俄北方横贯线、便漕清江至京纵贯线以及当时洋人规划的自广州至京师的纵横联通线都包含了这一路段。此路屡屡议建，不足为怪。

1881年年底，中国近代第一条铁路——唐胥铁路建成，由此带来了中国铁路建设的希望，有人也由此联想起北洋海防铁路的建设。1882年5月4日，《申报》刊登《论开平创开铁路事》一文，认为：开平作为事实上的创始之路，日后应当向东朝黑龙江方向扩展，"可以防东三省之变"，向西朝京师方向延伸，"可以资拱卫之用"。[3]作为向西延伸的必然路线，京津线受到李鸿章的高度重视，据《字林西报》1882年3月7日载，李鸿章在这一年曾极主建造天津至北京的铁路，并进行筹资活动，因无人敢应而不果。[4]1883年1月30日，刘坤一到天津，与李鸿章会商国事，对李建铁路议渐表同情。[5]1883年，铁路筹议的阻力较大，也许正是这个原因，7月25日，李鸿章拒绝了英国东电公司总办本德尔关于建筑从上海至杭州海塘铁路的要求，他复电当时联系此事的曾纪泽说："铁路利益最大，尚未定议兴办，本德尔似宜缓商。"[6]这一天，他又致函奕䜣说："火车铁路利益甚大，东西洋均已盛行，中国阻于浮议，至今未能试

〔1〕《申报》第18册，上海书店1983年影印版，第305页。

〔2〕中国史学会主编：《洋务运动》(六)，上海人民出版社、上海书店出版社2000年版，第154—166页。1884年10月31日，周德润也奏称："据洋匠言，由广州、潮州、长沙、岳州、汉口沿大江东折南京，北而淮，取道临清、天津以达京津，为铁路一道，需银七千万两。"(中国史学会主编：《中法战争》第6册，上海人民出版社1957年版，第30页)此说当来源于刘锡鸿。

〔3〕《申报》第20册，上海书店，1983年影印版，第569页。

〔4〕窦宗一：《李鸿章年(日)谱》，(台)文海出版社1980年版，第4898页。

〔5〕窦宗一：《李鸿章年(日)谱》，(台)文海出版社1980年版，第4902页。

〔6〕《李鸿章全集》第7册，海南出版社1997年版，第3464页。

办。将来欲求富强制敌之策,舍此莫由。倘海多铁舰,陆有铁道,此乃真实声威,外人断不敢轻于称兵恫喝,尚祈主持大计为幸。”[1]因此,在奕䜣的主持下,清廷神机营在北京三家店地方建立机器局,因机器需煤,又于门头沟等处开办煤矿,并仿照开平煤矿,采用机器取煤,至1883年腊月以后,机器之解赴门头沟者,“车辆载运,穿城绕郭,络绎不绝”。当时传说这些机器内有“备修铁路之用者甚多”,一时间,“道路相传,莫不惊讶”。[2]看来,奕䜣筹议铁路的思路是效法唐胥铁路,以运煤为由,在某种程度上又迎合了英国的动机。

二、1884—1885年:运煤和漕运

1884年,清廷权力中枢的变动——甲申易枢,给近代中国的铁路筹建带来了转机,京津地区的铁路筹议一度转向漕运线路。通过甲申易枢,军机处的权力实际上掌握在了醇亲王奕譞和他的心腹孙敏汶手中。奕譞主张兴办铁路,为中国铁路事业的发展带来了新的动力。正因为如此,这年6月,詹事府代递左中允崔国因奏称:“建设铁路,则调兵转饷运漕,均可迅速,且通商惠工,可夺外洋之利。”6月8日,慈禧太后谕称:“铁路一事,前经李鸿章等会议,以需费至巨,未即兴办。惟此等创举之事,或可因地制宜,酌量试办。著总理各国事务衙门会商李鸿章详加酌复,妥筹具奏。”[3]崔国因原奏称:“黄河岁修动计数百万两,若由铁路转漕,则费省而漕粮易达矣。”[4]在此情况下,6月24日,曾出使美、日、秘三国的随员,候选知府徐承祖给李鸿章上了一份很长的呈文,极陈建筑漕运铁路的利益,指出:“若漕粮改由火车转输,则运河可废,庶黄流顺轨入海,不致有漫溢之虞矣;且岁省河工经费,为数亦巨。如设立火车,则南粮由淮抵京,朝发夕至,不但转输捷便,且可免霉烂之虞,运费亦极较省。至于征调军士,运解军装,救援转输,均为妥速。俟各省俱有铁路,即额设之兵并可酌为裁减,其货商行旅之便,犹其末焉者也。”[5]当时的周盛传觉得这是一个启动铁路建设事业的机会,不过,他建议的线路则为津浦路。[6]其线路未达北京,但若津浦路成,对漕运的意义是相同的。而且,当时上海、天津各西报盛传中国将兴建京津铁路,《北华捷报》为此曾发表了两则报道,一则称:“在中国兴建铁路这件事,在原则上已被[清廷]接受了。我们现在尚无更详尽的报道,但可下结论说,上述新闻体现了德璀琳先生、直隶总督和在醇

---

〔1〕《李鸿章全集》第6册,海南出版社1997年版,第3260页。

〔2〕中国社会科学院经济研究所抄档:《光绪十年二月初六日御批·光绪十年二月初五日福建道监察御史奴才赵尔巽奏》。

〔3〕窦宗一:《李鸿章年(日)谱》,(台)文海出版社1980年版,第4919页。

〔4〕顾廷龙、戴逸主编:《李鸿章全集》第10册,安徽教育出版社2008年版,第470页。

〔5〕中国史学会主编:《洋务运动》(一),上海人民出版社、上海书店出版社2000年版,第237—238页。

〔6〕中国史学会主编:《洋务运动》(六),上海人民出版社、上海书店出版社2000年版,第313页

亲王支配下的总理衙门最近一次磋商的结果。据说天津和北京间的路线,可能在几天内即加规划云。”另一则指出:“在北京,目前坚决赞成[建筑铁路]这一原则的是强有力的一派。……据说确定的第一着,就是铺设从天津到京城这条铁路。待这条铁路一成为既成事实,我们就无需焦心中国铁路事业的前途了。”〔1〕这些报道可能反映了一些真实情况,传说李鸿章曾命驻德公使李凤苞,在德订购 120 里铁路器材,确有兴建之意。若津浦、京津铁路线成,实际上就能从根本上解决漕运问题。还不只是传闻,在北京,总理衙门向美使洽借巨款,亦做大举兴办铁路的准备。8 月 14 日,美国使馆参赞何天爵致函总理衙门提出了中国向美国借款库平足银 2 000 万两建筑铁路的建议。〔2〕当时还有御史刘恩溥奏称:“清江浦到京一千七八百里,若用外洋新式窄铁路运兵载粮,费省工速。”据估计,建设这种新式窄轨漕运铁路,只需 300 万两。8 月 31 日,慈禧太后要求军机大臣等议奏,9 月 7 日,奕譞复奏认为,如果费省工速,似不妨先行试办。但究竟如何办理,他表示无从悬拟,应请饬下北洋大臣李鸿章详细筹度妥议复奏。〔3〕当时的清廷在启动铁路建设方面可能有所行动,只是中法战争打断了铁路建设的计划。据 1884 年《点石斋画报》中的《兴办铁路》图文称:“泰西通商以来,仿行西法之事,至近年而益盛。将从前一切成见,虽未能破除尽净,然运会至而风气开,非复曩时之拘于墟矣。同治季年,火车已肇行于沪埠。由上海达吴淞三十余里,往返不逾二刻。惜为当道所格议,偿造作之赀,遽毁成功。兹于五月下旬(约 6 月中旬)天津来信云,创办铁路一节,朝廷业已允准,由大沽至天津先行试办。嗣于六月二十三日(8 月 13 日)悉,朝廷又颁谕旨,饬令直督李相速即筹款兴办天津通州铁路。其火车式样,前一乘为机器车,由是而下,或乘人,或装货,极之一二十乘,均可拖带。将来逐渐推广,各省通行,一如电线之四通八达,上与下利赖无穷。窃不禁拭目俟之矣。”〔4〕

美国的行动引起法国的注意。法国利用中法战事也提出了借款给中国用于修建漕运铁路的要求。在马尾战败后,10 月下旬,法国向清廷提出有所缓减的勒索要求:基隆、淡水暂由法管理若干年,法借银 2 000 万,以 1 000 万购法船械及铁路料,1 000 万现银,借作整备海、陆军及造铁路,限 40 年分批还本息。〔5〕李鸿章没有贸然允诺,10 月 27 日,他建议总理衙门采取这样的策

〔1〕 宓汝成编:《中国近代铁路史资料(1863—1911)》第 1 册,中华书局 1963 年版,第 129—130 页。
〔2〕 李国祁:《中国早期的铁路经营》,(台)“中央研究院”近代史研究所专刊(3),1976 年版,第 59—60 页。
〔3〕 中国社会科学院经济研究所铁路抄档:《光绪十年七月十八日御批·光绪十年七月十八日臣奕譞等奏》。
〔4〕 陈平原、夏晓虹编注:《图像晚清》,百花文艺出版社 2006 年版,第 181 页。
〔5〕 顾廷龙、叶亚廉主编:《李鸿章全集·电稿(一)》,上海人民出版社 1987 年版,第 312 页。

略:“盖借银修铁路,各国争欲揽办,由我为政,或法国或别国均可,且藉以弃怨结好,实两利也。”[1]由此,清廷即将借债修路的消息不胫而走,徐致祥就说:“窃闻诸道路纷纷传播,佥谓朝廷有开铁路之议,其说创自洋人,而中国之臣从而附和之、怂恿之,期必行而后已。”[2]这样的传闻引起了内廷诸臣的纷纷反对,朝中言官交章谏阻,仅10月31日一天,就有12人的奏折论及铁路问题,他们的意见是,一不可借法款,二不可造铁路。由于言官的反对,法国的要求一再降低,于是,在11—12月间的北京城仍时有即将进行铁路建设的传闻。一种说法是:“神机营王大臣等拟借洋债五百万两,修置铁路,自西山起至芦沟桥止”[3],以便运煤供神机营炮厂之用。另一种说法是:“用机器取煤,借款五十万,自西山开铁路至德胜门,以便运煤,造机器。”[4]修建西山铁路的最终目的是什么呢?我们从新一轮言官反对的浪潮中可以看出这一点。1885年1月8日,陕西道监察御史张廷燎以当时中法战事正急为由,请求清廷罢修该条铁路。他说:“传闻内地拟创修铁道轮车,系借洋款,先于西山试办。西山非通衢,不关运道;非边要,不关防务;修此何为?将以运煤乎?夫产煤之地去京师甚近,驼载肩挑,无数穷黎俱借此谋生,而国家数百年来亦不闻有缺煤之患。主是说者,必以为此特小试其端,俟办有成效,将由津而南,节节建立,为运粮计。不知海道不通而运河可复,即云河运难而海运易,河运之费多,不如海运之费省,于万不得已时,何妨将江浙各省漕粮暂收折色,于直隶就近采买。北省产米之地极多,咄嗟立办,无虞匮乏;俟海疆肃清,再复旧制,有何不便?”[5]1月16日,浙江道监察御史汪正元继续上奏清廷,认为西山铁路有“不可开者”六。他说:“西山铁路仅止百里,不与天津相连,原无大害,即地力有渐竭之势,其患亦在数十百年以后,姑不具论。惟是弊端一开,势难中止,各国再换和约,必以开铁路为请,从之则捷足难阻,彼将长驱而来,不从则反唇相稽,我将何辞以对?由西山而渐及天津,由天津而渐及清江浦,九折之坡,等于平原,千里之遥,近如咫尺,其能自固门户哉?”他还透露说:“劝开铁路之人,闻系法国领事官。法人虎狼也,何爱于我而劝我兴利哉?况铁路之害,法人曾自受之,何为劝我!”[6]从这些言论来看,当时的法国不只是要建西山铁路,而且要渐及天津并最终到达清江浦;也就是说,法国要建的也是漕运铁路,而京津线即是其中的一段,西山铁路只是首建的一段。1884年筹议的西山铁路看来是1883年神机营筹议铁路的继续,将运煤铁路

〔1〕 顾廷龙、叶亚廉主编:《李鸿章全集·电稿(一)》,上海人民出版社1987年版,第314页。
〔2〕 中国史学会主编:《洋务运动》(六),上海人民出版社、上海书店出版社2000年版,第167页。
〔3〕 中国史学会主编:《洋务运动》(六),上海人民出版社、上海书店出版社2000年版,第169页。
〔4〕 中国史学会主编:《洋务运动》(六),上海人民出版社、上海书店出版社2000年版,第174页。
〔5〕 中国史学会主编:《洋务运动》(六),上海人民出版社、上海书店出版社2000年版,第170—171页。
〔6〕 中国史学会主编:《洋务运动》(六),上海人民出版社、上海书店出版社2000年版,第174—175页。

与漕运铁路巧妙地结合起来了。

由于法国的要求多次遭到清廷内部言官的反对，美国以为有机可乘。1885年年初，美国前公使西华向总理衙门提交建造铁路的说略，极力宣传铁路的利益，认为“中华必建铁路，不能久延”，引介美国的铁路制度，举荐承办、经营中国铁路的人员。当时的美国铁路公司还派威尔逊来华实地调查。威氏在天津、北京先后与李鸿章及总理衙门各大臣有所洽商，可惜没有具体的结果。总理衙门约他明春再议。威氏返沪时，特取道运河南下，察看通州至镇江间的商务。〔1〕这表明，当时的美国似乎有所变通，意识到将漕运铁路建至北京可能遭遇到的阻力，故而将漕运铁路限定为通州至镇江。这样的思路被左宗棠接受了。

中法战争以后，1885年6月21日，清廷发布上谕，表示要筹办海防，指出：“现在和局虽定，海防不可稍弛，亟宜切实筹办善后，为久远可恃之计。”7月29日，左宗棠应谕上奏《复陈海防应办事宜请专设海防全政大臣折》，所陈海防应办事宜7条中，第六条即请速修清江浦至通州铁路，他说：“臣查清江浦至通州，宜先设立铁路，以通南、北之枢，一便于转漕，而商务必有起色；一便于征调，而额兵即可多裁。且为费仅数百万，由官招商股试办，即可举行。且与地方民生并无妨碍。迨至办有成效，再行添设分支。至推广于西北一路，尤为日后必然之势。”〔2〕由此看来，虽然左宗棠比较重视西北国防，但是，他当时还是主张先从漕运铁路开始建起。

既然漕运铁路不至北京，那么，何妨先从大沽至天津段开始呢？据李鸿章反映，由于大沽口内河水涸浅，轮船运货运漕不便，因此，这一年，还有人说宜从大沽修铁路至天津紫竹林。美国获此消息，还雇华人王静波、李桐玉进行实地勘察。当时，李鸿章以集资不易，认为此段应该“暂置缓图”，但他又觉得这一建议“办法条理，不妨从容筹计”。只是“中国工匠，尚未办过，不得不觅洋人熟手估算”。其时恰好遇到在美国督修铁路多年的美国提督魏礼森，李鸿章与他讨论过多次，但无成议。这其间又有洋商欲借资附股，李鸿章“皆严却之”。他认为：“诚以铁路关系国家利权甚大，一与洋人牵涉，易滋流弊。”〔3〕所以，李鸿章于1886年11月11日给奕譞的信说：“去秋曾拟试办大沽至天津百廿里之小铁道，展觐帘前，略经陈及，仰蒙俞旨允可，嗣因集资未成。”〔4〕但是，这里要强调的是，这次津沽铁路的筹议动机也是为了解决漕运问题。

〔1〕 李国祁：《中国早期的铁路经营》，（台）“中央研究院”近代史研究所专刊（3），1976年版，第60页。

〔2〕 《左宗棠全集》第8册，岳麓书社1996年版，第595页。

〔3〕 《李鸿章全集》第5册，海南出版社1997年版，第2866页。

〔4〕 《李鸿章全集》第5册，海南出版社1997年版，第2865页。

可以说,1885 年,铁路筹议的动机都是如此。10 月 14 日,李鸿章赴京参加海军衙门成立大典,恰逢总理衙门讨论漕运问题,李鸿章遂将盛宣怀的兴办铁路以利漕运的说帖进呈,并向慈禧面请办漕运铁路由陶城至临清段。[1]10 月 17 日,李鸿章致函奕譞说:"试办铁道前已面奏,但未陈明由津至沽一段,拟于十二日请训时,再遵示略陈。惟陆路百二十里,与洋匠核计,自开办至工竣约须十八个月乃成。京中士大夫少见多怪,必致物议沸腾。若非圣明暨殿下主持,鸿章恐难力任耳。"[2]由此可见,筹议津沽铁路虽与漕运有关,但毕竟不是直接解决漕运问题,在当时筹议漕运的情势之下,他就不便陈明津沽铁路。如果直截了当地筹议津沽铁路,那么,阻力是相当大的,李鸿章对此感受颇深。果然不出他所料,此时,又有人出来反对修建铁路,10 月 27 日,文海在其一份奏折的附片中说:"兹闻李鸿章奏请修置铁路,夫利害相形,利少害多者尚不可行,况有害无利乎?"他要求"即将铁路停修并嗣后中外大小臣工断不准请修铁路"。[3]11 月 11 日,太仆寺卿延茂奏述铁路有"四不可开",极力反驳洋务派关于铁路"惠商通旅,可以获重利"的观点。[4]而漕运总督崧骏等人在派人调查了修建漕运铁路的可行性后仍无把握,采取了慎重的态度,于 12 月 3 日上奏指出:"窃以北路河运为艰,经直隶督臣李鸿章议请开办铁路,预备添运江浙漕粮,洵属美举。惟陶城埠以上百余里,紧靠黄河,黄流迁徙无定,大汛时湍悍异常,将来铁路造成之后,能否不至冲突,实无把握。"[5]12 月 8 日,清廷谕令"暂缓议办",漕运铁路因此流产。

看来,以漕运为理由要求进行铁路建设,或首先从漕运铁路建起,是不可行的。即便将漕运铁路缩至从通州开始,也是行不通的。那么,铁路建设要启动起来,只得另寻理由。李鸿章等人又开始了新的探索。

三、1886—1887 年:运煤和海防

1886 年 5 月,李鸿章"以铁路开通,可为军事上之补救,奏请将铁路事务划归总理海军事务衙门管理,奉旨依议"[6]。7 月 3 日,醇亲王奕譞、李莲英

---

〔1〕 窦宗一:《李鸿章年(日)谱》,(台)文海出版社 1980 年版,第 4944 页。
〔2〕 顾廷龙、戴逸主编:《李鸿章全集》第 33 册,安徽教育出版社 2008 年版,第 552 页。
〔3〕 中国史学会主编:《洋务运动》(六),上海人民出版社、上海书店出版社 2000 年版,第 178 页。
〔4〕 中国史学会主编:《洋务运动》(六),上海人民出版社、上海书店出版社 2000 年版,第 179—181 页。
〔5〕 中国史学会主编:《洋务运动》(六),上海人民出版社、上海书店出版社 2000 年版,第 183 页。
〔6〕 (国民政府)交通部、铁道部交通史编纂委员会编:《交通史路政编》第 1 册,(国民政府)交通部、铁道部、交通史编纂委员会 1935 年版,第 73 页。又说:"中国创办铁路,初无专属之机关,光绪十一年,李鸿章始奏归总理海军衙门办理,自是而后,铁路遂渐有管属。"曾鲲化《中国铁路史》上册第 44 页也载:光绪"十二年四月,李以路政关系重要,奏请将铁路画务统归总理海军衙门管理,是铁路行政有管辖官署之始"。但曾鲲化《中国铁路现势通论(下)·年表》第 4 页却认为此事的时间在光绪十二年十一月。

告慈禧检阅海军大概,慈禧心动,亦欲亲自参观,命奕譞与李鸿章商量兴办铁路事。李鸿章主张采用官商合办,先建北京至山海关铁路,以备日俄。醇亲王返津与慈禧定计。[1]但她并未决计兴办铁路,所以这次筹议与商讨都没有结果。这表明,李鸿章等人准备以海防的理由要求兴办铁路,其北京至山海关的线路规划即为北洋海防铁路,其中也包含了京津线。但是,7 月 9 日,回到国内的曾纪泽对议建漕运铁路屡遭阻挠并不知晓,他以外侮环生,倘不急修铁路,则后悔莫及,奏请修筑北京至镇江铁路,以图自强。他的线路建议竟然从北京开始,因此,对曾纪泽的言论,奕譞认为他"尚未尝着众咻之苦"。李鸿章认为:"劼刚谓须先做京城至清江、镇江以通南北之气,能见其大。此路若成,实于国计裨益甚大,获利亦厚。但言者多阻挠,恐朝廷未能一意主持。"[2]应该说,李鸿章对两点非常清楚,一是再以漕运为由头议建铁路是行不通了,二是将线路延伸到北京的阻力可能是很大的,因此,李鸿章等人尝试以海防建设为理由提出铁路建设的要求,但不论是漕运,还是海防,前文已指出,京津线都是势所必建的路段。从实际运作来看,不从北京起,而从天津起,又是一种务实的选择,而且京津线一时是不能再去议建的。怎么办?

其实,李鸿章等人已有谋划。1886 年 5 月底至 6 月初,就有西报做了如下报道:"醇邸在津时,先与傅相谈及铁路一事,思得一计,曰:如建造铁路,必须由许郭庄一路造起,方免从前梗议之辈复滋议论。盖许郭庄建筑铁路系为开平运煤起见,无甚关系,事尚可行云云。嗣后醇邸回京,即将此议面奏皇太后皇上,已蒙俞允。故现在设法招商集股,以成此举。"文中并说:"虽此路接至开平,目下并无利益可沾;倘如以后扩而充之,由开平至大沽,再由大沽至天津,则获利不浅矣。"该报还报道:"今闻傅相议及此路造成后,即须通至山海关,或由南省各海口接至北省后,再通此处及各炮台之处,均应随时计议,不拘成见也。此路若成,则京城可以环抱在内,从此苞桑巩固,而俄日两国知中国讲究武备,亦不敢生窥伺之心矣。"[3]7 月 10 日,《申报》以《铁路将兴》为题也报道:"天津将开铁路,并有物料等件来自外洋,由沪运津,一切均登前报。兹有西人来信登诸西字报,谓此事由前此醇邸莅津与李傅相谈及,傅相盛称铁路之善,醇邸奏知皇太后,亦蒙俞允。现已派伍秩庸(廷芳)、吴南皋两观察为总办,业经出示招承揽铁路工程之人。惟从何处造起则尚未定局,开平向有小铁路,故窥其意旨,大约欲就开平连络天津以达大沽,究未知其是否如此也。"[4]

从以上两则报道来看,李鸿章等人已决定,将运煤铁路与海防铁路结合起

---

〔1〕 窦宗一:《李鸿章年(日)谱》,(台)文海出版社 1980 年版,第 4962 页。
〔2〕《李鸿章全集》第 5 册,海南出版社 1997 年版,第 2869 页。
〔3〕 宓汝成编:《中国近代铁路史资料(1863—1911)》第 1 册,中华书局 1963 年版,第 125 页。
〔4〕《申报》第 29 册,上海书店 1983 年影印版,第 55 页。

来考虑，以加强海防建设为理由，将最初的唐胥铁路延展至天津，其实际步骤是分三步走：从胥各庄延至阎庄(芦台附近)，又从阎庄以达大沽，再从大沽而展至天津。这年 8 月，开平煤矿局以原修铁路(即唐胥铁路)只有 20 里“运煤迟滞，恐误各兵船之用”为由，要求延展至阎庄，得到李鸿章的批准。在铁路接修期间，法国委托怡和洋行在天津进行小铁路试演，9 月 30 日，进行两次试演，10 月 3 日，又试演一次。法国领事林椿函请李鸿章“驾临试验”，李鸿章爽快答应，他于 11 月 21 日带着周馥、伍廷芳等属僚“坐驶一周”，事后又多次称道。[1]有人将上述报道和法国的铁路试演联系起来，就出现了李鸿章拟在天津修建铁路的传闻。苏州武举人李福明就此向都察院呈递条陈，其主要观点有二：一是所谓的“挽回”，其意为：以夺民生计为由要求拆毁唐山至芦台、天津紫竹林至海关寺铁路(即法国试演的小铁路)，并永不准他处修建铁路；二是所谓的“补救”，即：若出于“防务运道诸大政”的考虑，必须修筑铁路，“则与其修自洋人，不如修自中国；与其修自官府，不如修自百姓”。[2]10 月 24 日，都察院左都御史奎润等将李福明的条陈奏报清廷。10 月 26 日，慈禧太后懿旨要求总理海军事务衙门查明具复，并由军机处恭录函知李鸿章一体钦遵查照。[3]11 月 11 日，李鸿章将拟具的与奕譞会衔奏稿寄给他审定，在这封复奏底稿中，李鸿章对自己批准试办铁路的情况进行了解释和说明，对李福明条陈中提出的一些观点进行了分析和批驳。李鸿章还高姿态地说：“该武举如果为人公正，素为乡党信服，不难筹集多股，即令先由阎庄接修铁路至大沽北岸，于兵商各船取煤既便，即遇有缓急，调兵援应更觉灵捷，于海防大有裨助。傥有余力，再议推广之策。”[4]由此看来，西报和《申报》的报道并不为虚，而李鸿章以海防办铁路的思路于此亦得彰显。

李福明条陈中有这样的看法：“似此情形，铁路日增，将来修至京师，一切货物顷刻到京，天津等处生意必见萧索，请将铁路拆毁，永不准修。”所以，12 月初，他要求建筑由北京至张家湾铁路。这就是说，确实有一种势力或一批人，对于京津铁路、对于将铁路建到北京是非常害怕的，这里所言“一切货物”，就包括了大宗的漕粮。反对者的声音恰恰道出了京津铁路的价值，所以，12 月 3 日，李鸿章给总理衙门写信说：“京津铁路必获厚利，迄今屡议未成。”并称：“至开平运煤铁路，光绪八年已做二十里，现复接做六十五里，抵蓟运河，俱在滦州、丰润、宁河地界。本拟接至大沽北岸，以就兵船领煤、商船运货之用，因众商集资未就，不能展做，亦经于海署会奏折内陈明。”[5]

---

〔1〕 宓汝成编：《中国近代铁路史资料(1863～1911)》第 1 册，中华书局 1963 年版，第 77 页。
〔2〕 中国史学会主编：《洋务运动》(六)，上海人民出版社、上海书店出版社 2000 年版，第 185 页。
〔3〕 (国民政府)交通部、铁道部交通史编纂委员会编：《交通史路政编》第 1 册，(国民政府)交通部、铁道部交通史编纂委员会 1935 年版，第 39 页。
〔4〕 以上李鸿章的观点见《李鸿章全集》第 5 册，海南出版社 1997 年版，第 2865—2867 页。
〔5〕《李鸿章全集》第 6 册，海南出版社 1997 年版，第 3378 页。

铁路接修至阎庄后，要进一步接修至大沽甚或至天津，就遇到了资金问题。而醇亲王奕譞对此非常关心，1887 年 1 月 1 日，李鸿章收到他的来信。奕譞在信中说："闻开平新路可接至阎庄，其由阎庄至沽一段，可否由海署奏明，由贵处筹筑，为调兵运军火之用，名曰试办。俟将来王赴彼亲阅一番，即可定局，徐为扩充。"1 月 3 日，李鸿章给奕譞复信，对进一步接修的难度做了如实交待。他说："至由阎庄接修大沽北岸，购地、筑路、采料、兴工约须四十万两以外，于调兵、运军火虽有小益，惟路僻而商货稀少，无利可赚，招股不来，容与官绅妥筹，恐难克期集事。"[1]也就是说，困难主要还在铁路的资金问题，单纯依靠商力是无法解决的。虽有困难，但李鸿章的态度还是积极的，2 月 2 日，在给海军衙门的《条复四事》中，李鸿章非常爽快地表示："铁路试办，拟即遵来谕，由阎庄至沽，由沽至津，令官商妥议。复到即咨请海署会奏。但招股多少、迟速俱难逆料，凡官可以为力之处，自无不竭力助之。沽北之路作为官商合办，调兵运械极为灵便。"[2]而且，李鸿章还有进一步的打算。4 月 1 日，《申报》又报道："近总办唐君景星、吴君南皋实事实心，认真办理。除造至芦台之铁路外，复请矿师坚打(即金达)君并熟谙筑路之两西人勘明地势，沿途丈量。拟由北塘西达大沽，东至山海关，推广而行，分投筑路，俾运煤日形便捷，可以独揽利权。"[3]李鸿章极力将铁路延展成北洋海防线，并拟以官方介入的方式来解决资金的困难。而建设海防，正好是官方力量介入铁路建设的最好理由。

在李鸿章的部署下，天津司道、营员首先联衔会禀他本人和海军衙门，从海防建设的角度论述了进一步接修铁路的必要性。他们分析北洋沿海的防务形势是：从天津至山海关，敌可随处登岸，而我陆路难行，虽重点驻扎，但防营太少，不能随机应援。接着，他们又指出："如有铁路相通，遇警则朝发夕至，屯一路之兵，能抵数路之用，而养兵之费，亦因之节省。"而现已修成的铁路即相当于北洋沿海防务线的中段，若将此向东、向西接修就可以完成北洋海防铁路的战略布局，诚如此，"则提督周盛波所部盛字军万人，在此数十里间驰骋援应，不啻数万人之用"。但是，要一下子完成这么大的工程，人们一直担心经费是个问题，他们提出了"逐渐兴办""接续筹办"即分段试办的思路，其顺序是先建阎庄至大沽，然后延至天津，最后筹办开平至山海关。将铁路的接修上升到海防的高度，纳入了国家大政的轨道，官方自然是不能不管的。因此，他们指出："此等有关海防要工，即或商股一时不能多集，似应官为

---

〔1〕《李鸿章全集》第 5 册，海南出版社 1997 年版，第 2869 页。

〔2〕《李鸿章全集》第 5 册，海南出版社 1997 年版，第 2873 页。曾鲲化在其《中国铁路现势通论·年表》之光绪十三年二月十四日条下载："醇贤亲王、李文忠公奏准建设天津大沽至阎庄铁路，组成津沽公司，议定官商合办，并将唐山线延长至林西。路界官商合办之名词，由斯发现。"[曾鲲化：《中国铁路现势通论(下)》第 5 页]。

〔3〕《申报》第 30 册，上海书店 1983 年影印版，第 515—516 页。

筹措，并调兵勇帮同工作，以期速成。”在接到天津司道、营员的会禀后，3 月 16 日，海军衙门奏请准予进一步接修铁路，建设津沽铁路(即由阎至沽、由沽至津段)。在这篇奏折里，奕譞等人也着重从北洋海防的角度说明了建筑津沽铁路的必要性：“所请由大沽至天津百余里之铁路，逐渐兴造，洵足为挹注良法，于军旅、商贾，两有裨益。平日藉资拱卫，遇事便于援应；即战阵偶不得力，只须收回轮车，拆断铁路，埋伏火器，自不虑其冲突。”他们甚至还说，铁路建成后，“设合用无弊，拟将京外开矿各处，均次第依照兴办”。[1]这封奏折于当日即奉慈禧太后懿旨依议。

四、1887—1888 年：津京何以成为津通？

由上不难看出，李鸿章等人以海防建设为由，要求铁路建设取得了成功。但是，我们必须注意的是，如果津沽铁路完工后再行接修，似乎是将北京排除在外的。这就意味着，京津铁路仍然不能议建。这可能有争取清廷尽快同意的策略因素在内。事实上，津沽铁路完工后要不要接修至北京，在清廷批准接修津沽铁路之后不久即有所议论和行动了。1887 年 5 月 1 日，《申报》报道：“北通州官场来信云：李傅相接准总署行咨，转饬通永道饬所属各州县云：中朝自天津至京都沙果门二百四十里建修铁路，已托英、德、美三国洋商估价，议定择日开工，限二年工竣。如遇茔地窒碍，令茔主另觅他地迁柩，至买地之价，由官发给。不遵者，照抗旨例科罪，不日丈量地址，招工兴作云云。查通邑居民多以操舟运米为糊口之资，今闻铁路肇兴，未免愁眉双锁，然君子务其大者远者，铁路之利益无穷。操舟仅一小生计耳，乌得顾此戋戋而舍无穷之利益哉？纷纷私议多见其不知量而已。”[2]这种报道非为孤证，1887 年，《万国公报》有专论《铁路急宜扩充说》，指出：“开平矿局于光绪三年建有铁路一条，以便输运。然其初只由唐山至胥各庄建设，路止二十五里，不与天津、芦台相通。近年则由胥各庄至芦台八十余里，由紫竹林至海光寺十余里，各建铁路，而自天津至京师沙果门二百四十里亦有建修铁路，限二年工竣之说，今年又有接至通州之说，可知当务之急图功宜早，然仅见之台地及北洋一隅耳。”[3]

看来，1887 年，李鸿章等人确有将津沽铁路接至北京的打算，但由于“通邑居民”的反对，又有让步的准备，拟接至通州为止。即使如此，仍然有阻力，7 月 10 日，《申报》又报道：“传闻本月初间有某亲王奏请停造天津至通州之铁路，又闻李傅相亦有停造铁路之奏，盖因天津有万余贫民在傅相衙门跪求请

---

〔1〕 宓汝成编：《中国近代铁路史资料(1863—1911)》第 1 册，中华书局 1963 年版，第 131—132 页。
〔2〕《申报》第 30 册，上海书店 1983 年影印版，第 705 页。
〔3〕《万国公报》第 16 册，(台)华文书局股份有限公司 1968 年影印版，第 10402—10403 页。

罢是举耳。刻总署会议此事,尚未闻作何办理云。”[1]当然,究竟接至何处?在 1887 年并不急于解决,因为当时津沽铁路还未建成。进入 1888 年以后,随着接修津沽铁路工程的进展,津沽铁路继续接修至何处,引起了越来越多的人重视。5 月 2 日,醇亲王奕譞致电李鸿章说:“由沽至津铁路成后,似宜以一年为限,通算经费,羡余为扩充之基,希酌度之。”也就是说,奕譞提醒李鸿章考虑继续接修津沽铁路的问题。5 月 3 日,李鸿章复电:“津沽铁路商股难招,借债不多,当陆续筹还,路成后恐暂无羡余。”[2]既要议建津通铁路,而津沽没有盈余,经费如何筹措,又是一个问题。虽然津通铁路的议建在当时还是一个秘密,但洋人的嗅觉似乎特别灵敏,德使巴兰德又盯上了有可能出现的铁路借债。6 月 28 日,总理衙门致电李鸿章说:“巴使照称:津报云,现议准洋商包办铁路,由津至通,德商愿较优劣等语。此事毫无所闻,是否谣传?希电复。”李鸿章当即电复告知:“既无令洋商包办铁路,亦无由津至通之说。”[3]这个答复,李鸿章做的完全是官样文章。而事实上,由津至通之说是存在的,只是不便正式公开而已。不仅如此,李鸿章等人还有进一步接至北京、张家口的打算。7 月 26 日,《申报》报道《铁路近闻》说:“北通州信云:铁路一事,传说不一,近闻拟由开平修起,经过宁河、宝坻、香河、武清直至北通州河东,俟工竣后,再由北通州接至北京以达张家口,以期生意畅旺。所需火轮车及坐客载货等车共十余辆,中国铁路公司已向美国某洋商购定矣。”[4]而且当时还传说“将来工竣后,南漕由津运通四成归轮车,六成归剥船”[5]。因此,将线路定至通州,并与传统运输势力达成四六分成运输漕粮的协定,是李鸿章等人调和的产物,之所以调和,不只是考虑京官的反对,也不是因为“资敌”的顾虑,而是考虑到铁路与传统运输势力之间有一个磨合的过程。可以说,1888 年在津沽铁路完工前,接修至通州的计划已经基本确定下来。

至 10 月初,津沽铁路自天津府城东门外河岸起,经宁河县之塘沽、芦台,以至阎庄止,共长 175 里,全部完工。[6]中国铁路公司的股商陈承德等人随即提出了将津沽铁路延至通州的要求,这当然会得到李鸿章的支持。10 月 13 日,李鸿章致函海军衙门,认为商人们所请均为实情,请求准许中国铁路公司

〔1〕《申报》第 31 册,上海书店 1983 年影印版,第 57 页。
〔2〕顾廷龙、叶亚廉主编:《李鸿章全集·电稿(一)》,上海人民出版社 1987 年版,第 951 页。
〔3〕顾廷龙、叶亚廉主编:《李鸿章全集·电稿(一)》,上海人民出版社 1987 年版,第 968 页。
〔4〕《申报》第 33 册,上海书店 1983 年影印版,第 175 页。
〔5〕《申报》第 33 册,上海书店 1983 年影印版,第 937 页。还可参见《申报》第 34 册,上海书店 1983 年影印版,第 67 页。
〔6〕据李鸿章于 1889 年 5 月 19 日给奕譞的《详陈创修铁路本末函》,这些经费由所集商股 10.85 万两、天津海防支应局借拨银 16 万两、怡和洋行借款 63.7 万余两、华泰银行借款 43.9 万两构成(参见《李鸿章全集》第 5 册,海南出版社 1997 年版,第 2886 页)。

承办接造津通铁路，并表示“如蒙奏准接办，鸿章当遴派印委各员督饬该商董妥为料理，购地兴工”[1]。海军衙门同意了李鸿章的意见，11 月 30 日，奏请许造津通铁路。[2]12 月 8 日，奉慈禧太后懿旨依议，海军衙门随即函告李鸿章。这样，海军衙门就派李鸿章“一面传谕商人招股兴工，一面遴派印委各官，妥为照料督率”[3]。津通铁路正式开始筹建，李鸿章立即行动起来。岂料部分京僚谏阻津通铁路的建造，从而掀起了有关津通铁路问题的争论，争论的结果是，清廷对张之洞议建的芦汉铁路感兴趣，由是津通路缓而兴芦汉。1889 年 1 月 23 日，海军衙门致电李鸿章指示：“自津至通勘办铁路官役人等，希具撤回，俟遵议，告示未张之处勿续张。”[4]津通铁路的筹建进行了一个多月的时间遂告停止。

这就是说，不但京津铁路不能筹议，而且连津通铁路也不能筹建了，李鸿章等人进一步拟将铁路接续至北京、张家口的计划一时成了泡影！令人感到有趣的是，1883—1884 年，电报线路最初也是先接至通州，然后才接到北京。当时李鸿章也颇为忧虑，但有办法解决而获得成功，他说：“鸿章深虑都衢九达之地，遍立电杆，既易损伤，且骇观听，屡遣通局委员到都京商，将线端暗入水关，并改设地线，迤逦至署，以省立杆疑众之弊。”[5]铁路的修建是不能如法炮制的。这种情况表明，李鸿章等人对铁路通达北京的阻力是有相当认识的，在此基础上他们已做了一定的让步和安排，而结局竟然如此。为什么同样通达北京的芦汉铁路又能得到筹建呢？李国祁先生认为，如果反对者反对在京畿建筑铁路，则也应该反对建筑芦汉铁路，因通州、芦沟桥同处京师门户，而无人反对，且当时一般知识分子对铁路利益并不至茫然无知，所以，津通铁路争论中参加人数之多，谏阻之烈，盛况空前，如系偶发事件，何能至此？他断定“幕后显然有所预谋，久经酝酿，方能造成如此庞大的政治风波”，并推断幕后预谋者应该是津通一带的运输业，因为李鸿章等人的主张中对漕运弊端多有揭示；而且，他还认为，津通一带的运输业反对的就是李鸿章，因为李鸿章曾多次慨叹日在谣诼之中。[6]应该说，李先生的分析是值得商榷的。

首先，津通一带的运输业不会进行这样的预谋，为什么？在津通铁路争论前，李鸿章等人已与津通一带的运输业达成协议，前引《申报》报道反映，李鸿章已经安排了铁路与剥船分成运输漕粮的制度；而且，他还有进一步的安

---

〔1〕《李鸿章全集》第 5 册，海南出版社 1997 年版，第 2877 页。
〔2〕宓汝成编：《中国近代铁路史资料(1863—1911)》第 1 册，中华书局 1963 年版，第 145—146 页。
〔3〕(国民政府)交通部、铁道部交通史编纂委员会编：《交通史路政编》第 1 册，(国民政府)交通部、铁道部交通史编纂委员会 1935 年版，第 45—46 页。
〔4〕顾廷龙、叶亚廉主编：《李鸿章全集·电稿(二)》，上海人民出版社 1987 年版，第 26 页。
〔5〕顾廷龙、戴逸主编：《李鸿章全集》第 33 册，安徽教育出版社 2008 年版，第 396 页。
〔6〕李国祁：《中国早期的铁路经营》，(台)中央研究院近代史研究所专刊(3)，1976 年版，第 76—81 页。

排,1888 年 12 月 15 日,该报《津沽寒讯》载:"津郡铁路径达唐山,原恃煤盐两项为生意之大宗,开平煤早经开运。惟运盐一节近亦与鹾务中人订妥,以四成归该公司由轮车装载,余六成仍照向章由盐船揽载,是于津贴公司之中仍寓体恤贫民之意也。现闻运盐已经开办矣。"[1]漕粮与盐斤的运输,即将建成的津通铁路都只占四成,这样的协议应该会让津通一带的运输业满意。当然,李鸿章也清醒地意识到,京通漕蠹仓蠹以及与漕运、京仓相关的奸商市侩会"故造蜚语,以惑士大夫视听",使他日在谣诼之中,但是,这些谈不上是津通一带运输业的"政治预谋"。

其次,李国祁先生断定津通铁路争论大规模发生的前提是有人进行反对李鸿章的政治预谋,而断定的依据竟然是说当时无人反对芦汉铁路。事实上,当时反对建造芦汉铁路的也大有人在,李鸿章曾对张之洞说:"闻廷臣皆不以汉芦造路为然,但无敢倡言者。"[2]郭嵩焘在给李鸿章的信中也说:"京师士大夫,于津通铁路訾议甚力,而于香帅一疏折而服之,无敢议及者。且勿论其他,四十里之通州,曰密迩神京,芦沟桥距京尤近,反不为逼乎?天津,通商口岸,汉口之通商独无虑乎?见小而忘大,虑近而失远,人言愦愦如此,良可笑叹。"[3]这里的问题是,无人敢于反对。为什么?对张之洞议建芦汉铁路的赞同,是经过反复讨论而由慈禧太后定夺的,在此情况下,谁敢反对?反对者即受处分,裕禄即其一例。《清史稿》载:"廷议修铁路,起芦沟,讫汉口,下群臣议,[湖广总督]裕禄力陈不可。忤旨。十五年[七月]徙为盛京将军。"[4]李鸿章后来接受了这次争论的结果,但他仍隐含担忧地对奕譞说:"此路由汉口起手,轮帆如织,商贾如林,正与先从津通起手同一作用。且通州、芦沟同一近畿,未必通州则谣诼纷来,芦沟则浮言不起,如此由远而近,妙于推移,当亦殿下所首肯者。"[5]从后来芦汉铁路的筹建过程来看,也确乎如此,一直有人在反对芦汉铁路的筹建,如黄漱芳和张廷燎等。直至甲午战后清廷决定再行筹建芦汉铁路时,河南道监察御史胡景桂还在反对芦汉铁路,认为"中国铁路首以漕运为大宗",要求筹建清江浦至山东临清的铁路。

五、1888—1889 年:何以津通缓而兴芦汉?

——津通与海防、漕运关系辨析

既然如此,清廷何以放弃了最初批准筹建的津通铁路,而一意改建芦汉铁

[1] 《申报》第 33 册,上海书店 1983 年影印版,第 1079 页。
[2] 《李鸿章全集》第 7 册,海南出版社 1997 年版,第 3751 页。
[3] 中国史学会主编:《洋务运动》(一),上海人民出版社、上海书店出版社 2000 年版,第 318 页。
[4] 宓汝成编:《中国近代铁路史资料(1863—1911)》第 1 册,中华书局 1963 年版,第 183 页。
[5] 《李鸿章全集》第 5 册,海南出版社 1997 年版,第 2886 页。

路呢？这其中的原因值得探究。在笔者看来，芦汉铁路得到清廷的青睐，主要是因为张之洞跳出了长期以来李鸿章等人筹议、筹建铁路时动力选择的思维定势，即总是在海防与漕运之间徘徊，而张之洞以“开通土货”为动力选择，避免了海防与漕运的纠缠，化解了来自各方面的纷扰，而不仅限于津通一带的运输业。可以说，芦汉为腹地干线，卢沟桥虽为京师门户，但芦汉铁路由此伸向腹地，既无直接“资敌”之虞，又与漕运脱钩；而津通铁路使京城与沿海直接联系，既有可能威胁到京师的安全，又直接与漕运相联系，海运漕粮至天津，即可通过铁路运往通州漕仓。因此，相对来说，芦汉铁路更能让人接受一些。

关于津通铁路与海防的关系，李鸿章和奕譞等人有这样一些看法：铁路与陆战、海防均有关系。北洋海防是海军衙门的职责所在，北洋海防绵亘 700 里，巡海防而须建铁路，故建津沽铁路，但维持津沽铁路，偿还洋债，须建至通州，才有较好的经济收益；当时还有津通至山海关的海防铁路计划，而要建通州至山海关铁路，非招商股、借洋债不可，而要招商股、借洋债，又非至通州不可。概括起来说，津通铁路是天津至山海关海防铁路的一部分，为维持业已建成的第一段海防铁路——津沽铁路，就必须建设津通铁路。

但是，从海防的角度而言，李鸿章等人的观点是不彻底的，北洋海防的重要目的就是京防，既要加强海防，何故不重京防，而将铁路建至北京呢？在反对者看来，铁路对于海防来说是具有两面性的，在用以御敌的同时，也存在着“资敌”的风险。当敌人到了通州，再阻止他们进京，难度就大了。用李念兹的话说就是：“如铁路一开，则无异术家缩地之法，移京师于天津矣。”因此，甲午战争后清廷议建津芦铁路时，他就认为自津至京铁路为“不必修不可修者”〔1〕。可以说，铁路建至通州与建至北京的区别已经不大。笔者以为，从海防的角度来解释李鸿章等人将铁路建至通州而不建至北京的选择是不充分的。

问题还在于，海防只是国防的一部分，边防也是国防的重要组成部分，且边防在近代日趋重要，边防铁路建设的要求于此时也有人提了出来。黄彭年即认为中国宜先办边防铁路和漕运铁路，翁同龢则明确提出：“查泰西之法，电线与铁路相为表里，电线既行，铁路势必举办。”但他又说：“然此法可试行于边地，而不可遽行于腹地。”为什么呢？他分析道：“边地有运兵之利，无扰民之害；腹地则坏田庐，平坟墓，民间哗然，未收其利，先见其害矣。”〔2〕因此，李鸿章等人一意筹建海防铁路，主建边防铁路或边地铁路者亦有反对的理由。

前文已述，京津线是各种长途铁路规划线的核心路段，具有多种功能。漕运铁路规划线也多包括此路段。以铁路解决漕运问题，是 1884—1885 年李

〔1〕 中国社会科学院经济研究所铁路抄档：《光绪二十一年九月十五日朱批·光绪二十一年九月十五日稽察内仓浙江道监察御史臣李念兹奏》。

〔2〕 中国史学会主编：《洋务运动》(六)，上海人民出版社、上海书店出版社 2000 年版，第 213 页。

鸿章等人筹议铁路的动力选择,但反对者认为漕运问题总有办法解决(或移漕督,或征折色,或商运),且可养数十万贫民,用不着专门建设漕运铁路。而此为“洋人蓄志已久之谋”,因为漕粮运输只有一个月的时间,其余时间铁路则为洋人“运货生利”服务。至1889年,李鸿章也认为没有必要专门建设漕运铁路:一是款巨难筹;二是海防铁路是漕运铁路的前提,“既欲造长路以通河运,必先造短路以顾海防”;三是津通停建则他路亦难筹建。因此,津通铁路没有满足要求建设漕运铁路者的需要(津通争论中,屠仁守、徐会沣、王文韶、黄彭年、德馨等人即主张建设漕运铁路),这部分人要求彻底解决漕运问题,铲除漕运弊端所赖以产生的温床,因此,津通铁路的筹建遭到这部分人的反对。但是,津通铁路对漕运弊端毕竟有所触动,李鸿章认为主要表现为平舟车之价和挽漕仓之弊,并在一定程度上影响了传统运输势力的生存空间,此即所谓“分南漕之贴脚”,这样,津通铁路的筹建更遭到那些寄生于漕运的腐朽势力和传统运输势力的反对。虽然有分成运输的协议,但来自腐朽势力的阻力仍然很大。如此看来,将铁路建至通州,而不建至北京,是在主建漕运铁路者与漕运势力之间取得的一个平衡,甚至可以说是一种折中调和的结果。这种调和在一定情势之下,就有可能使各方都不满意。正因为如此,李鸿章等人在要求建设津通时才不以解决漕运问题为说辞,而以海防问题为由,对李鸿章和海军衙门来说,更为名正言顺。他在给醇亲王的信《详陈创修铁路本末函》中即说“此事全为办理畿辅海防起见”云云。后来,在海军衙门复议芦汉铁路时,张之洞建议“以漕弊河患劳患无底为辞”,认为此“是中法非西法”,李鸿章则明确告知“其谁信之”。[1]也就是说,李鸿章为了解决漕运问题,必须先撇开漕运,而专以海防为说辞。在他们看来,如果津通铁路得以建成,那么,所有的问题都可能得到解决,不但可续建海防铁路,而且可建设漕运铁路,因为津通铁路的建设在解决资金方面将有一种示范效应。然而,这只是李鸿章等人的一厢情愿,虽不以漕运为动力选择,但潜在的反对力量仍然是存在的,且以海防为由又遭到“资敌”论者的反对。所以,津通铁路刚刚开始筹建,即遭到国子监祭酒盛昱的质疑,由此触发了各种反对势力的神经,形成了强大的反对浪潮。以漕运或海防的理由都没有足够的说服力来建设铁路,由此决定了京津、津通铁路筹议的命运,铁路建设的动力选择必须另辟蹊径,因而“开通土货”便成为一种必然的选择。而当民族危机日益加重,加强海防、边防乃至国防成为压倒一切的重任时,这又成为铁路建设的最佳动力选择,此后芦汉路停而建关东路,就是在东北防务引起清廷中枢高度重视的情况下而由李鸿章等人做出的选择。

---

〔1〕《李鸿章全集》第7册,海南出版社1997年版,第3747页。

西方铁路是在解决各地矿区运输问题的过程中诞生的，这种运输问题解决的迫切性来自于工业革命过程中资本主义发展的需要。京津铁路线的筹议也始于运煤的需要，但是，在中国还未经过工业革命的特殊历史条件下，这种需要还不足以启动中国近代铁路建设事业，因此，漕运的需要、海防的需要都成为铁路建设的理由或动力选择。在1863—1883年的20年中，运煤的需要、漕运的需要和海防的需要都被提了出来。由于清廷朝野还未完全接受铁路，所以铁路的筹建并未提上议事日程。1884—1885年，有运煤与漕运结合的线路动议，随后又是单独的漕运线路的议建，但都不行。1886—1887年，始以运煤需要为由完成了唐胥铁路的初步延展，但是，津沽铁路的接续就必须以海防需要为由了。当再以海防需要为由筹建津通铁路时，却又行不通了，因为津通铁路与漕运、海防均有复杂的关系。如此才有张之洞以“开通土货”为由的动力选择，而张氏所议已非津京线了，他提出了芦汉铁路的建设计划。综观京津铁路线在甲午战前筹议的整个过程，海防或漕运的动力选择，反映了铁路规划政治中心的价值取向，海防考虑的是京师的城防安全，而漕运则事关京师的粮食安全。这从一个侧面反映了近代中国铁路建设的动力并非社会经济发展到一定阶段的必然性要求。

（原载《历史档案》2009年第2期）

铁路建设的探索：认识、思想和实践

- 张之洞与芦汉铁路的建设
- 严复铁道观研究
- 一个言官的尴尬
  ——赵炳麟的铁路建设思想与实践
- 铁路建设与民生主义
  ——民元孙中山铁路建设思想新探
- “尤当先以沟通极不交通之干路为重要”
  ——孙中山铁路规划思想初探

张之洞与芦汉铁路的建设

芦汉铁路是清政府最早议建的长途铁路干线，在中国铁路建设史上具有非常突出的地位。张之洞是芦汉铁路的首议者之一，也是清政府芦汉铁路筹建政策的决策者之一，在具体筹建实践中，又做了大量工作，为芦汉铁路从最初议建到最终建成做出了重要贡献。史学界至今未有专文对此详加考察，因此，认真探讨张之洞与芦汉铁路建设的关系是很有必要的。

一、张之洞对芦汉铁路的认识

最早提出建筑芦汉铁路的人是薛福成，他在1878年《创开中国铁路议》中指出："自京师而西，可为路以达太原；南可为路以达汴梁；……汴梁而南，接而达于汉口。"[1]1880年，刘铭传在《筹造铁路以图自强折》中也提出建筑芦汉铁路的主张，他说："查中国要道，南路宜修二条：一由清江经山东，一由汉口经河南，俱达京师；北路宜由京师东通盛京，西通甘肃。"[2]李鸿章在1880年年底的《妥议铁路事宜折》中也提出了这一线路主张。[3]对芦汉铁路的作用和地位有深刻认识并探讨筹建方案的是张之洞。他在1888—1889年关于津通铁路的争论期间，于1889年4月1日奏陈的《请缓造津通铁路改建腹省干路折》中，为调停言路并寻求中国铁路建设起步阶段的首建干路提出了建筑芦汉铁路的要求。

在《请缓造津通铁路改建腹省干路折》中，张之洞说："臣愚以为宜自京城外之芦沟桥起，经行河南达于湖北之汉口镇，此则铁路之枢纽，干路之始基，而中国大利之所萃也。"也就是说，中国的"首建干路"应该是芦汉铁路。为什么说芦汉铁路是中国"铁路之枢纽，干路之始基"呢？他对此分析说："盖豫鄂居天下之腹，中原绾毂胥出其涂，铁路取道，宜自保定、正定、磁州，历彰、卫、怀等府，北岸在清化镇以南一带，南岸在荥泽口以上择黄河上游滩窄岸坚、经流不改之处作桥以渡河，则三晋之辙下于井陉，关陇之骖交于洛口，西北声息刻期可通。自河以南则由郑、许、信阳驿路以抵汉口，东引淮吴，南通湘蜀，万

〔1〕 何汉威：《京汉铁路初期史略》，香港中文大学出版社1978年版，第5、9页。
〔2〕 刘铭传：《刘铭传文集》（马昌华、翁飞点校），黄山书社1997年版，第45页。
〔3〕《李鸿章全集》第3册，海南出版社1997年版，第1215页。

里奔凑，如川赴壑。”那又为什么说芦汉铁路为“中国大利之所萃”呢？他做了具体分析，指出：“语其利便，约有数事：内处腹地，不近海口，无引敌之虑，利一。南北二千余里，原野广寞，编户散处，不如近郊之稠密，一屋一坟易于勘避，利二。干路袤远，厂盛站多，经路生理既繁，纬路枝流必旺，执鞭之徒，列肆之贾，生计甚宽，舍旧谋新，决无失所，利三。以一路控八九省之冲，人货辐辏，贸易必旺，将来汴、洛、荆、襄、济、东、淮、泗经纬纵横，各省旁通，四达不悖，岂惟有养路之资费，实可裕无穷之饷源，利四。近畿有事，三楚旧部，两淮精兵，电檄一传，不崇朝而云集，都下或内地偶有土寇窃发，发兵征讨，旬日立可荡平，征兵之道，莫此为便，利六。中国矿利惟煤铁最有把握，太行以北煤铁最旺而最精，然质最重，路最艰，既有铁路，则辇机器以开采，用西法以煎熔，矿产日多，大开三晋之利源，永塞中华之卮漏，利七。海上用兵，首虑梗漕，东南漕米百余万石，由镇江轮船溯江而上，三日而抵汉口，又二日而达京城，由芦沟桥运赴京仓，道里与通州相等，足以备河海之不虞，辟飞挽之坦道，而又省挑河剥运之浮縻，较之东道王家营一路，碍于黄河下流者办理最有把握，利八。此路既成，但有利便，并无纷扰，民受其益，人习其事，商睹其利，将来集资推广续造不至为难，兵民食货，无往而不宜，公私行役转运，盗窃损失，雨潦稽延，亏耗蠹蚀之患，不禁而自止。关东、陇右以次推行，惟力是视。二十年以后，中国武备屹然改观矣。”〔1〕这里所言“八利”，其实只言“七利”，“利五”缺佚。所谓“利一”“利六”从军事国防的角度立论，所谓“利三”“利四”“利七”从经济效益的角度分析，“利八”虽论“漕运”实则兼论军事与经济两者而有之，而所谓的“利二”和最后分析的重点则是从铁路建设自身与社会进步的角度去阐述的。当然，整个话语的重心仍是最后所言的“武备屹然改观”，反映了近代铁路建设起步的动力特征。这是张之洞对芦汉铁路的地位和作用进行的一次比较全面和深入的阐述。芦汉铁路作为中国铁路建设的起点，建设的成效事关中国铁路建设的前途，张之洞对此看得非常深刻。因此，他对清政府说：“展路于有利无害之域，即艰重亦所当为。”李鸿章对张之洞的这些认识也颇为赏识，称其“识力恢廓”。〔2〕

甲午战后，张之洞对芦汉铁路的作用和地位又有了新的认识。1895 年 7 月 19 日，张之洞在《吁请修备储才折》中指出：“中国应开铁路之地甚多，当以芦汉一路为先务。”因为“此路南北东西皆处适中，便于通引分布，实为诸路纲领，较之他路之地处一偏，利止一事者，轻重缓急，大有区别”。他并强调：“若巨款大举而不先造此路，以后物力愈绌，恐难再举。”〔3〕在 7 月 30 日致总署电

〔1〕 苑书义、孙华峰、李秉新主编：《张之洞全集》第 1 册，河北人民出版社 1998 年版，第 665—666 页。
〔2〕 中国史学会主编：《洋务运动》（六），上海人民出版社、上海书店出版社 2000 年版，第 296 页。
〔3〕 苑书义、孙华峰、李秉新主编：《张之洞全集》第 2 册，河北人民出版社 1998 年版，第 994 页。

中,又说:“查铁路以由汉口至芦沟一路为最要,此路四通八达,必宜先办,其余枝路,由此而推,如此方有纲领,有次第。”根据清政府的谕令,他还就时人提出的建筑海州至清江铁路的利弊进行分析,认为此路有“十弊”,不宜作为中国铁路建设的发端。[1]在同一天致总署的另一电中更有进一步的看法:“外国铁路要义,利商与利兵两大端并重。芦汉干路兵商兼利,此为中国铁路大纲。”[2]9 月 6 日,张之洞致电总署提出了中国铁路建设的线路规划。除了李鸿章已修的津沽铁路之外,还有当时传闻较多的两广总督谭继洵已派员查勘的自湖北至江西、广东之路,亦即粤汉铁路的最初线路,张之洞对此深表赞同,他说:“此路若能开通,则中国气脉大畅”,但也提出了自己的看法:“惟大庾岭须洋匠测勘有何修造之法,应以芦汉一路接至黄梅,在九江过江,经江西抵广东省城为干路。”也就是说,张之洞建议修筑粤汉铁路应与芦汉铁路相接。此外,张之洞还以芦汉铁路为基础提出了 5 条线路:一是由河南孟津分修枝路入潼关至陕西省城西安;二是由河南许州以北分修枝路至河南省城开封以达山东济宁、清江;三是由磁州以北分修枝路在临清州以北作桥跨运河至山东省城,以达烟台、威海;四是由上海修一路经苏、杭、镇江以达金陵;五是由通州造至张家口。[3]张之洞规划的线路基本体现了芦汉铁路作为中国铁路大纲的重要地位。

甲午战后,中国深重的民族危机逼迫着中华民族必须自我图强,俄国建筑西伯利亚大铁路将构成对我国北部边疆的战略大包围,这从客观上提出了加快中国铁路筹建步伐的要求。张之洞在对此深刻认识的基础上,将芦汉铁路放到欧亚铁路网的大格局中进行考察,对它的重要地位又有了更深入的看法。1897 年 5 月初,张之洞与王文韶联名电奏称:“窃谓芦汉一路,乃中国全路之大纲,将来南抵粤海,北接吉林,中权扼要,在此生发根基,亦在此气势畅通,全局自振,运载之利犹其末也。且俄人造路程功甚急,势必五年之后即催我与之相接,否则要求代造,我虽欲不接造而不能,故芦汉干路论近效则联中国各省之气脉,论远效则通欧洲各国之转运,但患路工之不速,不患路利之不丰。”[4]正因为对芦汉铁路的作用与地位有如此深刻的认识,所以张之洞等人在 5 月 25 日的《为筹办芦汉铁路情形并议借比国洋款折》中断言:“臣等以为铁路为自强第一要端,铁路不成,他端更无论矣,芦汉不成,他路亦可知矣。”他们以沉痛的心情回顾中国铁路建设起步的艰难情形,并结合当时日益

〔1〕 苑书义、孙华峰、李秉新主编:《张之洞全集》第 3 册,河北人民出版社 1998 年版,第 2076 页。
〔2〕 苑书义、孙华峰、李秉新主编:《张之洞全集》第 3 册,河北人民出版社 1998 年版,第 2078 页。
〔3〕 苑书义、孙华峰、李秉新主编:《张之洞全集》第 3 册,河北人民出版社 1998 年版,第 2088 页。他拟议的沪宁铁路后来也有与芦汉铁路相连的计划,是宁汉铁路。
〔4〕 苑书义、孙华峰、李秉新主编:《张之洞全集》第 9 册,河北人民出版社 1998 年版,第 7297 页。

急迫的民族危机，忧心忡忡地分析："自光绪十五年初议铁路之日起，忽忽八年，自光绪二十一年下诏自强之日起，忽忽又三年，今则吉黑北路已经许俄代造，桂滇南路法亦来争代造，边患已岌岌不可终日，只有此中权干路犹可及时自主，而英、德耽耽虎视，几有不得此不快之意，种种谣言，皆从此出，若再当机不断，坐使外人藉端争攘，恐他日将无事可自主矣。况西毕尔亚之路方日夜经营，我之干路则部款既请而未拨，洋债又议而未定，华股更观望而不前，或且枝节横生，利其中止，似此传播欧亚外人，将以为中国绝无自强之日，从此觊觎环生，祸且至于不可思议，此臣等不能不鳃鳃过虑者也。"[1]焦躁的情绪与忧患的意识跃然纸上。芦汉铁路不仅被称作"中国铁路大纲"，而且被视为"中权干路"。芦汉铁路的建设就成为中国铁路建设的起点，也成为俄国建筑西伯利亚大铁路的应对之策和挽救中国民族危亡的重要起点。1898 年 2 月 9 日，张之洞致电盛宣怀、王文韶，认为中国如能在 4 年内建成铁路"或可稍支危局，可以作到'弱而不亡'四字"，希望尽快建成芦汉、粤汉、宁沪和宁汉等 4 条铁路。值得注意的是他对宁汉铁路的认识，他建议盛宣怀在筹建芦汉铁路和粤汉铁路时"并将由宁至鄂一路趁此一气呵成。盖沪路接通鄂路则气势全活，利源尤旺，洋商借款必更乐从"[2]。张之洞为挽救民族危机而希望建成的 4 条干线铁路均与芦汉铁路相连，构成了中国铁路网的骨干框架，维护了芦汉铁路作为"中国铁路大纲"的重要地位。张之洞对芦汉铁路地位的认识得到清政府主管衙门的基本认同，1898 年 12 月 13 日，总理衙门、矿务铁路总局在《通筹铁路办法分别缓急次第折》中指出："中国铁路以芦汉、粤汉为最要之大干，津镇次之，而山海关外奉天营口等处亦为扼要必争之地，余皆为枝路。"[3]

张之洞对芦汉铁路社会经济效益的认识往往成为他主政决策和议政献策的重要根据之一。1898 年 4 月，张之洞在《设立农务、工艺学堂暨劝工劝商公所折》中指出："至汉口为水陆交冲、华洋荟萃之区，又将来铁路所发端，与各省气势易通，与外洋声息亦甚易达。现饬江汉关道于汉口设立劝工劝商公所，采取湖北地产所有各物暨人力所成各货凡有益民用可以贩运远方者，在公所分别陈列，标明出产地方、价值、运本，令华洋商民均得纵观。"[4]9 月，他又在《汉口试办商务局酌议办法折》中说："查商务乃今日要政，上海为沿海总汇，汉口为上游要冲、铁路枢纽，自应分设（商务）两局。"[5]1902 年 10 月 26

〔1〕 苑书义、孙华峰、李秉新主编：《张之洞全集》第 2 册，河北人民出版社 1998 年版，第 1245 页。
〔2〕 苑书义、孙华峰、李秉新主编：《张之洞全集》第 9 册，河北人民出版社 1998 年版，第 7497 页。
〔3〕 苑书义、孙华峰、李秉新主编：《张之洞全集》第 5 册，河北人民出版社 1998 年版，第 3736 页。
〔4〕 苑书义、孙华峰、李秉新主编：《张之洞全集》第 2 册，河北人民出版社 1998 年版，第 1286 页。
〔5〕 苑书义、孙华峰、李秉新主编：《张之洞全集》第 2 册，河北人民出版社 1998 年版，第 1326 页。

日，他奏请清政府将武昌“武胜门外直抵青山滨一带地方”辟为通商场(1900年时议辟通商口岸)，此地“与汉口铁路马头相对，从前美国人勘粤汉铁路时，即拟定红关一带为粤汉铁路马头”，张之洞预言“是武昌为南北干路之中枢，将来商务必臻繁盛等于上海”。而当时“洋行买办托名华人私买地段甚多”，他从“武昌东西扼长江上下之冲，南北为铁路交会之所，商场即辟，商务日繁，地价之昂可坐而待”的认识出发，“已严札饬行司局府县立案。目前无论华洋商人以及何项官局绅商，意欲承领，决不准轻给贱售。总宜坚持数年，待至五年之后铁路大通，北达欧洲，南穷香港，群商趋之若鹜，自然争先订租，今日一亩之价异时百倍其值”。[1]

芦汉铁路的部分建成使张之洞有了感性认识，1899 年 9 月，张之洞因芦汉北段芦保首段完工而北上验收，认为：“京津迤东，地濒海洋，机轮殊形，工作新制，士夫氓庶久稔见闻，近道多年，群焉相习。京西直入腹地，耳目隔绝，塞而未通。此次创兴大工，华洋员匠络绎载道，制防调护，视风气已开之区艰难倍蓰，劳费均增。犹幸朝廷为百姓经营乐利之意随时宣谕，深入民心，轮毂风驰，便利日著，都人士女，举有欣欣之色，诚中土由塞而通之象，即地方由贫而富之枢机也。”[2]1902 年夏，芦汉铁路已由汉口造至河南信阳，至 10 月，张之洞即将离鄂赴江，他亲自视察了汉信段铁路。他的体会是：“计自汉口至信阳州共四百三十余里……沿途商民欣悦争谋造房屋、开店铺、设行栈，山乡瘠壤顿有兴旺景象，于民间生计裨益甚多，地方农民工人亦均安谧。”[3]

正因为张之洞对芦汉铁路的地位有非常深刻的认识，并把芦汉铁路作为中国铁路建设的起点，他才要求盛宣怀督办的中国铁路总公司集中全力建设芦汉铁路，保证芦汉铁路筹建工作的顺利开展。为此，他也总是极力反对中国铁路总公司所筹干线之外的其他干路的议建。

1897 年，张之洞“闻容闳在总署呈请报效百万，造镇江至京铁路”。他非常着急，认为：“盖清江兴工则芦汉必废，事关大局”，于 11 月 22 日致电王文韶，要求联名致电总署阻止，其理由是：“查芦汉一路为各省中权，南可通极边之粤，北可避近海之津，是以奉旨定议举办，中外周知，佥谓得要。若清江别开一路，则东南客货均为所夺，芦汉将来断不能集华股还洋债，芦汉一路必致停废无成。”他又指出：“查光绪二十一年六月初十日(1895 年 7 月 31 日)之洞遵旨电奏清江造路十弊有云：‘一国之内干路不能多设，创始偏东则近西干路不能再举，将来引而加长，如南达湘、粤，西达川、陕均远’等语。当奉电旨饬筹芦汉如何办法，是东路不及西路有益，已甚明晰。”因此，在“中国物力异常

〔1〕 苑书义、孙华峰、李秉新主编：《张之洞全集》第 3 册，河北人民出版社 1998 年版，第 1480—1481 页。
〔2〕 苑书义、孙华峰、李秉新主编：《张之洞全集》第 2 册，河北人民出版社 1998 年版，第 1349 页。
〔3〕 苑书义、孙华峰、李秉新主编：《张之洞全集》第 2 册，河北人民出版社 1998 年版，第 1482 页。

艰窘”的情况下，“岂能两路并举，徒自争竞，似应令该华商并力先办芦汉”。[1]在瓜分中国的狂潮中，德国取得山东胶州至济南铁路的建筑权，张之洞认为：“容闳路必经济南省城”，这样“直接容路，一年必成。此路成后，德之陆军长驱而北，一日而至永定门矣。容路既系洋股，将来必与德国句串，断不听中国指挥，一旦猝有变故，如强占胶湾故智，防不及防，战不及战，避不及避，从此京师岂有安枕之日？”退一步说，“若两年之内德路已通京城，芦汉之路至速尚须五年，且容路在东方自树一帜，占尽路利，比款必将翻悔，不肯交银，则芦汉路必因此而废，设有紧急，虽欲调兵入卫亦来不及，国事真不堪设想矣”。因此，他于 1898 年 1 月 30 日致电刘坤一、王文韶与盛宣怀说：“德索山东造路，万无可许之理，无论彼如何要挟，无论许以何项利益，其患皆较缓。”[2]后来清政府议建津镇铁路时，张之洞也表示反对。他于 1899 年 2 月 18 日致电盛宣怀说：“芦汉居中，为中国命脉，造成则全盘皆活。津镇沿海，造成于中国有损无益。然以获利计，则津镇路短而见利速，芦汉路长而收效迟。我辈为大局计，舍其易而取其难。总署本不应再造津镇一路以困我，今已无可奈何，则无论其合同利权轻重，总不可更令其夺我枝路。”“不然，德夺于东，英夺于西，所有枝叶全为外人剪去，真无发生之路矣。”[3]1899 年，张之洞了解到“有山西、河南矿路义英福公司派人由河南到襄、樊一带，查勘矿山”，并得到总署的证实，他深表不安，于 3 月 1 日致电总署说：“查由汉口经河南达京都已有奉旨在前之芦汉干路，一省之内断断不容两路并行。该公司既系矿务公司，即使为运矿起见须修造铁路，亦止可在山西、河南境内，芦汉铁路公司不修铁路之处，由矿山造一最直最近枝路与芦汉干路接通。今不通干路而直达襄阳河口，明明是与干路并行，夺芦汉、粤汉之利，并未奉到谕旨，万万不能照准。”[4]1901 年，张之洞又“闻有英人奥利德承办开封至南京铁路，已经定议之说”，4 月 18 日，他致电盛宣怀与两江总督刘坤一说：“查中国铁路以芦汉为干，倘干路未成，先造支路，则干为支弱，全局受损，开封、南京之路，似未宜即行议办。”[5]

张之洞对芦汉铁路的地位和作用提出的一些认识立足于挽救民族危机，因此，随着中国民族危机的日益加重，他的认识是逐步深化的，遵循从“铁路之枢纽”到“诸路纲领”再到“中国铁路大纲”最终到所谓的“中国命脉”的递进思路，这些看法有其独到之处，在中国铁路建设处于起步阶段的历史条件下

[1] 苑书义、孙华峰、李秉新主编：《张之洞全集》第 9 册，河北人民出版社 1998 年版，第 7420 页。
[2] 苑书义、孙华峰、李秉新主编：《张之洞全集》第 9 册，河北人民出版社 1998 年版，第 7476 页。
[3] 苑书义、孙华峰、李秉新主编：《张之洞全集》第 9 册，河北人民出版社 1998 年版，第 7714 页。
[4] 苑书义、孙华峰、李秉新主编：《张之洞全集》第 9 册，河北人民出版社 1998 年版，第 7723—7724 页。
[5] 苑书义、孙华峰、李秉新主编：《张之洞全集》第 10 册，河北人民出版社 1998 年版，第 8550 页。

也是有积极意义的,其目的在于促进与确保芦汉铁路的顺利建成而救亡图存。但他作为晚清重臣和地方实力派巨擘,企图建成以其势力范围为中心的全国铁路网必然会受到各种势力和多方面因素的掣肘,因而是不可能实现的。

二、张之洞建设芦汉铁路的方案

张之洞在《请缓造津通铁路改建腹省干路折》中提出拟将芦汉铁路分成4段在8年内建成,指出筹款的具体办法有三:一是由铁路公司照常招股,二是由地方官员设法集股,三是借商款垫解。建设铁路除需要大量资金外,还需要大量的钢铁制造铁轨,张之洞提出了置炉炼晋铁造轨"以杜外耗"的主张。这是他关于芦汉铁路的最早筹建设想。此时建设芦汉铁路并未完全提上议事日程,张之洞对如何建设芦汉铁路的思考是粗线条的。

张之洞的奏折引起了清政府的注意,慈禧太后降懿旨称张之洞所议"自芦沟桥起经行河南达于湖北之汉口镇,划入四段分作八年造办等语,尤为详尽",要求总理海军事务衙门"即就张之洞所奏各节,详细核议奏明请旨"。1889年8月26日,总理海军事务的奕譞等上奏清政府,对张之洞建设芦汉铁路的设想持基本肯定的态度,认为:"该督请分为四段,八年造成,亦颇详尽。"但对张之洞关于设炉炼晋铁的办法提出不同意见,建议"暂购外洋钢轨"。对于铁路分段,他们也有不同看法,认为应以汉口至信阳为首段,建筑办法应从"芦沟、汉口两路分投试办"。对于铁路造价,他们指出张之洞估价1600万两过低,应约在3000万两。关于筹款办法,奕譞等人提出了"以商股、官币、洋债三者并行"的主张。他们也都认识到芦汉铁路的建设非同小可,"以为经营全局之计,循序渐进之基"。[1]最后他们要求清政府简派"公正廉明熟悉洋务之重臣"负责芦汉铁路的建设。第二天,清政府即发布上谕"着派李鸿章、张之洞会同海军衙门将一切应行事宜妥筹开办"。筹款问题是铁路筹建的首要问题,李鸿章提出"无款断不能开办,若开办断不可中止"的意见。9月12日,他致电张之洞说:"筹款需官帑,由[海]署随时酌量请拨。其商股帑力不足,以洋债挹注,俟开办有期,再订借。"[2]这表明在筹款问题上李鸿章与奕譞等人是取得共识的,洋债在他们的筹款计划中占有重要地位。9月21日,海军衙门分别致电李鸿章与张之洞,对如何启动芦汉铁路的建设提出了策略性原则,此即所谓"事期必成,不求速效"。但当时的通政使、署都察院左副都御史黄体芳连上两奏,一奏"专止洋债",另一奏对"(芦汉)铁路所收实利"提出强烈的质疑,称:"今分数未明而逆臆其必得大利,未敢谓然。"[3]

---

〔1〕 宓汝成编:《中国近代铁路史资料(1863—1911)》第1册,中华书局1963年版,第173—178页。
〔2〕 宓汝成编:《中国近代铁路史资料(1863—1911)》第1册,中华书局1963年版,第183页。
〔3〕 宓汝成编:《中国近代铁路史资料(1863—1911)》第1册,中华书局1963年版,第184页。

海署与李鸿章是主借洋债的，而阻止铁路筹建的黄体芳反对洋债甚烈。原本并不主张举借洋债的张之洞怎么办？在这个关键时刻，盛宣怀为张之洞提供了良策。他致电张之洞说："谒庆邸皆以洋债为虑，黄漱翁封奏专止洋债，海署毫无成算，北洋亦无妙策，管见不借洋债，不买洋铁，八年亦可一气呵成。禀数千言即函陈。"[1]因此，10 月 4 日，张之洞上陈《遵旨筹办铁路谨陈管见折》，提出了芦汉铁路建设的基本原则："就今日铁路一事论之，则不外耗为本，计利便为末，储材为先，兴工为后。"在这样的基本原则指导下，他对洋债洋铁是拒绝的，认为："现经庙堂议定开办顺直、豫、鄂一道，按海军衙门原奏计程三千余里，计费三千余万，需款需铁均属极巨，若取资洋债洋铁，则外耗太多。"并指出："是洋款洋铁两端，皆必致坐受盘剥，息外有息，耗中有耗。"不用洋款洋铁是张之洞最初筹建芦汉铁路时确定的一个基本前提。因此，在这样的前提之下，张之洞提出了筹建芦汉铁路的具体程序和步骤："臣窃审此事推行之序，似宜以积款、采铁、炼铁、教工四事为先，而勘路开工次之。"对于芦汉铁路的建设，张之洞是做了 10 年长期奋战准备的。他说："此时专请采铁、炼铁，俟新铁之采日旺，旧铁之炼日精，彼时积款已足，路工已娴，再为定期开工修路，两端并举，一气作成，合计亦不过十年内外。"总之，张之洞非常强调芦汉铁路建设的前期准备工作，他的战略思想就是准备要充分，竣工要迅速，认为只有这样才能保证中国铁路建设事业的顺利起步。他分析说："若款尚未筹，铁尚未备，急遽从事，枝枝节节而为之，此数年中人但见日日偿债，处处鸠工，未见其利，但见其扰，设数年中偶有水旱灾浸，军国要用，必致谣谤繁兴。中作而辍，徒糜巨款，致弃前功，此尤不可不虑者也。"他归结到一点就是筹办芦汉铁路的策略："总之，此事储铁宜急，勘路宜缓，开工宜迟，竣工宜速。"在这篇奏折中，张之洞就如何进行采铁、炼铁进行了规划，并就分段办理提出了新的意见，即以黄河为界分为南北两路，北路由李鸿章负责，南路由他本人负责。对筹款问题，他明确表示："窃拟干路专归官办，以一事权，枝路留待商股，以便招徕，路见成利，商股自然争趋，枝路较短，集股较易。"[2]其意是官办芦汉干路，商办芦汉支路。10 月 27 日，张之洞致电湖北巡抚奎斌又强调他的筹办芦汉铁路的基本方针，说："总之，铁路事关久大，不能欲速，先须筹款，次须炼铁，必从容规画完备，方能开办。"[3]可以说，10 月 4 日的奏折是张之洞就如何筹建芦汉铁路问题提出的第一个比较系统的方案。

一个方案要得到普遍的认同在近代特定的历史条件下是绝不会一帆风

〔1〕（国民政府）交通部、铁道部交通史编纂委员会编：《交通史路政编》第 1 册，（国民政府）交通部、铁道部交通史编纂委员会 1935 年版，第 70 页。

〔2〕苑书义、孙华峰、李秉新主编：《张之洞全集》第 1 册，河北人民出版社 1998 年版，第 709—713 页。

〔3〕苑书义、孙华峰、李秉新主编：《张之洞全集》第 7 册，河北人民出版社 1998 年版，第 5386 页。

顺的。10 月 30 日，李鸿章致电张之洞又说："廷臣又有停路之请，亟望定局，以止纷呶。"10 月 31 日，张之洞为此致电海署，就筹办芦汉铁路的策略又做进一步的解释："前六七年积款积铁，后三四年兴工修造，两端并举，一气作成，合计仍是十年。迟开工以免脱节，速竣工以防中变，脱节则有费无利，中变则不能再举。现经朝廷定计，钧署主持，北洋与洞奉命分任，即是定局。一面勘铁购机，分别采炼，即是发端。"然后，张之洞就筹款问题和炼铁问题进行了深入的分析。关于筹款问题，他似乎充满信心："度支虽绌，断无合天下全力不能岁筹二百余万之理。""筹款如能至三百万，即期以十年；如款少，即十二三年。如再少，即十五六年至二十年，断无不敷矣。愚公移山，有志竟成，此无可游移者也。"这表明了他建筑芦汉铁路的坚强决心。关于炼铁问题，他说："中国铁虽不精，断无各省之铁无一处可炼之理。晋铁如万不能用，即用粤铁；粤铁如亦不精不旺，用闽铁；黔铁、楚铁、陕铁皆通水运，岂有地球之上独中华之铁皆是弃物!"这体现了张之洞筹建中国铁路初始之时的豪迈之情。奕劻等人"佥谓其论甚壮，其志甚远"。[1]对炼铁问题，他继续分析说："炼机造厂，每分不过数十万，多置数处，必有一获。粤新购定，黔早运到，均有确价，并不为多。小炉拆机，山路可行，已确询外洋，并不为难。各省铁路大兴，无论修路与否，无论利国利民，涓滴皆非靡费，此不必惜费者也。"[2]11 月 8 日，海署致电张之洞，对他的主张表态说："炼铁之论可佩，余均意见颇同。"[3]同一天，张之洞又致电海署和李鸿章，就当时仍有人反对建筑铁路的问题进行反驳，最后得出结论认为："总之，修路一端，有铁早办，无铁迟办。开采制造诸务，有款多办，无款少办。"[4]11 月 10 日，李鸿章复电张之洞提醒说："尊说有铁早办，无铁迟办，已扼要，惟炼铁至成钢轨、铁桥、机车实非易事。"张之洞的这些主张当时可能受到李鸿章的影响，李鸿章早在 1880 年底的《妥议铁路事宜折》中就提到："中国既造铁路，必须自开煤铁，庶免厚费漏于外洋。"并说："即以(开采煤铁)所得专供铁路之用，是矿务因铁路而益旺，铁路因矿务而益修，二者相济为功矣。"对于建筑铁路必须做长期奋斗的准备，李鸿章也早有此想，他当时对刘铭传的铁路计划就曾发表过意见说："盖刘铭传以原议之人，始终经理，即待其效于十年以后，尤属责无旁贷。"[5]因此，对张之洞的这些观点，如果没有别的因素，李鸿章当不致表示异议。

由于甲午战后民族危机的逼迫，清政府感到很大的生存压力，认为"当此

---

[1] 宓汝成编：《中国近代铁路史资料(1863—1911)》第 1 册，中华书局 1963 年版，第 187 页。
[2] 苑书义、孙华峰、李秉新主编：《张之洞全集》第 7 册，河北人民出版社 1998 年版，第 5389—5390 页。
[3] 苑书义、孙华峰、李秉新主编：《张之洞全集》第 7 册，河北人民出版社 1998 年版，第 5390—5391 页。
[4] 苑书义、孙华峰、李秉新主编：《张之洞全集》第 7 册，河北人民出版社 1998 年版，第 5395—5396 页。
[5] 《李鸿章全集》第 3 册，海南出版社 1997 年版，第 1216 页。

创巨痛深之日,正我君臣卧薪尝胆之时”,“应以蠲除痼疾,力行实政为先”。1895年7月17日,清政府谕令总署谋划铁路建设,指出:“兴修铁路为方今切要之图,亟应举办。惟责任至重,必操守廉洁、明干有为、熟谙情形之员,方能胜任。着张之洞悉心遴选奏保数员,以备简用。铁路支干,前据张之洞条奏,颇为详晰。着专由京至清江一路作何修造之处,再行熟筹具奏。”[1]这说明张之洞在此前筹建铁路方面给清政府留下了深刻的印象。就在当天,张之洞在《吁请修备储才折》中基于对民族危机的深刻认识,提出了芦汉铁路建设的新办法,即由洋商垫款包办,然后由中国政府收回的办法:铁路建设“需款虽巨,可使洋商垫款包办。芦汉一路,限以三年必成,成后准其分利几成,年限满后,悉归中国。如此则费不另筹而成功可速,弊端浮费亦少。至干路成后,枝路尤宜多造”。那么,由何国的商人垫款包办呢?他说:“前曾与比国柯克里大铁厂议及此事,该厂极愿承办。此外尚有奥国、美国商人,亦请承办。若议修造,不患无人。惟此事断不宜英、法诸大国商人包办,恐获利以后,收回或费唇舌。惟小国远国商人,则无此虑。”为什么不能中国自办呢?他认为:“若中国自办,则委员视为利薮,旷时糜费,十年亦难成矣。”[2]7月30日,张之洞致电总署了解情况,又提出了“必须统筹全局”的铁路建设总原则:“查铁路为今日要图,富强兼资,势不可缓。惟此等大举,必须统筹全局,将此路利益何在,需费若干,几年告成,如何筹款,如何发端,如何推广,筹有成算,始可下手举办。”关于如何筹款,他对前折的观点做了调整,没有继续主张由洋商垫款包办,而主张借洋款筹建铁路。他说:“至筹款之法,外洋风气,若为办铁路借款既易,利息亦轻,可即用铁路作押,不必海关作保。”与这种思想变化相伴随的,是他立即付诸行动,他曾于8月11日致电驻俄、德公使许景澄了解西方借款的情况。[3]他反对洋人承办中国铁路,甚至提醒总署警惕那些营谋承办中国铁路的洋人:“闻各国洋人纷纷赴京向其公使处营谋承办铁路,不下数十人,此皆只图谋利,不顾中国全局。”他还就如何开始筹建铁路提出了意见:“尤要者,铁路办法必以勘路绘图为先,宜速募洋工师数人将芦汉一路详切测勘,并委员偕往照料,估工计费,既定再行举办。惟此路一年方能勘竣,初勘详实,则将来或自办,或包办,皆有成算,而且迅速。”[4]张之洞筹建芦汉铁路的建议得到胡燏棻等人的支持,胡在变法自强疏中说:“开铁路以利转输也,中国铁路之议,屡举屡废。自经此次军事利钝之故,昭然共见。应请援照前

[1] 苑书义、孙华峰、李秉新主编:《张之洞全集》第3册,河北人民出版社1998年版,第2077页。
[2] 宓汝成编:《中国近代铁路史资料(1863—1911)》第1册,中华书局1963年版,第200—201页。
[3] 宓汝成编:《中国近代铁路史资料(1863—1911)》第1册,中华书局1963年版,第222页。
[4] 苑书义、孙华峰、李秉新主编:《张之洞全集》第3册,河北人民出版社1998年版,第2076—2077页。

两广督臣张之洞原议,自汉至京,开办干路。”[1]刘坤一也在《请设铁路公司借款开办折》中提出了自己的主张,关于先修何路的问题,他也说:“中国铁路以南北干路为绾毂,大利在焉。”但关于如何筹建的问题,他与张之洞有所不同:“窃以铁路必归商办,方为妥善。”他反对官督商办,也反对不准借洋股的政策。[2]由此,张之洞的主张得到清政府的同意,清政府将芦汉铁路作为首先决定建筑的铁路之一。8 月 1 日,清政府又谕令总署:“张之洞电奏均悉。铁路由芦至汉,该督从前即主是议,究竟办法若何,购路造轨一切需费若干,谅已筹有大概。即着详晰电复。”[3]

在这种情况下,9 月 6 日,张之洞致电总署重新提出了芦汉铁路建设的基本方案。在这个方案中,他更深切地认识到铁路建设的紧迫性,说:“铁路为今日自强首务,无论运兵、运饷之便,即为富民筹饷计,亦惟铁路为最大,远胜开矿等事。”他明确了两个基本原则:一是“查造铁路以勘路、绘图、估工为第一义”,二是“朝廷既决意兴办,必宜就此通筹全局”。应该说,这两个原则是相互关联的。要建筑铁路,首先就必须勘路。但勘测何路,就有一个统筹全局的问题。因此,所谓的“通筹全局”,就是“将应修各路,一齐勘绘估计,然后体察缓急,审时量力,次第举行,免致屡劳筹计”。那么,从当时的情况来看,“应修各路”到底是哪些路呢?除芦汉铁路外,张之洞提出了前述应修的 5 条铁路。确定了应勘的线路之后,就要解决由谁查勘的问题了。张之洞认为:“铁路惟德国造最后,而工最精,利最厚,此举必须电出使大臣商托德国铁路衙门派精熟诚实之员数人,并酌带驱策之人来华代我勘路。”张之洞主张聘请德国铁路技术人员将他提出的 5 路连同芦汉铁路分为河北、河南、江南、岭南 4 段进行查勘。他强调:“盖勘造铁路一事,中国委员所勘不能为据”,所有线路和工程“均由洋员勘议”。这是一种审慎的态度。勘路之后,工程问题就显得重要了。关于工程问题,张之洞提出两个原则:一是采取招标的方式由洋厂包办工程:“俟勘毕绘图后,注明道里,议定路宽若干,钢轨用若干吨重者,估定桥梁、车栈及火车货车、客车之数,石印数百纸,分寄外洋各国工作大厂,令其估价,限若干日密封寄华,汇齐拆封,择其价廉而又系著名大厂者,令其承办,包定工料用费若干,年限若干,不如式者,如何议罚。”他并指出:“外洋即系如此办理。洋厂只包办工程,其款悉由官筹,不必令兼揽借款,其买地、弹压等事,须委员经理。”二是尽可能购用国内铁路建设材料。他说:“至所用钢轨、铁料自应先尽湖北官局所造给价购用,不敷者购之外洋。如此办法,工可坚好,费无浮靡,时不延旷,法简易而有把握。”要真正兴办铁路工程,资金

[1] 宓汝成编:《中国近代铁路史资料(1863—1911)》第 1 册,中华书局 1963 年版,第 201 页。
[2] 宓汝成编:《中国近代铁路史资料(1863—1911)》第 1 册,中华书局 1963 年版,第 202—203 页。
[3] 苑书义、孙华峰、李秉新主编:《张之洞全集》第 3 册,河北人民出版社 1998 年版,第 2078—2079 页。

必须落到实处。关于筹款问题,张之洞主张以铁路作抵押举借洋债:“若筹款一节,不外借洋款一法,华商集股断无其事,干路成后,其路短而利厚之枝路,或有商股愿办。外洋惟借款修铁路最为乐从,款巨而息轻,以为此债最稳故也。即可以本路作押,无须海关作保,分还年限宜稍宽以舒气。”他由筹款问题又一次提出官办芦汉铁路的要求:“此乃国家大政,华商断无此巨款,且亦不可令商操此道路之权。若请集股者,必系洋商托名附股,所有自请集股承办之官员,报效包揽之洋商,皆系贪狡妄人。”显然,张之洞对华商的资本实力是深表怀疑的。他在最后还对其《吁请修备储才折》中提出的由洋商垫款包办的观点加以修正:“洞前奏开铁路一条,原拟令小国商人承办,分余利与中国,细思究有流弊,仍以我自筹款,只令洋匠包工为妥。”[1]关于铁路建设的管理体制,他也进行了初步的思考。他了解到:“外洋各国皆专设铁路衙门,尊如六部,其长官略如尚书。”他认为,在中国铁路建设起步阶段,“宜请钦派总理铁路大臣一两员”驻京城,并设一公所,“令择数员为总办,随同筹画。至明晓铁路者,亦须访求数员,以资考询”,而“铁路所过省分,即派该省督抚为帮办委员,经理买地、弹压、保护、看守等事,但委员不得掣肘”。[2]从张之洞的思路来看,他倡导的是一种官办芦汉铁路的政策。

令人感到出乎意料的是,张之洞的这个方案未得到清政府的欣赏,清政府给总署的谕旨说:“张之洞条陈铁路办法,语太恢张,一时难办。”张之洞对清政府的批评争辩道:“原奏声明:‘体察缓急,审时量力,次第举行,免致屡劳筹计,外洋见中国有此大志,已可隐戢陵’等语。各路所费极巨,诚如圣谕一时难办。洞意系请勘绘工,以备筹计,非欲同时并举,措词未能明晰,尤深悚惕,合并声明。”[3]清政府综合各种看法,于1895年12月6日发布上谕,明确两点:一是将建筑铁路作为“定议”,以后就没有讨论是否要建铁路的余地了。上谕说:“铁路为通商惠工要务,朝廷定议,必欲举行。”二是以官款继续筹办津芦铁路,以商办政策筹建芦汉铁路。关于芦汉铁路,上谕说:“至由芦沟南抵汉口干路一条,道里较长,经费亦巨,各省富商如有能集股千万两以上者,着准其设立公司,实力兴筑。事归商办,一切赢绌,官不与闻。如有成效可观,必当加以奖励。”[4]这是一种商办芦汉铁路的政策。不久,声称集股千万、企图承办芦汉铁路的即有广东在籍道员许应锵、广东商人方培垚、候补知府刘鹗、监生吕庆麟等四起,清政府似乎受到鼓舞,1896年4月24日,又发布

---

〔1〕 苑书义、孙华峰、李秉新主编:《张之洞全集》第3册,河北人民出版社1998年版,第2089页。

〔2〕 张之洞关于芦汉铁路建设的基本方案见苑书义、孙华峰、李秉新主编:《张之洞全集》第3册,河北人民出版社1998年版,第2087—2089页。

〔3〕 苑书义、孙华峰、李秉新主编:《张之洞全集》第3册,河北人民出版社1998年版,第2092—2093页。

〔4〕 宓汝成编:《中国近代铁路史资料(1863—1911)》第1册,中华书局1963年版,第205页。

上谕:“芦汉铁路,关系重要。提款官办,万不能行,惟有商人承办,官为督率,以冀速成。王文韶、张之洞均系本辖之境,即着责成该督等,会同办理。道员许应锵等,分办地段,准其自行承办,毋稍掣肘。并着该督等,详加体察,不得有洋商入股为要。”[1]对清政府的芦汉铁路总政策,张之洞概括说:“此项铁路,论旨以官督商办为指归,以不入洋股为要义。”但谕旨中“商人承办”是整个政策的重心,其实质乃为商办政策,这使张之洞感到棘手,因为他不相信华商的经济实力。5 月 8 日,张之洞致电王文韶说:“试想粤商四起,各称集股千万,岂华商具此大力耶?有银行具保者,岂外国银行肯保华商千万巨款耶?吕庆麟粘有银行保单,其为银行招洋股无疑。刘鹗无银行作保,其为不正派之洋人招揽洋股无疑。”

基于对华商经济实力的怀疑,他就芦汉铁路筹建工作如何着手提出了自己的意见:“官款难拨而注意商办,洋股不准而注意华商,华商无此大力,无此远识,如轮船、电报,初招商股甚难,及见成效,股票原在一百两者,群起数十两争购其票。以此类推,路未成华股必少,路既成华股必多,穷思利害,莫如仰承意旨,先举商务总办设立芦汉铁路招商总局,由商筹借洋债先行举办,奏明即以芦汉铁路作保,分作二三十年归还,路成招到华股分还洋债,收到车费抵付洋息厘。订官督商办章程,虽借资洋款,雇用洋匠,权利仍在中国,不致喧宾夺主,否则终属空谈,坐延岁月,必不能刻期而成。”[2]这是一种完全意义上的官督商办的筹建思路,与清政府当时的所谓商办政策并不完全悖逆。这一思路,经过与盛宣怀、王文韶进一步筹议,逐步完善和成熟。8 月 2 日,张之洞与王文韶会电总署对完全意义上的官督商办芦汉铁路政策提出了进一步的设想:“铁路乃今日要政,岂可再任延误?兹谨遵钧意会同酌议,已另筹有办法,拟设芦汉铁路公司,奏派熟悉商务、身家殷实之员为总理,即责成该员招集华股归商自办。无论许道及他商,如真招有华股,尽可随时附入。”[3]商务总办变成了总理,芦汉铁路招商总局改为芦汉铁路公司,这是张之洞等人相互筹议的结果。8 月 23 日,张之洞与王文韶等会奏《芦汉铁路商办难成另筹办法折》,他们从清政府对芦汉铁路的总政策出发进行探讨,认为当时芦汉铁路的筹建正处于“干路必不可缓,洋股必不可恃,华股必不能足”的困境之中。如何进一步筹办芦汉铁路呢?他们分析说:“臣等博采周咨,或谓铁路未成之先,华商断无数千万之巨股,惟有暂借洋债造路,陆续招股,分还洋债之一策。集事较易,流弊较少。”那么,如何借债、如何招股呢?张之洞等说:“臣等折衷群议,综其大要,当以专设大员,官督商办,并准由公司一面招股,

〔1〕 宓汝成编:《中国近代铁路史资料(1863—1911)》第 1 册,中华书局 1963 年版,第 225 页。
〔2〕 苑书义、孙华峰、李秉新主编:《张之洞全集》第 9 册,河北人民出版社 1998 年版,第 6973—6974 页。
〔3〕 苑书义、孙华峰、李秉新主编:《张之洞全集》第 9 册,河北人民出版社 1998 年版,第 7056—7057 页。

一面借款,为入手第一要义。”他们认为“应请特旨准设芦汉铁路招商公司,先派盛宣怀为总理,使天下皆知事在必成,以一视听而便设施”。那么,成立公司后,又如何运作呢?张之洞等人接受了盛宣怀提出的四法:推广招徕之法、借垫招徕之法、商股还本之法与路费缴利之法。张之洞等认为,盛宣怀所拟办法“揣情量力,周折腾展,而终归于有成;合南北之路以资歆动,藉国家之力以为主持,官商相维,而终归于可行;工费、年限、数目以及商股如何招、借款如何还,悉皆明白洞达,切实有着”[1]。总署在遵旨咨询盛宣怀后,就张之洞与王文韶的奏折复奏清政府称:“遵旨谘询盛,据陈一切办法均确有见地,请准设铁路总公司,令盛督办,从芦汉办起,苏沪、粤汉亦次第扩充,即由公司招商股七百万两,借洋款二千万两,商借商还,并提拨借款一千万两,北洋存款三百万两,以期官商维系,速成巨工,并称芦汉既为干路,非双轨不足为各路之倡。”也就是说,总署基本认同了张之洞、王文韶与盛宣怀的主张。10 月 19 日,光绪帝为芦汉铁路事召见盛宣怀,认为他“奏对具有条理”,责成他实力举办,以一事权。因此,10 月 20 日,清政府就芦汉铁路筹建问题发布上谕:“王、张复奏芦汉铁路办法,请设立铁路总公司,保荐盛宣怀督办等语。直隶津海关道盛宣怀着开缺,以四品京堂候补,督办铁路总公司事务。钦此。”同时,清政府“仍着王、张督率兴作,如勘路、购地及设栈、造桥等事,条绪极繁,该督等不得因荐举有人,遂尔稍宽责任,作事谋始务策万全。着再逐细考校,电商妥协。盛开缺以四品京堂候补,此后折件着一体列衔具奏”。[2]

这样,清政府官督商办芦汉铁路的建设政策就最后确定下来,自此以后,芦汉铁路的建设即进入筹建的实质性阶段。

甲午战争前后,张之洞筹建芦汉铁路的思想是有很大不同的,总体来说,张之洞战前主官办,战后主官督商办;从筹建战略来看,战前主长期准备,拟以 10 年甚或 20 年建成,战后主尽快建成,曾期于 3 年内完工;从筹建步骤来看,战前主积款储铁为先,战后主勘路绘图为先,并以招股、借债为“入手第一要义”;从筹款来看,战前主官款,战后主洋债。所有这些变化,都是张之洞为挽救民族危机对铁路筹建政策和思路所做的调整。

三、张之洞筹建芦汉铁路的实践

张之洞不仅不断地思考如何筹建芦汉铁路,而且还脚踏实地从事芦汉铁路筹建的具体工作,尽管 1896 年 10 月以后,许多工作由盛宣怀主持,但他与王文韶作为清政府谕令的“督率兴作”铁路的大臣,仍然做了不少扎实细致的工作,为芦汉铁路的最终建成做出了重要贡献。

---

〔1〕 苑书义、孙华峰、李秉新主编:《张之洞全集》第 2 册,河北人民出版社 1998 年版,第 1183—1188 页。
〔2〕 苑书义、孙华峰、李秉新主编:《张之洞全集》第 9 册,河北人民出版社 1998 年版,第 7127—7128 页。

1889年8月,张之洞调任湖广总督(并未立即赴任),主持芦汉铁路的筹建工作。8月21日,张之洞致电李鸿章说:“细章虽未奏定,公意中必已拟有大概,海署亦必拟有规模,洞系在事之人,似可及早与闻,敬当悉心筹度,稍效一得之愚。”这表示了自己须及早预闻路事的愿望。[1]他虚心向李鸿章请教,化解其心中对停办津通铁路的怨气。8月27日,清政府即发布上谕认为,“此事造端宏远,实为自强要图,惟创始之际,难免群疑”,要求直隶、湖北、河南三省督抚张贴告示晓谕绅民,“毋得阻挠滋事”。对三省张贴告示的问题,张之洞提出了自己的看法,认为此事“万不宜急”,且须三省同时出示,“词意均归一律”,否则,“必致谣言繁兴,处处惶扰”。他表示等他到武汉后,将“体察情形,商定办法后,将失业之人筹有安抚之策,再行商酌出示”,将建造铁路如何对民间有利无害之处“详晰宣布”。[2]通过协调,“缓出示”得到各方赞同,这对于缓解芦汉铁路筹建工作在民间的阻力是有意义的。

尽管张之洞做了长期筹建芦汉铁路的打算,但必须有一定的开办经费,否则工作无从着手。诚如奕劻与张之洞所说:“惟购地、炼铁,需费浩繁,必须有着之款,方能兴办。”[3]奕劻认为:“筹款之法,当以商股、官帑、洋债三者并行,始克集事。”但这三者的情况都不能令人乐观,他说:“总以洋债一事,本利消耗大不合算。随即与臣李鸿章、臣张之洞函商,谓洋款之举,亟当决意不作是想。”而当时的通政使黄体芳也上奏清政府反对举借洋债。官帑与商股呢?“第海防捐已成弩末,华股茫无的据”[4]。怎么办?1889年12月6日,张之洞与奕劻会衔上奏清政府,请由户部每年筹拨有着款项200万两,另为存储,专供铁路之用。12月7日,清政府发布上谕称:“总理海军事务衙门奏,开办铁路,请饬部岁拨的款二百万,不借洋债,不购洋铁,用蒇全工。如所请行。”[5]有了铁路专款,铁路筹建工作才能真正开始。此后,张之洞筹建芦汉铁路的重心就放在调查各地铁矿情况与利用200万两铁路专款筹建汉阳铁厂上。此后历史的发展打破了张之洞长期建设芦汉铁路的计划。为了抵制俄国建筑西伯利亚大铁路,加强东北奉、吉、黑三省防务,维持中国对朝鲜的宗主国地位,在李鸿章的建议下,1890年年初,总理衙门奏请清政府修筑东北铁路,并希望移缓就急,停修芦汉铁路。张之洞对此表示理解,遂专心致志地利用1890年的铁路专款筹建汉阳铁厂,为关东铁路制造钢轨。4月28日,张之洞致电海署和李鸿章对建筑关东铁路表示赞同,他说:“关东路工紧要,廷议

---

〔1〕 苑书义、孙华峰、李秉新主编:《张之洞全集》第7册,河北人民出版社1998年版,第5363页。
〔2〕 苑书义、孙华峰、李秉新主编:《张之洞全集》第7册,河北人民出版社1998年版,第5369—5370页。
〔3〕 宓汝成编:《中国近代铁路史资料(1863—1911)》第1册,中华书局1963年版,第187页。
〔4〕 宓汝成编:《中国近代铁路史资料(1863—1911)》第1册,中华书局1963年版,第187页。
〔5〕 宓汝成编:《中国近代铁路史资料(1863—1911)》第1册,中华书局1963年版,第187—188页。

移缓就急，芦汉之路可徐办等，谨当遵办。湖北即专意筹办煤铁，炼钢造轨，以供东工之用。"[1]至1893年，汉阳铁厂已能制造钢轨，张之洞多次致电李鸿章要求关东铁路购用。他还试图将他的钢轨推向国际市场，1893年3月26日，他致电清政府驻日大使汪凤藻说："东瀛消用钢轨事，如有可图，切盼电复。"[2]

甲午战后，清政府既已允外商在华投资兴厂，自不能对华商的投资领域过多限制。通过对甲午战争中铁路效能的体验，清政府愈发感到建筑铁路的重要性与紧迫性，在财政窘迫的情况下，通过对华商开放的形式筹集款项建筑铁路成为清政府的最先选择。清政府于1895年12月6日宣布商办芦汉铁路的政策后，有粤商四起声称集有巨资，企图揽办芦汉铁路的建筑权。因此，清政府又于1896年4月24日发布上谕继续强调商办芦汉铁路的政策。当时，王文韶与张之洞一样对上谕所言各华商声称集有巨资表示怀疑，张之洞认为"不揭破粤商认股影射之弊，政府之误信莫解，办事之良策难进"[3]。查清粤商实情遂成为继续筹办铁路的关键。1896年5月至8月，张之洞与王文韶所做的重要工作就是通过各种途径查清了四起粤商均系洋股影射，实际款项并无着落。

华商筹资无着，商办政策难成，自应为清政府另筹善法。由于张之洞与王文韶不相信华商的经济实力，在调查四起粤商的同时即在另筹办法。盛宣怀的到来使另筹善法出现了转机。盛宣怀于1896年因接办汉阳铁厂而来到武汉。由于汉阳铁厂原本即为芦汉铁路（后为关东铁路）制造钢轨而建，因此，盛宣怀与张之洞商谈汉阳铁厂接办事宜就不可能不谈到芦汉铁路的筹建问题，盛宣怀的看法引起了张之洞的注意。他后来在复奏稿中称："当经臣文韶与臣之洞往复电商，就近询问该员，芦汉铁路有何办法，即能刻日兴工。该员指陈利弊，穷原竟委，反复筹计，井井有条。"他认为盛宣怀兼有习商业、晓官法与谙洋务三长。[4]另筹办法，当有成算。在盛宣怀的建议下，张之洞等人筹款的办法诞生了，这就是完全意义上的官督商办政策：要求清政府派设督办大员，负责成立芦汉铁路总公司，并由公司举借洋债进行芦汉铁路的建设。到底谁来担任芦汉铁路的督办大员，张之洞看准了盛宣怀。5月8日，张之洞在致王文韶电中介绍了盛宣怀的情况："昨招盛道来鄂商办铁厂，连日与议芦汉铁路事，极为透澈。环顾四方，官不通商情，商不顾大局，或知洋务而不明中国政体，或易为洋人所欺，或任事锐而鲜阅历，或敢为欺谩但图包揽而

---

〔1〕 苑书义、孙华峰、李秉新主编：《张之洞全集》第7册，河北人民出版社1998年版，第5474页。
〔2〕 苑书义、孙华峰、李秉新主编：《张之洞全集》第7册，河北人民出版社1998年版，第5758页。
〔3〕 苑书义、孙华峰、李秉新主编：《张之洞全集》第9册，河北人民出版社1998年版，第6974页。
〔4〕 宓汝成编：《中国近代铁路史资料(1863—1911)》第1册，中华书局1963年版，第253页。

不能践言，皆不足任此事。该道无此六病，若令随同，我两人总理此局，承上注下，可联南北，可联中外，可联官商，拟俟许、武等到后察出实情即行会奏。"[1]王文韶为官素以圆滑称，他与盛宣怀有师生之谊，尽管他可能知道盛宣怀亦有意揽办芦汉铁路，但他不会主动向张之洞提出来。张之洞既已提出，他必十分附和，5 月 10 日，他复电张之洞对举荐盛宣怀也表示同意，说："盛道实济时之彦，上年冒不韪，以保全之，正为今日。兹得大力揄扬，此才必有以自见。"[2]在张之洞的推崇下，盛宣怀揽办芦汉铁路的心被提了起来。5 月 14 日，盛宣怀致电王文韶，表示："路与轨两局综于一手，路成厂亦成。"[3]因此，如何在另筹善法的复奏稿中表述他们的想法、以何措辞推荐盛宣怀成为张之洞与王文韶一直在思考的问题，目的就是要使盛宣怀权重望隆，"足以号召群伦"，能够承担起铁路建设的重任。经过筹划，至 9 月 3 日，张之洞与王文韶的会奏稿《芦汉铁路商办难成另筹办法折》最后商定，就是在这份奏稿中，他们向清政府隆重推荐盛宣怀。10 月 20 日，清政府就芦汉铁路筹建问题发布的上谕使盛宣怀督办芦汉铁路商办总公司的地位最后确定。从此以后，盛宣怀走上了中国铁路建设的前沿舞台。

1896 年 10 月，中国铁路总公司成立，按照张之洞、王文韶与盛宣怀的设想，就是由中国铁路总公司举借洋债。1897 年 4 月 27 日，张之洞与盛宣怀等上陈清政府《密陈筹办干路次序并请准借官款折》，他们深知芦汉铁路近三千里，费逾四千万，其筹建工作事绪繁多，而"综其纲领，以借款、招股、工程为三大端"。他们认为，这"三大端"中应"以赶紧造轨为先著"。而要"赶紧造轨"，分道开工，最关键的还是借债问题。要借债，就要考虑如何借与向谁借的问题。关于向谁借的问题，张之洞等人根据"路权第一，利息次之"的原则选择了比利时，觉得"比究是小国，不过图工作之利，别无他志。若用大国之款办此中权干路，实多不便，千万宜防"[4]。关于如何借的问题，大的原则原已确定，即由铁路公司以商人的身份进行对外借款，但借款的具体问题开始时并未深入思考，而是在借款的实践中逐步摸索并与比商进行谈判时逐步形成的。具体问题主要是借款的担保与抵押等。张之洞等人认为："大抵无论何国，以路作抵而国家不保，断不能成。惟在国家于公司事体维持保护，使其一气贯注，事无旁挠，自然根基牢固，展步裕如，断无中辍赔累之理。""假如国家不保，则借款合同内须写明'此项作抵之路，应归债主执业'。措词既不得体，

[1] 苑书义、孙华峰、李秉新主编：《张之洞全集》第 9 册，河北人民出版社 1998 年版，第 6973—6974 页。
[2] 苑书义、孙华峰、李秉新主编：《张之洞全集》第 9 册，河北人民出版社 1998 年版，第 6975 页。
[3] 夏东元：《盛宣怀传》，南开大学出版社 1998 年版，第 197 页。
[4] 苑书义、孙华峰、李秉新主编：《张之洞全集》第 9 册，河北人民出版社 1998 年版，第 7313 页。

流弊尤为无穷，故不如明言国家作保之简易正大，有利无害也。”[1]最后通过与比商谈判，借款的担保问题得到解决，即借款由铁路公司“指铁路应入之款作抵”，并由国家批准，不言国家作保。在与比商反复谈判后，他们终于在1897年5月7日议定了合同草案，此后又经过一番周折，芦汉铁路对比借款续订合同至1898年8月才最后议定，规定借比款450万镑。

中国铁路总公司成立初期，必须有一定的开办经费，为了助盛宣怀一臂之力，1896年9月2日，张之洞向清政府建议“准在英德已借洋债之内拨银一二千万两发送公司，或暂作官股，与商股一律掣存股票，收取股息，将来风气大开，再以股票并售与商，或竟作为借款，宽其年限，俟商股招定，陆续归还”[2]。另一方面，借洋债须有实抵，即指铁路为抵押，但必须是已建成的铁路。因此，即使是举借洋债，清政府也必须先行动用官款建成一部分铁路。他们要求清政府允准户部拨借官款银1 000万两给铁路公司承领，指出：“路工之迟速，实以此发款之迟速为断也。”[3]他们将“领官款、借洋债、积商股钩连层次”[4]作为工作方针。事实确乎如此，官款不到位，铁路不能开工，就不可能有所谓的铁路作为抵押，因此，举借洋债因缺乏可指望的抵押对象也就不可能实现。而没有大宗洋债，铁路工程无法后续，没有部分铁路建成展现路利，招商股就没有吸引力，将来还债即可能成为问题。因此，“领官款”是至关重要的。1 000万两部款迟迟未能拨付，直至1897年夏户部才拨银400万两，后陆续拨付，至1898年8月已用官款700万两，其中的300万两为南洋款，张之洞等又奏请清政府饬令户部续拨部款600万两。因此，户部又划拨各省昭信股票银300万两，但江苏、广东等省欠解89万两。1899年9月，张之洞又奏请清政府饬令户部另行筹拨苏、粤等省未解之款，指出：“至芦保工程得以首先告竣，汉口至滠口石堤亦克完工，皆资部款开办，幸不虚旷岁月。”[5]关于商股，1897年4月27日，张之洞与盛宣怀表示：“窃思芦汉虽借洋债，必有华股以立根基，方能责成众商，分年归本。”并说：“总公司现在请领官款，议借洋债，大局一定，即当遴派公正员董，分赴各省宣布章程，招集商股。应请饬下各直省将军督抚通行地方官吏，遇有总公司所派员董前往各省招股，持有关防章程，应由地方官随时帮同设法劝谕招徕，以免混淆，而昭慎重。”[6]

铁路工程方面最为首要的工作当为勘路定线。张之洞指出“造路以勘

〔1〕 苑书义、孙华峰、李秉新主编：《张之洞全集》第9册，河北人民出版社1998年版，第7283页。
〔2〕 苑书义、孙华峰、李秉新主编：《张之洞全集》第2册，河北人民出版社1998年版，第1189—1190页。
〔3〕 苑书义、孙华峰、李秉新主编：《张之洞全集》第2册，河北人民出版社1998年版，第1238页。
〔4〕 苑书义、孙华峰、李秉新主编：《张之洞全集》第2册，河北人民出版社1998年版，第1240页。
〔5〕 苑书义、孙华峰、李秉新主编：《张之洞全集》第2册，河北人民出版社1998年版，第1349页。
〔6〕 宓汝成编：《中国近代铁路史资料(1863—1911)》第1册，中华书局1963年版，第265页。

地、绘图为纲领,不嫌详慎"[1]。他甚至说:"大抵营造铁路以勘路之工为基址,每勘一路,必分三次,勘至三次,全图均出,水线已平,筑土造桥,思已过半。"[2]张之洞等人认识到:"窃芦汉铁路贯幅员之中,通南北之脉,辟道取径,必求至当。"那么如何使定线工作"必求至当"呢?首先必须取经,为了更好地开展勘路定线工作,1897年6月23日,张之洞札委湖北枪炮局提调刘祖桂赴北洋查看京津及津榆铁路。[3]选择何人勘路定线至关重要,张之洞推荐德国工程师,认为:"德国铁路最盛,获利最饶,若托外部向铁路衙门拣派得力官员来华代我勘测尤善。"[4]他特别欣赏1895年已"画就自汉口至保定铁路图"的乐锡巴。要使定线"至当",还必须确立比较线。张之洞曾确立了3条南段比较线:一条是由汉口以北之滠口起经黄陂、孝感、应山等县以达河南信阳州;另一条是由汉口"西出襄阳再入豫境新野一带,东北行以达郑州"(此条线随即放弃);再一条是自汉口以北之滠口起"经汉川、应城、京山、钟祥、宜城至襄阳樊城,以至河南郑州之黄河南岸止,并西抵河南府城"。1896年6月,张之洞委派湖北大挑县知县王廷珍、湖北即用知县张延鸿踏勘这些线路。中国铁路总公司成立后,盛宣怀派美国铁路工程师尔立枢(李治)、柏许等3人查勘自汉口码头起至黄河南岸过渡处的线路,张之洞会同盛宣怀、直隶总督王文韶于1897年2月又札委准补黄陂县知县张延鸿、江苏候补知县沈翊清带领绘图生会同尔立枢等查勘并"沿途指引照料一切"。在尔立枢等查勘后,张之洞认为"事关巨工创始,考求不厌精详",又组织查勘了一次。1897年6月4日,他派汪乔年并加派候选县丞法文翻译陈庆平会同比国洋工师海沙地、洋书记博嘉甫等,自汉口通济门外起,勘至保定省城铁路交接处止。为保证勘查工作的顺利进行,张之洞还"飞饬湖北省经过各县并传知豫、直境内各县,一体妥为照料保护"[5]。在比国公司承办后,1899—1901年,张之洞又选派华洋员司进行两次勘测。[6]在多次测绘的基础上,张之洞从"首裨国事,次兴商务,次计工程"的定线原则出发,对两条比较线进行分析,认为"似干路由楚入豫,当以径行信阳为得策"。[7]

线定下来了,就得购地、购料。张之洞等认为:"造路之费,以购地、购料为大宗,将来路利之有无多寡,视此时造费之减轻增重为权衡。"也就是说,铁路建设的成本在很大程度上取决于购地与购料的成本。他们参照西方各国

---

[1] 苑书义、孙华峰、李秉新主编:《张之洞全集》第9册,河北人民出版社1998年版,第7173页。
[2] 苑书义、孙华峰、李秉新主编:《张之洞全集》第2册,河北人民出版社1998年版,第1350页。
[3] 苑书义、孙华峰、李秉新主编:《张之洞全集》第5册,河北人民出版社1998年版,第3436页。
[4] 苑书义、孙华峰、李秉新主编:《张之洞全集》第3册,河北人民出版社1998年版,第2076页。
[5] 苑书义、孙华峰、李秉新主编:《张之洞全集》第5册,河北人民出版社1998年版,第3412页。
[6] 苑书义、孙华峰、李秉新主编:《张之洞全集》第2册,河北人民出版社1998年版,第1350页。
[7] 苑书义、孙华峰、李秉新主编:《张之洞全集》第9册,河北人民出版社1998年版,第7173页。

铁路建设的经验及国内京榆、京津铁路的成例，提出了购地购料的所谓“官给官定免税”的 3 项基本原则：“一曰官地概由官给，二曰民地定给官价，三曰材料免征税银。”[1]他们根据这些原则制定了购地运料章程，从制度上保证铁路建设的成本能够降到最低限度。1897 年 6 月 3 日，张之洞调龙兆霖“办理黄、孝、云、应一带购地事宜”[2]。要降低购地成本，遏制民间地价的上涨也是重要一环。张之洞于 1897 年 3 月、6 月、11 月以及 1898 年 3 月连续 4 次札委芦汉铁路南段沿线地方官出示严禁铁路两旁应用地段私相囤买，并展停税契。从何处购料是个大问题。张之洞认为：“路料莫巨于钢轨”，“顾非轨不能成路，非铁不能制轨，非佳炭不能炼铁，故臣之洞经营汉厂，先经营马鞍山煤矿。”也就是说，张之洞主张从国内购料。他当时意识到：“方今镑价昂贵，购外洋钢铁逾半价三四成。如开平公司一年之内能应汉厂焦炭六七万吨，则轨不外购，实吾华兴工艺、塞漏卮、利权不外溢之机会。否则轨料、桥料莫不取资洋厂，芦汉干路多掷二千万以贻外人，而汉厂将一蹶不振，工艺均废，漏卮日出，利权坐失，自强利钝之机，无有大于此者。”[3]而购料的关键问题是如何运料。路工材料不能运至铁路建设工地，所谓铺轨筑路就是一句空话。张之洞等深深认识到：“计日程工，大约铁道不难在筑路铺轨，而难在造桥，尤难在运料。”[4]因此，他们又把“勘寻运道”作为一项重要任务来抓。为了减少铁路建设成本，张之洞认为“惟铁路系创举要务，亦应一体维持”，争取了运料船亦可酌减税率。

为了铁路建设的顺利进行，张之洞还专门协调铁路建设与地方的关系。1897 年 6 月 23 日，他札委江汉关道于湖北境内铁路事宜遇事协助。[5]为了更好地理顺铁路与地方的关系，张之洞还从组织管理机构上来解决问题。1897 年 5 月，芦汉铁路即将开办，“发轫即在汉口，铁路总公司拟在汉口设局购地兴工”。张之洞认为：“查路工与地方尤多交涉之事，必须设有专局，以与总公司所设之铁路分局相表里。”因此，他将湖北铁政局改为湖北铁政洋务局兼管铁路、矿务事宜，这样在地方就有了专门配合铁路建设的管理机构。[6]1899 年 2 月，他令湖北铁政洋务局内设立铁路、交涉、学堂、制造四所，并任命湖北试用同知沈宝枢，湖北候补知县邓端巘、查有铨为铁路所委员，“专管芦汉铁路、粤汉铁路及汉阳铁厂、通省各属煤井、通省矿务各事件”[7]。1904 年

〔1〕 苑书义、孙华峰、李秉新主编：《张之洞全集》第 2 册，河北人民出版社 1998 年版，第 1241 页。
〔2〕 苑书义、孙华峰、李秉新主编：《张之洞全集》第 9 册，河北人民出版社 1998 年版，第 7323 页。
〔3〕 苑书义、孙华峰、李秉新主编：《张之洞全集》第 2 册，河北人民出版社 1998 年版，第 1267 页。
〔4〕 苑书义、孙华峰、李秉新主编：《张之洞全集》第 2 册，河北人民出版社 1998 年版，第 1266 页。
〔5〕 苑书义、孙华峰、李秉新主编：《张之洞全集》第 5 册，河北人民出版社 1998 年版，第 3436—3437 页。
〔6〕 苑书义、孙华峰、李秉新主编：《张之洞全集》第 5 册，河北人民出版社 1998 年版，第 3402 页。
〔7〕 苑书义、孙华峰、李秉新主编：《张之洞全集》第 5 册，河北人民出版社 1998 年版，第 3750 页。

9 月,张之洞改湖北铁政洋务局为湖北洋务局,将原来的四所改设为交涉、编译、铁路、矿务、实业、商税六科,“凡关铁路、铁厂及向来铁政之事”皆隶铁路科管理。[1]芦汉铁路由汉口通车至信阳以后,“楚、豫来往商货,多由火车行走,不经厘局,两省之厘金皆无从抽收”,湖广的厘金收入大受影响,张之洞又成立了铁路厘捐局,“并令税司于海关人员中选派一人,帮同委员监察,以通商情而免扞格”。他于 1902 年 9 月 26 日致电外务部,要求外务部照会各国公使,“切饬领事传谕洋商”,务缴纳税厘。[2]

为保护芦汉铁路建设的顺利进行,张之洞还在铁路沿线派驻兵力。1902 年 10 月,他视察芦汉铁路汉口至信阳段时,对沿线派驻的兵力比较满意:“湖北所派铁路两营沿途按段分扎,恪遵规矩,弹压认真,照常操练,洋工司甚为许可。”[3]在铁路建筑过程中,张之洞多次派兵弹压路工,至 1901 年还组建了铁路护营防守铁路。在义和团运动中,张之洞更是实力保护铁路,至 1900 年 6 月 12 日止,他“共派一营零一哨巡防铁路”,“计添制军装马匹,此四哨兵费八千余两,马步枪价弹价一万一千余两”,共花费 2 万两。他致电盛宣怀表白说:“鄙人于铁路可谓不遗余力矣,不审亦蒙鉴察否?”[4]7 月 26 日,张之洞又致电盛宣怀通报情况:“至敝处于保护铁路尤为实力,费财费心,无以复加。”他还很自豪地说:“汉口英、法、德、美、日各国领事,均深信敝处实力保护,见地方民情安静,均镇定如常。”[5]1904 年和 1906 年,河南先后两次出现民变风潮,张之洞亦派兵保护铁路,并要求河南地方官给予配合。[6]

芦汉铁路的起点在汉口,列强纷纷图谋在汉口铁路车站一带开辟或拓展租界,由此产生了一系列交涉。1899 年 1 月底,张之洞致电总署:“近日各国见汉口创办铁路,纷纷请设请增租界,无非欲贱价夺我华民基业,为将来图利起见。”[7]当时的问题主要是德国谋建租界铁路支线、日本与比利时要求设立租界和法国拓展租界等,张之洞负责这些交涉,在保证铁路用地最低限度的情况下,基本上满足了列强的要求。

张之洞的可贵之处还在于,从中国铁路建设起步之始就注意到对铁路人才的培养。他在甲午战前提出的关于芦汉铁路建设的 4 项准备工作(积款、采铁、炼铁、教工)中,所谓的“教工”,就是指进行铁路人才的培养。他在《遵旨

---

〔1〕 苑书义、孙华峰、李秉新主编:《张之洞全集》第 6 册,河北人民出版社 1998 年版,第 4251 页。
〔2〕 苑书义、孙华峰、李秉新主编:《张之洞全》第 11 册,河北人民出版社 1998 年版,第 8938 页。
〔3〕 苑书义、孙华峰、李秉新主编:《张之洞全集》第 2 册,河北人民出版社 1998 年版,第 1482 页。
〔4〕 苑书义、孙华峰、李秉新主编:《张之洞全集》第 10 册,河北人民出版社 1998 年版,第 7971 页。
〔5〕 苑书义、孙华峰、李秉新主编:《张之洞全集》第 10 册,河北人民出版社 1998 年版,第 8178 页。
〔6〕 苑书义、孙华峰、李秉新主编:《张之洞全集》第 11 册,河北人民出版社 1998 年版,第 9132、9478、9479 页。
〔7〕 苑书义、孙华峰、李秉新主编:《张之洞全集》第 9 册,河北人民出版社 1998 年版,第 7705 页。

筹办铁路谨陈管见折》中说:“目前宜即拣派曾经出洋学生一二十人,分赴铁路各国专习此艺,俟两年回华指授工匠,展转学习,则工作并可无需洋匠多人。”[1]他在1896年2月2日《创设陆军学堂及铁路学堂折》中又说:“中国方经营铁路,而人材缺乏,势必多用洋人,费且不赀,是非亟备人材不可。从前北洋亦经设有铁路学堂,其学业有成者,业经臣调用数人,惜为数不多,殊不敷用。今拟另延洋教习三人,招习学生九十人,别为铁路专门,附入陆军学堂,以资通贯,约计常年经费亦须二万数千两。”[2]2月7日,张之洞致电驻俄大使许景澄,请他在外国物色江南陆军铁路学堂的教习。[3]1906年6月,张之洞命就日本东京原有路矿学堂筹拨经费,改为湖北铁路学堂,酌定湖北学额60名,外省附学额20名,“专教铁路学识技艺,冀以养成铁路人才,备本省他时之用”,任命保送知府廖正华充湖北驻东铁路学堂提调。[4]所有这些都反映了张之洞对铁路人才培养所做的工作,也反映了他已经深刻认识到铁路人才培养对中国铁路建设进一步发展的重要性。

张之洞为芦汉铁路的建设做了大量细致、扎实的工作,但到1905年芦汉铁路建成时,他却谦虚地对盛宣怀说:“芦汉铁路,乃吾兄一人之功。”盛宣怀深知张之洞对他的荐引之恩及张之洞为芦汉铁路所付出的心血,他对张之洞说:“芦汉幸不辱命,何敢居功。公且示让,矧在下走!”[5]盛宣怀当算有自知之明,他对建成芦汉铁路固然功不可没,但张之洞之“督率兴作”之绩亦不可掩。芦汉铁路从最初议建到最终建成,都凝聚着张之洞的心智和不断努力,对此,治史者不可不察。

(原载《广西师范大学学报》2003年第4期,后收入陈锋、张笃勤主编《人文论丛》特辑《张之洞与武汉早期现代化》,中国社会科学出版社2004年版)

---

〔1〕 苑书义、孙华峰、李秉新主编:《张之洞全集》第1册,河北人民出版社1998年版,第711页。
〔2〕 苑书义、孙华峰、李秉新主编:《张之洞全集》第2册,河北人民出版社1998年版,第1090页。
〔3〕 苑书义、孙华峰、李秉新主编:《张之洞全集》第9册,河北人民出版社1998年版,第6872页。
〔4〕 苑书义、孙华峰、李秉新主编:《张之洞全集》第6册,河北人民出版社1998年版,第4377页。
〔5〕 苑书义、孙华峰、李秉新主编:《张之洞全集》第11册,河北人民出版社1998年版,第9393页。

严复铁道观研究

自1825年在英国出现第一条铁路以后，19世纪30—40年代，西方各主要资本主义国家先后开始兴建铁路，至60年代以后，在世界范围内掀起了铁路建设的热潮，各主要资本主义国家将绝大部分的钢产量和投资用于铁路建设，在第二次现代化浪潮时期，铁路建设成为各国现代化事业的中心任务。中国近代前期(指1919年以前)的先进思想家都毫无例外地对如何看待铁路、如何建设铁路进行过思考，严复亦是如此。但长期以来，对严复的铁道观无人进行深入、细致的研究。本文试图从严复的铁路功能观、铁路建设观等方面进行探讨，将严复的铁道观放到他的思想脉络中进行考察，并与资产阶级早期维新派、维新派的其他代表人物进行比较，以期加深对严复思想的认识，并以严复的铁道观为中心进一步了解资产阶级维新派对铁路的认识水平，敬祈学界前辈同仁惠予斧正。

一、严复的铁道功能观

要了解严复的铁道观，应该先从他的铁道功能观开始。

笔者将铁路的功能分为3个层次：根本功能、具体功能和基本功能。根本功能是指铁路建设与铁路运输从根本上改变了一个国家、民族或地区的社会政治、经济与文化的面貌，它是一个个具体功能综合作用的结果，或是由一个个具体功能整合而来的，没有铁路的一些具体功能的发挥，这种根本功能就体现不出来。但是，这些具体的功能是由基本功能衍生出来的。就铁路的根本功能而言，近代的先进人物均有较为接近的认识。在近代，自洋务运动发端至资产阶级民主革命兴起以前，洋务派、早期维新派和维新派代表人物，均将铁路建设作为中国谋求富强的重要途径，甚至孙中山在民国元年亦持类似的观点，认为中国欲图富强非建筑铁道不可，将铁路建设提高到事关民国政府生死存亡的高度。作为中国近代民族资产阶级启蒙思想家和著名的维新派代表人物的严复并不例外，他也有类似的观点。在1895年5月的《救亡决论》中，他认为铁路建设“乃中土真不容缓之图”，为中国“富强所基”，欲救中国贫弱，“非造铁道用机器不为功”。[1]在1902年3月的《路矿议》中，他又指

〔1〕 王栻主编：《严复集》第1册，中华书局1986年版，第48页。

出中国“必求富强,其要著发端,在开铁路”〔1〕。1904 年 4 月,严复在《读新译甄克思〈社会通诠〉》中对这种观点进行引申,认为:“故今日救贫之大经,用即地而求之,而其要在路矿。”〔2〕直到 1913 年,他在《救贫》一文中还说:“今欲猛省施功,使储能者呈为效实,其第一著下手,自以推广交通为不二之要图,交通又以铁路为最亟之营造。”〔3〕可以说,严复的这种观点是一以贯之的。他因此意识到铁路的建设将给中国社会带来深远的影响,他在翻译《原富》时断言“窃谓中土今日变局,将以中国铁路通达,为之大因”。为什么呢?他说:“由是产宏而民富,民富而文明之治以兴。”〔4〕他是以铁路的根本功能为依据而立论的。但稍加辨析,就不难发现,严复对铁路的根本功能的认识前后是有微妙变化的,也就是说,到后来,他理解的铁路建设根本功能的重心在于致“富”或所谓的“民富”,对于“强”的认识是很薄弱的。严复在《读新译甄克思〈社会通诠〉》一文中着重论证的一个重要议题就是:“吾之为路矿,将以富用路矿之吾民,非徒以富治路矿者也。”〔5〕将路矿视为“救贫之大经”的观点是以此为立论基点的。进一步分析严复对铁路具体功能的认识就可以更为清晰地理解这一点。

要了解严复对铁路的具体功能的认识,必须先了解他对基本功能的认识。在解释铁路的基本功能时,他说:“此其理无他,不过使市廛棣通,食货川流,克捷程期,省节运费。”〔6〕也就是说,铁路的基本功能就是运输快捷省费,有利于市场的开放与货物的流通。他将这个基本功能概括为一个字,即“通”。严复说:“理财之道,通之一言,足以蔽之矣。今之忧贫者,日求富国,而恶为其通。此何异医者日进填补之剂,而塞病人之二溲?如是而不杀人,未之有也。”〔7〕关于这个“通”,严复还有一个形象的比喻,他说:“盖铁路如人身之脉络,无脉络,则人身之气血不行,而枯瘘之疾至;无铁路,则邦国之利源不广,而贫弱之患兴。”〔8〕由这个基本功能衍生出一些具体的功能。严复还将铁路带来的利益分成所谓的直接利益和间接利益、可见之利和无形之利。所谓直接利益或可见之利可能是指铁路经营带来的收入,以及铁路经营而产生的赋税,而所谓的间接利益或无形之利则是由于铁路运输的方便而引发的各种社会变化,铁路的具体功能就是通过这些间接利益或无形之利而表现出

〔1〕 王栻主编:《严复集》第 1 册,中华书局 1986 年版,第 105 页。
〔2〕 王栻主编:《严复集》第 1 册,中华书局 1986 年版,第 149 页。
〔3〕 王栻主编:《严复集》第 2 册,中华书局 1986 年版,第 320 页。
〔4〕 王栻主编:《严复集》第 2 册,中华书局 1986 年版,第 104 页。
〔5〕 王栻主编:《严复集》第 1 册,中华书局 1986 年版,第 149 页。
〔6〕 王栻主编:《严复集》第 2 册,中华书局 1986 年版,第 104 页。
〔7〕 王栻主编:《严复集》第 4 册,中华书局 1986 年版,第 914 页。
〔8〕 王栻主编:《严复集》第 1 册,中华书局 1986 年版,第 105 页。

来的。应该说，严复更为看重的是间接利益或无形之利，认为“以言间接之利，实较直接者为愈宏”，指出虽然利用外资兴建铁路会“捐数十年赢息可见之利以畀外人”，但“国民享成”的“所谓无形之利，不可亿计”。[1]

铁路的建设将促进中国工农商三业的发展，从而改变中国的城市格局和经济地理面貌。这是铁路间接利益的最重要的表现。这是严复的一个主要观点。他说：“铁轨所经既定之后，工农商三业循轨绕驿而兴，不及十稔，而天下之都会形势重轻，遍地异矣。”严复对工业给予了特别的关注。严复所言“工农商”一词本身的词序即表明他对工业的重视。实现国家富强的核心是实现国家的工业化，而矿业特别是煤、铁矿业的发展在工业化进程中占有重要地位，严复认识到，煤、铁是近代工业最基本的燃料、原料，矿业的发展也将带动农、工、商三业的发展。因此，在严复的话语中，铁路对工、农、商三业的作用重点是矿业，特别是煤、铁矿业。他指出：“铁路开，则诸矿业至于一切制造树艺之事，将相随以自生，而又于国家无大费。”他对中国煤铁矿业的发展现状表示强烈的不满。在他看来，西方列强的煤铁业之所以得到发展就是因为铁路建设的速度较快，而中国煤铁业之所以发展缓慢就是因为没有铁路，他说：“虽然，支那，开化之国也。其民族非野蛮也，聪慧强力有余，所不能享天地自然之利者，无他，铁轨不施，销路不广。则虽发之，亦货弃于地故也。”由此看来，在严复关于铁路问题的话语中往往路矿并议是有其逻辑根据的。关于农商，在严复看来，由于铁路运输的方便，农业物产得到开发，流通四方，商业活动就会兴盛起来，农业和商业都会得到发展。严复说：“议者知务农矣，而又为闭关锁国之说，又于一切电报、铁轨、通商之事，皆深恶而痛绝之，不知使货出于地，而莫与为通。虽国家今筹甚巨之款，以备车牛、借子种、置屋庐于民，民今为之，不二三稔，其委之而去，又自若也。”又说：“盖吾国方物地产，极为繁殊，其在所出之土，往往贱若泥沙；稍为转移，无往非利。而乃货弃于地，使民人不得其养者，无他，转输沮滞，利不敌费故耳。而转输沮滞，则以无铁路，交通不便，为之大因。”[2]因此，通过铁路建设，将农产物品开发出来并流动起来是至关重要的，否则，农民“不得其养”，就不会从根本上将农民从事农业生产的积极性调动起来。随着商业的活跃，一些商业地段的地产有可能增值，地租可能增加，严复在分析铁路的间接之利时就顺便提到地产增值的问题。他认为，有了铁路，就会产生许多的“间接之利”，如：“往来之便，百货之通，地产之增值，前之弃于地而莫求者，乃今皆可以相易。”关于地租增加，在《原富》按语中，他涉及了这个问题。《原富》原文以伦敦为例论述了交通对于地租与农业的影响，“道成之后，近郊之租转增，即农业亦日益精进”。

---

[1] 王栻主编：《严复集》第2册，中华书局1986年版，第320页。
[2] 王栻主编：《严复集》第2册，中华书局1986年版，第320页。

严复对此发表意见说:“此事岂独于一国为然?六合之大,尽如此矣!”

经济发展为社会稳定提供了坚实的基础。铁路建设对于社会稳定的作用,严复也是有认识的。在《原富》按语中,他说:“彼斯密之世,汽舟铁路,犹未兴也。至于今,则何如?非洲之奥区,乌拉之荒服,致其所产,若在户庭。此则大宇之内,远近若一,庶几太平之见端矣。”为什么呢?严复分析说:“窃尝谓,圣人之所以开物成务,一言蔽之,事在均其不齐而已。……是故……汽电行,而地之远近均矣。……大抵至治之世,其民势均而才殊。势均所以泯其不平,才殊而后有分功之用。夫而后分各足而事相资,而民乃大和。继今以往,治道质而言之,如是而已。”〔1〕这里的所谓“民势均”可体现在两个方面:一是,物产流动起来,商业活跃了,就需要越来越多的传统运输工具为铁路集散客货,这样传统运输工具的从业者的生计就得到保证,严复从当时的关内外铁路看到这一点。二是,严复认为“铁路既通,陆榷必巨”,从而改变国家的赋税收入结构,并使得金融业走上正常发展的轨道。他说:“中国此时貣贷子钱亦重,此半坐民不相任,半坐立事方多。使继今以往,铁路宏开,遗利岁出,子钱之率,势必大增。”〔2〕至此或谓严复的观点是自相矛盾的。这种看法值得商榷,因为他对铁路功能的认识实际上是很辩证的。也就是说,他既看到了铁路对落后国家的积极作用,也看到了铁路对西方发达国家的已经初露端倪的消极作用。在1896年的《原强修订稿》中,他认识到,铁路等现代交通设施的建设可能会加剧社会的贫富差距,从而导致社会的“大乱”〔3〕。在《社会通诠》按语中,严复针对欧美社会对这个问题讲得更为透彻。〔4〕在严复看来,中国社会还没有出现“贫富之差数愈遥”的问题,与欧美所处的是两个不同的历史阶段,铁路建设依然是迫切需要的。

由上不难看出,严复关于铁路功能的话语重心在于经济之“富”,而对于政治、军事国防之“强”则所论甚少,对军事国防之“强”所论则尤少。这与孙中山后来兼论“富”、“强”形成了鲜明的对比。这与严复的整个思想重心是一致的。虽然他写过《原强》,并修改而有《原强修订稿》,但严复言“强”,很少牵涉到军事上的“强”。其“强”的标准是指民力、民智与民德方面。严复注意到铁路在这方面的作用。他说:“至于道通而民之动者日众,耳目所触,日以殊前,其智虑云为,不得不从之而亦变。此不待甚智之士而后能决也。”他甚至认为铁路建设对于开启民智的功效比兴建学堂还要神奇。他说:“民之耳目日新,斯旧习之专,思想之陋,将不期而自化,此虽县县为之学堂,其收效无此

〔1〕 王栻主编:《严复集》第4册,中华书局1986年版,第869—870页。
〔2〕 王栻主编:《严复集》第4册,中华书局1986年版,第875页。
〔3〕 王栻主编:《严复集》第1册,中华书局1986年版,第24页。
〔4〕 王栻主编:《严复集》第4册,中华书局1986年版,第986页。

神也。”当然,严复对军事国防之“强”没有完全漠视。他在阐述干路与支路的不同功能时,不仅提到铁路对加强国内政治联系的作用,而且也稍稍涉及了铁路的军事国防作用,他说:“中国所造铁轨,应分两宗。其第一宗商兵干路,为全国交通之经首。其所联络贯穿者,如京师及沿海沿江之都会。时平则为全国商途所辐辏,有事则为调发师旅所遄行。……盖各直省之工业待此而后进,商务待此而后兴,民生待此而后苏,而武备亦待此而后有,率然之势也。”

由于铁路有各种功能,能够最终导致国家的富强,所以,近代先进的政治家、思想家均将铁路建设作为向西方学习,进行政治改革、自强新政的重要内容。严复自是如此,他对如何进行中国的铁路建设做出了一系列设想性的制度安排。但是,在近代铁路建设起步之后,一条条铁路在广袤的国土上伸延,并没有带来预期的国富民强的喜人景象。这又引起了他的思考。铁路的功能能否得到充分体现,或者说,铁路建设的目的能否顺利达到,不仅仅是铁路自身的问题。严复对铁路的认识水平没有停留在对各种功能的具体阐发和对中国铁路建设问题的思考上。他深刻地指出,铁路建设仅是政治改革的内容之一,也只是谋求富强的途径之一。他说,中国向西方学习,进行变法,在甲午战前即已开始,“海禁大开以还,所兴发者亦不少矣:译署,一也;同文馆,二也;船政,三也;出洋肄业局,四也;轮船招商,五也;制造,六也;海军,七也;海署,八也;洋操,九也;学堂,十也;出使,十一也;矿务,十二也;电邮,十三也;铁路,十四也。拉杂数之,盖不止一二十事。”他提出疑问:“此中大半,皆西洋以富以强之基,而自吾人行之,则淮橘为枳,若存若亡,不能实收其效者,则又何也?”[1]因此,要使铁路的功能得到充分发挥,要使政治改革即当时的维新变法取得成功,还有更重要的甚至是更为根本的内容。在严复看来,这些更重要的或更为根本的东西,有哪些呢?概括起来约有三端:一是民力、民智、民德的问题。虽然铁路对解决这个问题有一定的功能,但是,铁路建设等“富强之政”要真正具有“富强之效”,这个问题还必须通过多种途径加以更好地解决。严复认为要使“富强之政”达到“富强之效”,就必须保证政令畅通;而要保证政令畅通,就必须“鼓民力,开民智,新民德”,因此这三者构成了所谓的“今日要政”。[2]二是教育的问题。以西学为内容的教育是鼓民力、开民智、新民德的重要途径。这也是影响铁路功能发挥的重要因素,1905 年,严复因开平煤矿讼事赴伦敦,据记载,他曾与孙中山会面,在会谈中严复表示:“中国民品之劣,民智之卑,即有改革,害之除于甲者,将见于乙,泯于丙者,将发

〔1〕 王栻主编:《严复集》第 1 册,中华书局 1986 年版,第 26 页。
〔2〕 王栻主编:《严复集》第 1 册,中华书局 1986 年版,第 26—27 页。

之于丁,为今之计,惟急从教育上着手,庶几逐渐更新乎!"[1]1906年,他在上海商部高等实业学校演说时甚至说:"然则中国今日自救之术,固当以实业教育为最急之务。何则?惟此乃有救贫之实功,而国之利源,乃有以日开,而人人有自食其力之能事。"[2]三是改革的配套问题。这其实是一个最根本的问题。在1898年1月的《拟上皇帝书》中,严复指出:"迩岁以来,朝野之间,其言变法以图自强者,亦不少矣。或云固圉为急矣,则请练陆营而更立海军;或云理财最要矣,则请造铁路、开各矿而设官银号;又以事事雇用洋人之不便也,则议广开学馆以培植人才。大抵皆务增其新,而未尝一言变旧。夫国家岁入之度支有限,而新政之日增无穷,新旧并存,理自竭蹶。臣闻为政之道,除旧布新,相因为用者也。"[3]在严复看来,只有铁路建设等自强新政是不够的,还需要"布新"与"除旧"紧密结合起来,在某种程度上"除旧"更为重要。而铁路建设的开展客观上也要求实行一系列的维新变法举措,否则,不但铁路建设的目的达不到,而且还会出现更为严重的政治危机。他在《原富》按语中也说:"及今闲暇,不早为之计,至其时犹欲循旧为治,强方凿而函员枘(柄),其不大乱而败者,不其寡欤?铁轨既不能不开,则变法之事不期自至,智者先事以为防,则无往而不福,暗者时至而不及为,将终蒙其大殃。天不为不裘者不寒,地不为不舟者不水,惠吉逆凶,如是而已。法之变不变,岂吾人之所能为哉?"[4]在严复的思想意识中,铁路建设对资产阶级变法维新还具有一定的推动作用。

二、严复的铁道建设观

从前面的分析不难看出,在严复看来,无论是从铁路的积极功能,还是从其消极功能来看,中西之间的差距在某种程度上即在于铁路建设速度的快慢。而西方各国铁路建设的速度迅猛异常,中国的铁路建设步履维艰却是不争的事实。在这样的情况下,他不同意民族主义者要求自办铁路、自开矿山的所谓"文明之排外"的主张,认为中国自办铁路,自开矿山,恐怕在50年内都无进展,而在这50年中,万一"强权用事",中国就可能沦为与"南非之特兰斯哇尔,南洋之斐律宾"及"今日之辽沈"同样的境地。严复的这种言论对当时正在兴起的保护利权运动和资产阶级革命派的民族主义思潮有一些消极影响,但他对中国铁路建设缓慢进程的忧患意识是值得肯定的。既要加快铁路

---

〔1〕 黄克武:《自由的所以然——严复对约翰弥尔自由思想的认识与批判》,上海书店出版社2000年版,第37页。

〔2〕 王栻主编:《严复集》第1册,中华书局1986年版,第204页。

〔3〕 王栻主编:《严复集》第1册,中华书局1986年版,第68—69页。

〔4〕 王栻主编:《严复集》第4册,中华书局1986年版,第882—883页。

建设进程，又要保护中国铁路利权，严复的思考是不深入的，在这一点上，梁启超睿智的思维对此给予了较好的回答（后文还要涉及这个问题）。严复的思考主要集中在如何加快中国铁路建设的问题上。因此，要深入了解严复的铁道观，还必须探讨他的铁路建设观。

1901 年，严复应张翼之邀，到天津总办开平煤矿。这年清政府将总理衙门改设为外务部，原成立于 1898 年 8 月的矿务铁路总局撤销，矿务铁路事宜划归外务部考工司管辖。1902 年，清政府"上谕令路矿仍应设局专办"，任命瞿鸿禨、王文韶为督办矿务铁路大臣，派张翼为总办矿务铁路大臣，"专理其事"。瞿鸿禨等人遵旨在西堂子胡同重设路矿总局，"置提调、翻译、文案、收支、司帐及供事等数十员，分司事务"[1]。严复当时参与其事，作为张翼的倚信之人，在矿路总局重设之前，他曾撰写《路矿议》一文发表在《外交报》上，为张翼出谋划策。1902 年 8 月 11 日，严复寄函熊季廉说，"复迩者身兼三差，然于公事无丝毫禆益"，所谓"身兼三差"当指他当时在开平矿务局、京师大学堂译书局、矿路总局三处任职。他还说："矿路局虽经诏设，而外务部则以侵其权利而奇龁之，故自四月至今无事可办。"[2]这说明他对矿路局的情况是不满意的。从后文对《路矿议》一文的分析和评介中，可以看出，瞿鸿禨等人并没有采纳严复的献策。《路矿议》是严复专门论述路矿的政论性文章，通过研究这篇文章，并结合对他的其他著作的分析，我们可以清晰地了解他思考中国铁路建设问题的基本思路是：从推出自己的理念、原则到体现理念、原则的政策法规的制度安排，再到确保政策法规得到执行的官制设计。

严复关于铁路建设问题的一个最基本观点就是认为铁路"必以商办为正宗"。为什么？他说："若以官办，抑以官督商办，皆将文例拘牵，断行抵滞，而度支烦费，又复不訾。"在《原富》按语中，他对此又做了分析，指出："国功为一群之公利，凡可以听民自为者，其道莫善于无扰。此不独中土先圣所雅言，而亦近世计家所切诫。……譬如英国，若垦田，若通道，至漕渠铁轨，大抵皆公司之所为；而至各国，则官办，若官为先导矣。然此必至不得已而后为之。攘臂奋肊，常以官督商办为要图者，于此国财未有不病者也。"[3]他又说："英人最憎辜榷（即垄断），故国中铁轨，亦听分行。"[4]甄克思在《社会通诠》中说："古之驿递，……所传者皆王国之事也，乃至于今，有铁轨汽车之盛制。然其物主以民，而不主以国者，于欧独吾英耳。至于大陆，管其政者国家也，此其

[1] （国民政府）交通部、铁道部交通史编纂委员会编：《交通史路政编》第 1 册，（国民政府）交通部、铁道部交通史编纂委员会 1935 年版，第 93 页。

[2] 中国社会科学院近代史研究所近代史资料编辑部编：《近代史资料》总第 104 号，中国社会科学出版社 2002 年版，第 55 页。

[3] 王栻主编：《严复集》第 4 册，中华书局 1986 年版，第 902 页。

[4] 王栻主编：《严复集》第 4 册，中华书局 1986 年版，第 856 页。

为军政而重之,无疑义尔,终之则有电邮之设。所谓海线旱线者,无虑皆主于国家,犹此志也。”严复在翻译时加按语说:“铁轨电报,国与公司孰主而利,此计学家所至今聚讼者。而邮政电报所以宜主以国家之故,以其事之宜一而不宜分,又有赋税出于其中,故以国便,不仅其物之关于军政也。”[1]由此看来,严复的商办铁路的立场似乎是相当鲜明的。在严复的思想中,他把西方的垄断、国有与专利等问题混为一谈,这是不科学的。他在《原富》按语中说,“辜榷专利之事,为斯密氏所深恶。诚哉,其足恶也。然而有时以通国公利而论,专之愈于不专。此如创机著书诸事,家国例许专利,非不知专例之致不平也。然不专利,则无以奖劝激厉,人莫之为,而国家所失滋多,故宁许之。至邮政电报诸事,其利宜专以国家,尝有大益于赋税,不可一概而论也。”[2]

既然主张商办,那么,洋股也是允许的。他说:“故中国之办路矿,法当任公司之商业,而股份则杂华洋而兼收之。”为什么允许洋股参与商办铁路?他对此解释说:“如是,则不独邱山之母财,有所从出,而办法亦可以期成。”对此,他做了进一步分析:“夫谓中国之路矿,宜中国所自为,此其言似也。顾居今之日,不独势有不能,即使能之,亦未必为中国利也。何以言之?中国业路矿者,工师无多,而其人之阅历尤浅,则所为审曲面势,欲无滥费,亦无堕功,使路矿一切之政,在在皆协于无弊者,殆非今中国人之所能也。且国中殷实商民,其情皆疑而不任,必不肯出莫大之母财,企不可知之后利。故其集股也,法必以洋商之成本倡其先,而后国中商民信之,其股份乃可以踵至,此必然之理势也。夫谓母财出自外人,而彼为之指挥,则其利将在彼。此其说固然,然不知彼外人固利矣,而中国之利乃更大也。”在严复看来,由于中国没有铁路建设的人才,中国商民一方面没有铁路建设的经济实力,另一方面也不愿承担投资铁路建设的风险,因此,利用洋股对于加快铁路建设是有意义的。关于允许洋股参与商办铁路的原因,严复在 1904 年《读新译甄克思〈社会通诠〉》中又进行了更为深入的分析,他认为,中国“无母财”投入铁路建设,而且中国人对铁路建设“不习其事”,纯粹的华商商办模式中商人无权。严复得出结论说:“是故以前三者之为梗,而中国自为路矿之说,终空言而莫能行。路矿既莫能行,则中国之救贫为无术。救贫无术,则一切进化求治求富强之事皆废。”在严复的话语中,所谓的“外资”实际是指“洋股”,他对“洋债”是反对的,对清政府举借洋债建筑铁路而丧失利权,他曾有过批评。[3]

商办铁路,并不意味着铁路建设与国家或政府无关。国家或政府对铁路建设与铁路运输负有统一管理和监察的职能,特别是在允许洋股参与商办铁

---

〔1〕 王栻主编:《严复集》第 4 册,中华书局 1986 年版,第 929 页。
〔2〕 王栻主编:《严复集》第 4 册,中华书局 1986 年版,第 887 页。
〔3〕 王栻主编:《严复集》第 4 册,中华书局 1986 年版,第 920 页。

路的情况下,国家或政府的这种职能如何行使到位、行使适度,就显得更为重要。这是严复思考的一个重点问题,也是他为清政府矿路总局专任大臣张翼献策的重点。国家或政府要正确行使职能,首先要处理好政府与商办公司的关系,对此严复提出了"交相利"的基本原则,他说:"凡路矿大功,以国之不能尽举也,则畀其兴作之权利于公司。故公司与国,有交相利之道焉。公司图其事功,而国家为之保护,则相引弥长,而自然之利愈出。"这种基本原则的精神应该体现在政府的铁路政策法规中。政策法规是政府行使职能的依据,政府的职能也是通过实施铁路的政策法规来体现的。当时的铁路主管机关是矿务铁路总局,从"交相利"的基本原则出发,在商办铁路政策的前提下,严复对矿路总局如何制定具体的铁路政策法规又提出了 3 项引申的原则:第一,宽大的原则。所谓"宽大",就是对中外商民一视同仁,这个原则的底线是既"俾民自由",又"保持中国固有主权"。第二,察异的原则。所谓"察异",就是根据"诸路各矿"的实际情况确定税收的不同标准及最高限额。察异的原则还体现在区别干路与支路的不同,实现不同的政策,干路可以由国家举债,"而以其营造委之经商公司",支路则"当任商民之自为"。第三,试验的原则。由于铁路建设的经费来之不易,各省的情况也不同,有必要先从直隶进行试验,"俟其既验",可在各省徐图推广。先试验后推广是一种审慎的原则。

除了这些原则之外,严复还就铁路建设的每个环节提出了很有价值的符合以上原则的建议。在铁路建设进入实际操作阶段以后,这样的建议尤其显得珍贵。铁路建设进入实际操作阶段首要解决的一个问题就是先建什么路?张之洞等洋务派代表主张"首建干路"。严复对此有相同的看法,认为"宜先注全力于干路","干路乃国家公产,其营造不宜稽延"。他只是提出原则性的看法,至于先修何条干路,严复没有提出具体的意见。这个问题解决后,即进入具体环节的运作。关于勘路的问题,他主张权力下放到地方州县官。关于商民申请承办铁路,他要求防范奸商。关于铁路工程建设的材料,他主张用中国自产的。

政府要很好地处理与商办公司的关系,有效地行使自己的职能,就必须有很完善的官制设置。严复认为官制设置的原则应该是"执简驭繁",而从路矿总局来看,最宜设置的就是所谓的"洋参议",具体官制应设置如下:督办铁路大臣为最高长官,"除设华参议以主文牍簿书外,应置洋参议一员,为之助理。其各省之路矿事宜,则以藩司为总理,而各州县皆有分任路矿之权责"。矿路总局内则"应分设矿务、铁路两大司,以总天下之路矿"。这两司各设总办 1 人、副总办 2 人。铁路司副总办 2 人分任"营造"和"转运"二事,营造副总办"主测量营造之政,而置正工程师,以察国家之干路,副工程师,以察各处之支路";而转运副总办"主转运委输之政,而有干路之正监运、支路之副监运,以为其耳目"。除矿务、铁路两司外,总局还应设置专门的全国铁路的协调机构，严复称为“天下铁轨会议处”。为了矿路总局更好地工作，严复还为张翼设想而制定了《路矿总局办理庶务章程》。

由上所述可以看出，商办政策是严复铁路建设思想的重心，但细绎其整个制度安排的灵魂，乃是一种官督商办的政策，尽管他有过反对官督商办的议论。严复所设想的对干路的具体运作模式是：“其造路所需成本，由总局所准之公司为之招集。其数由于豫估，而公司有总局所派总办以监理之。……而总局所设之参议工师，职在校勘图说，查验工程，期所造之路功，坚完而无糜费。路行之后，其岁入之利，皆归于公家，而另提成股以为公司之工费。全局办理，皆主于路矿大臣。表开行之时刻，定人货之票价，皆取决焉。”如此运作，商办公司还有多少自主权呢？从严复设想的《路矿总局办理庶务章程》来看，其规定的“探察路矿之政”与“呈请领办之政”程序似乎没有问题，关键在于“领办铁路之政”的规定。对于干路，除前述设想外，又规定路矿大臣对干路“有督率监察之全权，并派正工程师以经理之。其路开之后，所有办理转运之员，亦公司所分派，而总局则置总监运，以督率指挥之”。此外，还规定干路的收入“皆归于国家。所首先开除者，养路修葺之经费及每年所应摊还之本息。所余之款，以其二成五为公司之酬劳”。而对支路虽然名义上是更为开放的商办政策，但支路公司的自主权也不多，“总局派所设之支路副工程师，为之视察其工，综核其费用之帐目”。严复对支路经营收入的分配也有不切实际的设想：“铁路开行一年后，综其岁入之全利，每里按提一千两，以为养修葺之经费。于所余，取其什一为国家本路之额征。而股本未经摊还者，以七分为之岁息。此外盈余，作为百分，以十五分为本省之路捐，以二十五分为本路之公积，以十分摊还之成本，而五十分为领办公司之净赢。”除此之外，凡领办之干路公司和支路公司还要缴纳所谓的压约银，规定：“当订约签押之日，领办公司须依所造铁轨之长短，每里存银百两，以为信守条约之质，号压约银。其银于约期满届之日，或全还，或不全还，临时另议。”这无疑增加了公司的建设成本。

不仅严复的商办政策不是彻底的商办政策，而且这种官督商办的政策还是有期限的，也就是说，由于严复也意识到铁路的消极功能，他认为铁路国有政策是一种发展的趋势。他认为，干路按照他设想的模式不断运作，“如是而五十年，将全国之干路，尽属于国家，而无事于价购，故曰最善之法也”。严复拟议的《路矿总局办理庶务章程》规定：干路“至五十年之期，所摊还之本息已尽，则领办之约期亦满，公司之人员，应悉罢退。嗣后本路之产业利益，悉与该公司无干。”支路呢？亦是“届五十年，国家坐而收之，有不足者，则为具价”。他的具体设想则是：“五十年期满，国家于公司所成之铁轨车辆，及一切属于本路者，得具价购收之。其价届时公集议定，但不得逾所未摊还成本之数目。约期未满之先，公司常有售卖本路之权利，但须预向总局陈明情节，并言所以愿售之故。而国家有尽先购收各路之利益。”

严复对他的以上设想感到比较满意，他说：“如此，则一国之干支诸路，其纲维皆汇于总局，而国家无难筹不訾之经费；且于天下之铁轨，可时止而徐收之。此时一路方通，国家辄增一岁入之经款；而领办营造之商会，各得自由，通国之民业，又不期而自进，此诚上下交相益之道也。”也就是说，严复认为他的制度安排既体现了“上下交相益”或“交相利”的基本原则，有利于矿路总局对全国铁路的管理，又体现了铁道国有化的历史发展趋势，还有可能充分实现铁路的各种功能。

三、对严复铁道观的评析

要深入地理解严复的铁道观，必须结合他的整个思想体系及其思想脉络进行考察。黄克武先生认为严复的思想具有三个特点：“一、对国家富强的追求；二、肯定自由、民主与资本主义，但拒绝金耀基所说的‘西方的自由主义’；三、对于改革所采取调适性、重视实际的策略，构成了具有高度整合性的政治理论或政治哲学。”〔1〕“严复理想中的经济体制是资本主义式的自由市场，这样的看法与他肯定自由民主的政治体制是相互配合的。”〔2〕他的铁路功能观看到了铁路对国家富强的作用，但是到后来，他的话语重心转向了对铁路“富”国“富”民作用的分析。这样的转向与他整个思想的转向是密切相关的。“1903、1904 年时严复的思想已与革命党人的看法明显地分道扬镳”。当时的资产阶级革命派揭橥民族主义的大旗，严复对此表示坚决反对，认为中国铁路建设刻不容缓。因为铁路建设具有富国富民的根本功能，而中国最根本的问题就是一个“贫”字，在 1904 年的《读新译甄克思〈社会通诠〉》一文中他说：“为今日吾中国之大患者，其惟贫乎！”认为，“故居今而言救国，在首祛此贫。惟能疗贫，而后有强之可议也，而后于民力、民智、民德可徐及也。”〔3〕他并指出：“而当前之厄，实莫亟于救贫。救贫无无弊之术，择祸取轻，徐图补苴之术可耳。彼徒执民族主义，而昌言排外者，断断乎不足以救亡也。”〔4〕在此，他改变了此前“贫必非中国之患”的观点。严复的这种思想转向是与他对改革所采取的调适性策略非常契合的。明乎此，我们对严复铁道功能观的微妙变化就能够理解了。

严复提出的商办铁路思想符合他的资本主义式的自由市场的经济体制

〔1〕 黄克武：《自由的所以然——严复对约翰弥尔自由思想的认识与批判》，上海书店出版社 2000 年版，第 271 页。

〔2〕 黄克武：《自由的所以然——严复对约翰弥尔自由思想的认识与批判》，上海书店出版社 2000 年版，第 229 页。

〔3〕 王栻主编：《严复集》第 1 册，中华书局 1986 年版，第 148—149 页。

〔4〕 王栻主编：《严复集》第 1 册，中华书局 1986 年版，第 151 页。

的构想。严复的理想经济体制的构想是以"开明自营"的观念为基础的。所谓"开明自营",即所谓"明两利为真利"的观念。他在《原富》"彼所谓利本国者,非真利也……盖真利者公利,公私固不两立也"一段之下有如下的案语:"案斯密此论,实能窥天道之全。盖未有不自损而能损人者,亦未有徒益人而无益于己者,此人道绝大公例也……嗟乎!使公而后利之例不行,则人类灭久,而天演终于至治之说,举无当矣。斯密氏之论,岂止为商务一端发哉!"事实确乎如此,严复在论述"商民公司"与政府或国家的关系时所提出的"交相利"或"上下交相益"的原则就体现了这样的观念,由此而引申出来制定铁路政策法规的"宽大"的原则、"察异"的原则也非常鲜明地体现了自由资本主义的经济思想。可以说,商办铁路政策是淹没在严复恣意汪洋的文字里的理想的铁路政策。值得一提的是,同样是主张商办铁路的梁启超在对待洋股和洋债的问题上与严复的态度截然不同。梁启超对利用外资进行了较为全面的思考,他的可贵之处是既看到了利用外资的危害性,又论证了利用外资的必要性,经过理性的分析,他的结论是:"毋用洋股,宁用洋债;毋用商借,宁用官借。而债权与事权之所属,必厘而二之,如是则可以用外资。"〔1〕两位奉亚当·斯密自由主义经济思想为圭臬的思想巨人在这个问题上的不同说明了什么问题呢?严复与梁启超都注意到对洋股的防范。但梁启超的立论依据是当时中国没有一部完善的商律,而严复的献策意味着自己已经提供了比较完善的防范措施,故而一个反对洋股,一个允许洋股。梁启超认为:"夫使我国果有完备之商律,正定公司股东及责任员之权利义务,而倡办者复有组织公司之常识与其实力(即资本),然后外人有欲与股者,听其乐附,由此所谓华洋合股之一办法,夫宁非最可欢迎者耶?"〔2〕因此,就思想实质来看,严复与梁启超又是一致的,即认为:在中国有完善的商律保证之下,洋股是可以参与建筑铁路的。但是,严复所创议的铁路建设的制度安排却是官督商办的政策,这从《路矿议》后所附《路矿总局庶务办理章程》可以充分反映出来,即便从《路矿议》正文的字里行间也不难获致这种信息。口号上的、学理上的、理想中的商办政策与骨子里的、可以实际操作的官督商办的制度安排就形成了矛盾。作为一篇政论性文章公开发表,他张扬的是学理的和理想的东西,商办是严复理想中认为应该实行的铁路政策。严复的理想反映了民族资产阶级要求商办铁路的基本呼声。但是,他为矿路总局专任大臣献策,又必须更多地考虑可操作性的东西,必须更多地注重实际,这也是他对于改革的策略之一,因此,他做出官督商办铁路的制度安排就是这种策略的产物,也就是说,严复的铁路建设观的矛盾性反映了其强烈的献策色彩。无论是商办政

〔1〕 梁启超:《饮冰室合集》文集之十六,中华书局1989年版,第95页。
〔2〕 梁启超:《饮冰室合集》文集之十六,中华书局1989年版,第94页。

策，还是官督商办政策，都服从于国家主义的富强目标，严复看到了铁路国有政策的发展趋势，要求50年以后将所有干路和支路收归国有。可操作性的务实的东西又找到了理想的归宿。一些资产阶级维新派思想家如马建忠、陈炽、梁启超等都看到了铁路国有的趋势，这表明民族资产阶级追求国家富强的国家主义目标是一致的。明乎此，就能把握严复铁路建设思想的真谛。

要对严复铁道观的认识水平有一个更为深入的了解，还必须将他的铁道观与其他资产阶级维新派代表人物的思想观点进行比较分析。康有为铁道观的特点在于他对铁路建设的筹款问题进行过较多的思考，以及后期他对铁路交通与政治制度之间相互关系的见解；梁启超铁道观的特点在于对帝国主义掠夺中国铁路利权的现实表现出强烈的关注，并就近代铁路建设中的洋债等问题进行了理性思考；而谭嗣同铁道观的特色则在于为抵制西方列强对中国路权的掠夺而提出的欧亚大铁路和南北纵贯线的铁路线布局的战略性构想。相比较而言，严复铁道观的特点在于对铁路功能的见解与有关商办铁路的构想，尽管其制度安排是官督商办的，但他对商办铁路政策原则的思考是很有价值的。他们的共性在于对铁路建设在整个政治改革中的地位都有一定的认识，但严复的认识不够深入。在《报贝元征》这封信中，谭嗣同认为轮船、电线、火车等，"凡此皆洋务之枝叶，非其根本"[1]。应该说，谭嗣同的这个认识比严复更进了一步。康有为于1898年6月17日在代宋伯鲁拟的《请讲明国是正定方针折》中对自己的观点有了调整，他认为中国虽然有了电线铁路等，进行了所谓的"变法"，但"国是未变，议论未变，人才未变"，而这"三者不变而能变法者，无之"。[2]在6月19日的《敬谢天恩并统筹全局折》中，他又提出了要变法就必须"统筹全局"的观点[3]，并明确指出："今天下之言变者，曰铁路、曰矿务、曰学堂、曰商务，非不然也。然若是者，变事而已，非变法也。"[4]从总体上而言，康有为的这个看法带有变法的策略性，但其思想深度又较严复为强。梁启超曾致函严复，对此表明看法。梁启超说："变法之难，先生所谓'一思变甲，即须变乙，至欲变乙，又须变丙，数语尽之，启超于此义，亦颇深知。然笔舌之间，无可如何，故诸论所言，亦恒自解脱。当其论此事也，每云必此事先办，然后他事可办。及其论彼事也，又云必彼事先办，然后余事可办。比而观之，固已矛盾。而其实互为先后，迭相循环，百举毕兴，而后一业可就。"[5]应该说，康、梁、谭的认识都较严高一些。之所以出现这样

---

〔1〕 蔡尚思、方行编：《谭嗣同全集》，中华书局1981年版，第202页。
〔2〕 汤志钧编：《康有为政论集》上册，中华书局1981年版，第261页。
〔3〕 汤志钧编：《康有为政论集》上册，中华书局1981年版，第276页。
〔4〕 汤志钧编：《康有为政论集》上册，中华书局1981年版，第277页。
〔5〕 王栻主编：《严复集》第5册，中华书局1986年版，第1567—1568页。

的情况，与严复置身于维新变法的政治活动之外有一定的关系。

尽管严复的一些政论性文章是迫于民族危机的救亡之作，意识到所谓的“强权用事”对中国铁路利权的不利影响，但总体而言，在严复的铁道观中缺乏对帝国主义列强掠夺中国铁路利权认识的内容。梁启超对此则给予了特别的关注，他所写的有关铁路方面的文章均针对这个问题进行阐发，如《瓜分危言》、《亡羊录》（内有《记芦汉铁路》篇）、《灭国新法》、《张恰铁路问题》、《锦爱铁路问题》、《满洲铁路中立问题》、《为川汉铁路事敬告全蜀父老》、《论边防铁路》等文都涉及这个问题。他在《瓜分危言》中犀利地提出铁路为列强在我国“割地之快刀”的观点。[1]即令在康有为、谭嗣同的铁道观中也有这方面的内容。为什么严复对西方列强对中国铁路利权的掠夺缺乏认识呢？这在一定程度上，与严复的社会进化论有关。他接受了甄克思《社会通诠》的观点，认为人类社会由低级到高级可分为图腾社会、宗法社会与军国社会三个阶段，[2]指出：“吾人因之而得社会天演深浅之粗分。浅者不离宗法，深者已离宗法。此历史之一公例也。”[3]而近代中国正处于由宗法社会向军国社会过渡的阶段，中国社会进步的阻力来自于宗法之旧。而要去除这样的阻力就必须鼓民力，开民智，新民德。严复认为民力、民智、民德是国家富强的根本，他曾写信给梁启超说，当初撰写《原强》，“意欲本之格致新理，溯源竟委，发明富强之事，造端于民，以智、德、力三者为之根本，三者诚盛，则富强之效不为而成；三者诚衰，则虽以命世之才，刻意治标，终亦隳废。”[4]他看到了铁路在这方面的神奇功效，因此希望在自己设想的政治经济体制下多建铁路、快建铁路，而没有着力分析在中国近代特殊的历史条件下，由西方列强建筑的铁路会有什么害处，他没有梁启超那样切中要害的看法。既然如此，严复就不会把过多的目光投向西方列强争夺中国铁路利权的现实。也许严复无意于用过多的笔墨来描述这样的现实，因为这个众所周知的事实已经成为他以天演论警醒世人的立论的基点。

严复对铁路功能的认识有其独到之处，由前期的“富”“强”兼论到后来转向专论“富”，对“强”所论较少，这与他对“强”的理解有关。他看到了铁路功能的发挥与铁路建设的成效受到多方面因素的制约，但相比较而言，他对这个问题的认识不及谭嗣同、康有为与梁启超深刻。他的铁路建设观分两个层面，一个层面是理想的，他主张完全彻底的商办政策，并允许洋股，这一方面是其自由主义经济体制理想的必然要求，另一方面亦企望依靠洋股加快中国

---

〔1〕 梁启超：《饮冰室合集》文集之四，中华书局 1989 年版，第 31—32 页。

〔2〕 王栻主编：《严复集》第 5 册，中华书局 1986 年版，第 1245 页。

〔3〕 王栻主编：《严复集》第 5 页，中华书局 1986 年版，第 1262 页。

〔4〕 王栻主编：《严复集》第 3 册，中华书局 1986 年版，第 514 页。

铁路建设进程,在某种程度上反映了中国民族资产阶级经济实力的薄弱和由此而来的软弱性,就思想实质来看,严复和梁启超的观点是一致的;另一层面是务实的,出于献策的需要,在他设想的制度安排中,又是官督商办的运作模式,由于追求国家主义的富强目标,因此,在实际的官督商办的模式中又蕴含着国有的铁路发展趋势。这一趋势是许多的资产阶级维新思想家都看到的。总的说来,严复的铁道观基本上代表了资产阶级维新派对铁路的认识水平,但又有其自身的特点,在中国近代铁路建设思想史上应占有一定的地位。

(《严复铁道观研究》部分内容以《严复铁路思想初探》为题发表于黄瑞霖主编的严复诞辰150周年纪念文集《中国近代启蒙思想家》,方志出版社2003年版。此次收入自选集为原文)

一个言官的尴尬

——赵炳麟的铁路建设思想与实践

赵炳麟(1873－1927),字竺垣,号柏岩、竹园,别号养真子、清空居士,今广西全州县绍水镇乐家源人。1895 年中进士,授编修,1906 年授御史,历掌福建、江南、京畿各道,1907 年与赵启霖就“杨翠喜案”弹劾庆亲王奕劻父子,1908 年又上折弹劾袁世凯,因此,他和御史江春霖、赵启霖一起被时人称为“三霖(菱)公司”,在赵启霖、江春霖相继被逼离御史台之后,赵炳麟成了奕劻和袁世凯等人的眼中钉。后来广西桂全铁路的筹建陷入困境之中,奕劻等人设法让广西巡抚沈秉堃会同两广总督张鸣岐于 1911 年 4 月奏调赵炳麟回籍督办桂全铁路,试图使他离开言官的位置。

一、赵炳麟的铁路建设思想

赵炳麟对近代中国的铁路建设是相当关注的,曾对西北、西南地区的铁路建设提出过较有针对性的主张,这些主张鲜明地反映了近代中国铁路建设的时代特征。

他的铁路建设思想的核心内容之一就是将铁路筹建与加强边防建设紧密联系起来,这反映了近代中国作为半殖民地国家进行铁路建设的历史特征,也充分反映了他的爱国主义思想。1906 年,他在《论陕甘路政疏》中,一开始就阐明铁路建设在军事国防上的作用:“窃惟中国自京汉铁路告竣,各省官绅皆晓然利害所关,亟亟以筹款修路为先务。近年以来,如粤汉、如川汉、如江皖浙闽、如晋豫齐鲁,莫不争先恐后同时并举,诚以列强环伺,交相觊觎,通商旅而图保卫,不得不为先发制人之计也。”[1]他并指出奏陈陕甘路政的目的就是为了“慎固边防,预防隐患”[2],对此,他在奏折中详细论述道:“夫铁路之有益地方,夫人而知,而由陕甘至新疆,则所关尤巨。查俄人拓地方略为环球所共见,西毕利亚铁路直接伊犁边界。现既失志于东,难保不求逞于西。自甘饷裁节以来,新伊边备空虚,一旦西陲告警,彼则电掣风驰可以朝发夕

〔1〕 赵炳麟:《赵柏岩集》(二),(台)文海出版社 1969 年影印版,第 947 页。
〔2〕 赵炳麟:《赵柏岩集》(二),(台)文海出版社 1969 年影印版,第 949 页。

至,我则征兵筹饷必需累月经旬,数千里土地人民何堪设想?是他省铁路仅可通财,而陕甘新伊之铁路并可以御侮;他省铁路不过为行旅图便捷,而陕甘新伊之铁路并能为边徼固藩篱,尤当急筹修筑不可稍缓须臾者也。"[1]广西边防在西南边防中占有重要地位,在1906年的《请缓解广西新案赔款疏》中,赵炳麟对此论述得相当透彻。他说:"若广西无以自保,我失藩蔽,人据建瓴,西南全局岌岌可危,故朝廷之保广西,所以固西南门户也,而保广西之法,不外振兴实业、推广教育。"[2]因此,对于广西铁路的筹建,他就更加注意到加强边防建设的作用。他对广西边防怀有深深的忧虑,在同年的《请拨实官捐溢额数目充广西路款疏》中说:"现虽大股粗平,而流民失业百倍昔时;劫抢之案层见叠出,若不及早维持,臣恐边患未已,西南门户将洞开也。"[3]他在分析了广西内地民生艰难的窘状后,进一步揭示广西边患的严重性:"内地生计之艰如此,而法人窥伺于其侧者又日迫一日,彼国国会提议由国家筹有巨款,谋通越滇铁道,夺我路权,取我矿产,有公举商人沙泰仑等来华运动之说。"[4]所以,"臣乡之人,屡与督抚筹商,非大兴实业无以拯内地之民生,非自修铁路无以杜外人之口实"。他也感到广西必须加紧铁路筹建,并建议将广西实官捐溢额"悉由(户)部指拨作为广西铁路国家补助股"。他认为:"广西得此补助股二百余万,加以民股数百万,贵县自北海一带铁道,指日可以兴工,内以广土货之行销,外以免他族之逼处。臣闻云南铁路,法人已得之掌握,邮传部臣尚思筹款赎回。广西乘外人未得之先,自筹修筑,更省一番交涉,且法人由国家筹款谋夺我土地人民,我筹款以保土地人民,更势不能缓而义无容辞者也。"[5]在《论桂邕铁路片》中,他更加清晰地表述了筹建广西铁路对于加强广西边防乃至西南国防的作用:"西报载法议院增加岁费扩充东方政策。彼于越南日求进步者,何哉?狄人之所欲者,吾土地也,而吾边境空虚,荒地相望,匪徒往来,滇粤永无肃清之期,舍今不图,后悔何及。夫今日言固边圉必以谋生聚、兴实业、广教育为不易之要图,三者非交通便捷不能奏效,故云南、广西铁路又为西南边防之命脉。"然后,他对当时广西铁路的筹建进展表示强烈的不满,提出建议:"广西铁路现虽议办,臣观皆纸上空谈,闻该省抚臣有划桂林至南宁一线作为官办,克期兴工之议。惟铁路以经费为先,非空言所能办理,拟请谕令该抚将筹款、用人及勘路、修路各办法逐年预算,列表具奏。朝廷不妨假以事权,责成该抚臣按表兴办,即以路之成

〔1〕 赵炳麟:《赵柏岩集》(二),(台)文海出版社1969年影印版,第948页。
〔2〕 赵炳麟:《赵柏岩集》(二),(台)文海出版社1969年影印版,第933页。
〔3〕 赵炳麟:《赵柏岩集》(二),(台)文海出版社1969年影印版,第986页。
〔4〕 赵炳麟:《赵柏岩集》(二),(台)文海出版社1969年影印版,第987—988页。
〔5〕 赵炳麟:《赵柏岩集》(二),(台)文海出版社1969年影印版,第989页。

否为其功罪，务期数年中如表蒇事，庶一切实边要政可以实行，未雨绸缪，莫此为亟。”[1]

赵炳麟铁路筹建思想的核心内容之二就是统筹全局的思想。这个思想反映了我国近代铁路建设处于起步阶段的基本特征。他在《论陕甘路政疏》中概述陕甘等省的路政筹建状况时说：“惟陕甘新伊，铁道至今尚无成议。上年秋间，伊犁将军臣长庚奉命西行，闻曾有筹修伊兰铁路之意，因路长款巨，迄未举行。嗣陕西抚臣曹鸿勋奏请筹修西潼铁路，又限于一隅，未能统筹全局。”[2]那么，陕甘路政如何统筹全局呢？他认为：“现在汴洛路工指日告成，由洛阳接轨，西展直达新伊，转运料物，极为便利，诚能联络秦豫甘新四省之力，同心筹措，不分畛域，则数千里轨连辙合无难克期奏效。……惟是西北各省民贫地瘠，风气未开，非在上者特意提倡，则必不能蒇事。应请旨饬下河南、陕西、甘肃、新疆各督抚联络地方绅商，妥筹办法及时修筑，或援照川汉铁路之例，特简大员经理，庶事有专责，不至因循坐误，此固大局安危所系，非仅秦陇一隅交通利便之谋也。”[3]1906年，陕西巡抚曹鸿勋准备以官办、商办分别筹建西潼铁路和陕甘铁路，因此，赵炳麟在《论陕西路政片》中进一步说明统筹洛潼、西潼、陕甘与新疆铁路的必要性：“臣愚窃谓不徒陕甘、西潼宜合，不宜分，即洛潼与西潼、陕甘亦辅车唇齿之谊。盖新疆为边防之要害，非铁路则消息不灵，征调不便，而陕甘一线，实为新疆铁路之先导。西潼一段，又为陕甘之根基。无陕甘，是无新疆；无西潼，是无陕甘。苟横生畛域，不统筹全局，窃恐有误要工。然使西潼、陕甘通盘筹算，而洛潼之路遥遥无期，则无论西潼铁路开工之始，转运一切材料诸多未便。即使西潼一段告成，而东不能达汴洛，西不能通兰州，路线中断，货客必少，养路无资，何以为继？故臣谓当合四省以通力合作者，此也。”[4]对于广西铁路的筹建，1911年，他专门向清政府上了《广西铁路宜统筹全局折》。那么，他是如何统筹广西铁路筹建全局的呢？他从“凡办铁路首重筹款，次重运料”的认识出发，认为广西先筑桂全铁路将有三大不便，一是款巨难筹，二是建筑桂全铁路运输材料无论水陆皆不畅达，三是桂全铁路能否筹建取决于长永（长沙到永州）铁路的尽快建成。然后，他分析修建桂梧铁路的优越性在于能克服路款难筹与运料不便两大困难，指出：“如长永铁路遥遥无期，则广西铁路当先修梧州至桂林一线，此线运道方便，且由桂林通至梧州，由梧州乘轮船可旁通南宁、浔州，直达广东，交通

〔1〕 赵炳麟：《赵柏岩集》（二），（台）文海出版社1969年影印版，第1183—1184页。
〔2〕 赵炳麟：《赵柏岩集》（二），（台）文海出版社1969年影印版，第947—948页。
〔3〕 赵炳麟：《赵柏岩集》（二），（台）文海出版社1969年影印版，第948—949页。
〔4〕 赵炳麟：《赵柏岩集》（二），（台）文海出版社1969年影印版，第951—952页。

便捷，利息较优。广东、南洋之人亦可出股，筹款似易为力。”[1]

既然赵炳麟对近代铁路建设进行过较深入的思考，对广西铁路建设也有较多的设想，那么，奕劻等人让他回广西督办桂全铁路，应是他大展身手的机会。但是，他却不愿回籍就任，奏请清政府收回成命，他的理由是，按清代定制，他身为言官、讲官，沈秉堃和张鸣岐无权奏调，只能奏请钦派。他表示，如果保留他专折奏事的权力，保留他言官御史的职务，他可以回桂督办桂全铁路。[2]他还对清政府表白：“臣自问才力薄弱，他项政事多不适用，惟愚衷耿耿，不顾利害，弹劾权贵，通达舆情尚可勉力为之。”[3]赵炳麟的目的是要争取继续与奕劻等人斗争的机会。当时，军机大臣徐世昌游说奕劻阻止赵炳麟继续留台效忠，虽然摄政王载沣意欲留他续任御史，但赵炳麟等人屡次弹劾奕劻、袁世凯等朝中权贵人物，也着实难为了载沣，再三权衡的结果，就是赵炳麟的请求没有得到载沣的同意。4 月 12 日，清政府发布上谕：“御史赵炳麟着开缺以四品京堂候补。”[4]5 月 19 日，清政府又特地宣谕：“嗣后裁缺候补人员均不准具折奏事。”[5]这样就剥夺了赵炳麟“具折奏事”的权力。他不得不硬着头皮回广西揽下原巡抚张鸣岐撂下的难题。

赵炳麟为什么不愿回广西督办桂全铁路呢？除了他要继续与奕劻等人斗争外，还有一个原因，那就是：他深知广西铁路筹建的艰难。在言官的位置上，他曾从广西铁路建设的战略重要性出发，为敦促铁路筹建而提出以“路之成否”作为广西地方官的“功罪”，在广西巡抚张鸣岐力主筹建桂邕铁路时，他倡导务实的作风，认为铁路筹建“非空言所能办理”。但这样的任务落到他自己的身上时，他就意识到不胜其任的压力了。

二、赵炳麟筹建广西铁路的处境

在广西铁路筹建的过程中，一直存在着激烈的线路之争，各府多从地方主义出发争建有利于本府的线路，“此府之所是，彼府必从而非之；彼府之所是，他府又从而非之，聚讼纷纷，莫衷一是”[6]。当时“有主张桂全铁路，有主张梧三（梧州至三水）铁路，有主张贵北（贵县至北海）铁路，有主张邕北（南宁至北海）、邕龙（南宁至龙州）铁路。其主张理由，有重在商务者，有重在国防者，有重在里数短而易办者。聚讼盈庭，正如儿童争日，莫能解

[1] 两广官报编辑所：《两广官报》第 1—2 期，第 199—201 页。
[2] 赵炳麟：《赵柏岩集》（二），（台）文海出版社 1969 年影印版，第 1311—1313 页。
[3] 赵炳麟：《赵柏岩集》（二），（台）文海出版社 1969 年影印版，第 1316 页。
[4] 赵炳麟：《赵柏岩集》（二），（台）文海出版社 1969 年影印版，第 1317 页。
[5] 赵炳麟：《赵柏岩集》（二），（台）文海出版社 1969 年影印版，第 1317 页。
[6] 宓汝成编：《中国近代铁路史资料（1863—1911）》第 3 册，中华书局 1963 年版，第 1142 页。

决。”[1]线路的确定除这些因素外，还须考虑到加强广西边防，更要考虑到避免产生外交交涉，因此，在地方与中央之间，巡抚张鸣岐主建桂邕铁路，邮传部主建桂全铁路。后来的结果是，张鸣岐在服从邮传部的决定而负责筹建桂全铁路的过程中，筹款集股非常艰难，得不到地方各府的支持，“他府之人多以此路于己无利，不肯出股”[2]。为此，他本人曾多次向邮传部争建桂邕铁路。该部于1910年11月得出的广西宜先建桂全铁路而后建桂邕铁路的结论成为清政府不可更易的最后结论，因此，他于这年12月最后一次要求先筑桂邕铁路的奏请就不可能得到清政府批准，而他自己负责筹筑桂全铁路的实践又告失败。这个时候，他已奉调赴任两广总督，名正言顺地撂下了广西铁路筹建的难题。清政府要继续筹建桂全铁路，只得另行物色人选，而他有举荐之权，为了讨好奕劻等朝中权贵，他和沈秉堃才有了请调赵炳麟的会奏。

作为思想敏锐的言官，赵炳麟当然知道广西铁路筹建的症结所在，一是线路问题，二是资金问题。因此，在赴广西之前，他对这两个问题做了一定程度的努力。关于线路问题，他从广西铁路宜统筹全局的角度出发提出了建筑桂梧铁路的主张，应该说，他的主张并非没有见地，但当时的邮传部采取了比较慎重的态度，1911年5月16日，邮传部上奏指出：“查桂全一线，关系桂省腹地之交通，本部于上年十月议复广西铁路路线分别缓急情形折内，业已声明。该省路线实以桂全为最急，惟该线须俟长衡、永全顺序渐进，由全至桂方能一气相承，现在长永一线能否于二年内告成，尚无把握，则桂全办法自当再行慎筹。至桂梧一线，为南路往来之要冲，亦应修筑。惟该线地势是否紧要，商业是否繁盛，里数若干，需费若干，将来此款如何筹措，俱须先事预筹。即勘路用费将来应如何分认，亦须从长计议。”[3]关于资金问题，在1911年6月，赵炳麟要求清政府拨款4 000万两用于建筑广西铁路。这样的要求在各省都在筹建铁路的情况下，对于财政拮据的清政府来说无疑是开了一个天大的玩笑，是不可能得到同意的。因此，赵炳麟想在北京解决的问题一个也没有得到解决。

1911年7月9日，他只得回到广西省城桂林，在陈宏谋祠办公，接收桂全铁路局文卷，着手铁路筹建工作。他到桂林后有两件事更使他感到筹建工作的艰难。一是晋谒王芝祥时遭受奚落，据《申报》载：“桂籍御史赵炳麟昔在谏垣曾严劾王芝祥四大罪，经张人骏等查复，为王芝祥洗刷净尽。嗣赵与广西同乡京官唐庚辈组织一广西杂志，痛诋王芝祥不已。此次赵由京返桂，晋谒

[1] 莫炳奎：《邕宁县志》（四），交通二，1937年铅印本，第36页。
[2] 两广官报编辑所：《两广官报》第1—2期，第199—201页。
[3] 两广官报编辑所：《两广官报》第1—2期，197—199页。

王芝祥,晤面时王芝祥厉声问曰:'竹翁前次参我何所据而罗列多款?'赵云出自风闻。王冷笑云:'御史言事,固由风闻。若以本省人参本省官,而任意捏造罪款,毫无实据,殊为无谓。'又叹曰:'我以知州在广西起家,力剿匪乱,积功至头品顶戴、方面大员,自问对得广西人住,何见重于历任督抚,而独见恶于此邦士大夫也?'语毕即端茶送客,不欢而散。赵受此奚落,抑郁万状。适此次回桂筹办路事,又系由粤督桂抚会同奏派,遇事上须请示督抚,权势本微,殊不满意。"[1]二是定线风波。他回桂后与广西巡抚沈秉堃等商议,决定对张鸣岐的主张稍作变通,而主张先修桂林至柳州一段(即桂邕铁路的一段)。7 月 30 日,他在福建会馆召开了有 700 多人参加的铁路大会,拟定三大原则:(1) 划定路线,以桂全、桂邕、邕滇为干路,桂梧、梧邕为支路;(2) 干路国有,请拨部款开办;(3) 开办桂路,以桂柳为先。他还刊发传单,声称上奏清政府的奏稿已经写定,准备由巡抚代奏。实事求是地说,他的这些原则从宏观上大体勾勒出了广西铁路网的布局,这样的布局比较符合近代广西政治、经济、军事的基本格局,也兼顾了当时清朝中央政府拟议的铁路国有政策和广西经济发展水平的实际。但对他的这个铁路筹建计划,据《申报》载,"桂人多有反对者"。究其理由,或谓国有化不妥;或称湘省铁路未成,先筑桂柳一段,再筑桂全一段,均无法上下连接,是"直以有用之金钱建无用之铁道"。广西谘议局副议长黄宏宪见到赵炳麟的宣传传单后,即向众建议反驳赵炳麟,"当时一唱百和,风潮澎湃,赵至是亦色然罹祸,始阴托其私人某某等到黄议长前极力说项,将其传单曲为解释,以自取消"[2]。

赵炳麟应当知道,广西当时存在着一股迁省南宁的思潮。其实,广西迁省南宁是一个老问题,早在 1906 年岑春煊出任两广总督时,即以"广西省城僻处东北,控制不便"为由奏请清政府将广西省会迁往南宁。御史石长信和桂籍京官极力反对,工部左侍郎、灌阳人唐景崇上奏清政府,认为迁省南宁"摇人心而贻后患","未可轻举"。[3]清政府政务处采纳了唐景崇等人的意见,为加强广西边防,建议广西提督移驻南宁,将原驻南宁之右江道改为关道,并在南宁设立督抚行署。[4]但这些建议事后没有得到认真执行。1910 年,广西谘议局在桂林成立后,迁省问题又由谘议局中的同盟会会员黄宏宪、蒙经等人提了出来,成为当时谘议局讨论的最引人注目的问题。桂北的桂林府、平乐府各县议员坚决反对;桂中的柳州府、庆远府各县议员有的中立,有的附和,

〔1〕《申报》第 114 册,上海书店 1986 年影印版,第 148 页。

〔2〕《申报》第 113 册,上海书店 1986 年影印版,第 927—928 页。

〔3〕广西通志馆、广西图书馆编:《〈清实录〉广西资料辑录》(六),广西人民出版社 1988 年版,第 234—235 页。

〔4〕广西通志馆、广西图书馆编:《〈清实录〉广西资料辑录》(六),广西人民出版社 1988 年版,第 236 页。

有的反对;其余各府县的议员一致支持。主张迁省的理由是:桂林偏于广西的东北角,交通不便,不能作为全省的政治中心;南宁地处适中,交通便利,而且广西西南与法国殖民地安南(越南)交界,当时正谣传法国要进兵镇南关(即今友谊关),省会迁往南宁,便于加强广西边防。实际上,这是同盟会会员从中策动的结果,他们认为省会迁南宁有利于革命,易于与海外联络和取得接济,同时可以减弱清政府的控制力量。因此,他们要求将修筑桂全铁路的经费用于迁省南宁,他们在给巡抚的建议书中指出:"南宁为扼边防之要冲,于形势上之胜利,运输上之便易,策应上之灵通及关于军事上种种布置之切合,无不以此为最适当之一点,故广西不迁省则已,广西而必迁省也,则南宁为铁板不易矣。由是言之,迁省与南宁为地理上之关系,迁省与边防为军事上之关系,不讲边防,可不必迁省,不讲迁省,可不必南宁。筹策边防而不肯迁省南宁是必桂邕铁路今日造成而后可,且必桂衡铁路今日告成而后可,并粤汉铁路今日告成而后可。倘有一段不成,则粒米之砂可以揹轮,经尺之石可以抗轨,其有事征调也,仍必从西江来,其呼号求救也,仍必向西江去。"〔1〕当时的同盟会会员、谘议局秘书蒋敦世联合 1 511 人,要求动用桂全铁路经费迁省南宁,此议得到蒙经、黄宏宪等议员的极力赞同。因此,当赵炳麟要将建筑桂全铁路的经费移用于桂柳铁路时,他们同样是反对的,因为这种以桂林为中心的筹建铁路方案与他们迁省南宁的要求是相悖的。这使得赵炳麟越发感到广西铁路筹建的艰巨性和复杂性。

建筑铁路,诚如赵炳麟所言,首在筹款。如果建筑桂全铁路的经费不能移用于桂柳,那么,款从何出呢?他对此感到茫然。在商办铁路热潮中,议建最为频繁的铁路线主要有滇桂铁路、桂全铁路和桂邕铁路。所谓柳桂铁路,包含在桂邕铁路中。当时筹建的情况是:"滇桂路款,滇既罢议。桂全相接尚无期望,改造则桂邕、柳桂自筹无项,借债无抵。"邮传部与度支部于 1911 年"议借巨款已负重谤",盛宣怀等人认为:"恐非待粤汉告成,骤难再议。"〔2〕因此,广西铁路的筹建工作进一步陷于困境之中。

三、赵炳麟从铁路筹建工作中脱身

此时,出现了一个赵炳麟从困境中脱身而出的机会。1911 年 8 月 3 日,赵炳麟收到盛宣怀、载泽的来电,声称他们准备在粤汉铁路收归国有后奏派他为粤汉铁路广东全省总办。来电为他解困说:"阁下既奉命出京,桂路开办无期,而粤汉之广州至宜章商办止成一百九十一里,尚有五百里未成。现已收回国有,亟须认真续办,期在速成。所有商票,已派员赴粤,持部中股票,验

〔1〕《申报》第 104 册,上海书店 1986 年影印版,第 315 页。
〔2〕 盛宣怀:《愚斋存稿》卷七十九,(台)文海出版社 1975 年影印版,第 2 页。

明更换。工程司仍用粤人詹天佑。惟总办一席,已归官办,亟应奏派大员督饬催工,总司其事。现在会商拟即借重阁下为粤汉铁路广东全省总办,驻扎粤省以资控驭。目下风潮已靖,只因股商历举总董,皆属虚縻,故此次饬派必须资深望重如我公者方足以资镇摄。"[1]

又是铁路的差事,书生意气的赵炳麟对此"心益惶悚",表示拒绝。8月4日,他复电坦诚地说:"麟本书生,未谙路学,若置诸论思之地,寸心耿耿,尚可补阙拾遗,宣上德而达下情,犹能勉力图报。倘用办路政,则学非专门,才虞竭蹶,万一偾事,炳麟身败名裂犹不足惜,恐负朝廷擢用之恩,且累钧座知人之誉。抚心清夜,何以自安?伏乞俯赐体量,万勿奏派是祷。方今时局艰难,麟粗读诗书,略知忠义,岂敢遇事推诿图卸仔肩。惟自审才力实于路事非所长,夙恃知爱,用敢直陈。"[2]盛宣怀等人仍想通过张鸣岐进一步敦劝赵炳麟就职,赵炳麟于8月11日再次致电盛宣怀表白说:"麟坚辞路事实非畏难,自审既非专长,又无历练。干路归为国有,收效全在得人。倘绠短汲深,必才竭偾事,麟一身失败犹小,朝廷因此失民望关系至大。麟前电字字皆出肺腑,无一饰词。"[3]

广西铁路的筹建,是他的本差,他是钦定的资政院议员,要脱身还是容易的。这时,与他作对的王芝祥正值"升补藩司加头品顶戴,沈抚非常倚信",赵炳麟"因是愤懑异常",准备在9月回京参加资政院年会时"面请部臣另行派员办理广西铁路",并向人云:"如督抚必欲我办路,非请旨简放为督办大臣,事权专一,决不承认。"[4]但在回京前,他还得勉为其难,清政府的铁路国有政策给他解了围,因为这项政策可以彻底将广西铁路筹建的根本性难题上交。由于对"广西财政奇绌,民生极困"有切身感受,赵炳麟支持这项政策,并要求将桂全铁路收归国有,这样,铁路筹建经费将由清朝中央政府统筹。8月6日,赵炳麟致电盛宣怀说:"广西铁路,麟改办桂柳,嗣奉吾丈借款无抵之论。乡人以广西交通太滞,诸事受亏,佥请遵部议先修桂全。路款有二百四十余万,再由商筹百万可竣工。由全至湘添购小轮以资运料。粤汉成后,干路经桂全。国家收回,乡人无异议,佥请电叩以定方针。……定议后,麟即回京。"[5]因此,当1911年6月邮传部、度支部、督办铁路大臣会奏将铁路收归国有的消息传到桂林后,他于9月18日致电盛宣怀说:"桂人闻两部会奏,感激之至。桂路渐有头绪。麟接资政院电,言会期在即,麟日内由全回京,遵旨赴会,兼

---

〔1〕 盛宣怀:《愚斋存稿》卷七十九,(台)文海出版社1975年影印版,第2页。最早提议让赵炳麟担任粤汉铁路总办的是盛宣怀,此事参见《愚斋存稿》卷七十八,第30—32页。

〔2〕 盛宣怀:《愚斋存稿》卷七十九,(台)文海出版社1975年影印版,第3页。

〔3〕 盛宣怀:《愚斋存稿》卷七十九,(台)文海出版社1975年影印版,第8页。

〔4〕《申报》第114册,上海书店1986年影印版,第148页。

〔5〕 盛宣怀:《愚斋存稿》卷七十九,(台)文海出版社1975年影印版,第4页。

将桂路情形面达钧部。”[1]广西铁路的筹建经费问题似乎是彻底解决了，因此，他这个资政院议员就可以完全脱身于铁路筹建事务，名正言顺而又若有所成地回北京开会并交差了。离开时，他赋诗一首慨叹铁路筹建的艰难，其中有言：“文恭祠里办公归，督路督农愿总违，一疏筹金三百万，可怜徒使武人肥。”[2]

当他离桂赴京参加资政院会议后不久，由于革命党人加强在广西的活动，桂全路款被充作边防经费，广西铁路筹建工作被迫中断。

赵炳麟身为言官时，对铁路筹建的一些思考可谓深入，对清政府的建言可谓急切而真诚，但当亲历铁路筹建的实践后，屡遇困难而多萌退志，则又充分暴露了原本为言官而处理实际政务能力则欠的缺陷和弱点。思想的光辉遭遇实践的挑战往往有可能会黯然消退，迎接实践的挑战，需要的是过人的勇气和超人的能力。因此，从赵炳麟身上所体现的这种言官的尴尬处境，正好透视了中国近代铁路建设处于起步阶段的艰巨性和复杂性。但赵炳麟不同于晚清时期的清流派，他无所畏惧地屡次弹劾晚清权贵，而对铁路筹建的思考也基本切中了晚清时期中国铁路建设的症结所在，在恳辞广东全省商办铁路总办的表白中，对自己铁路筹建的能力亦有自知之明。走向末路的清政府因无法遏制朝中权贵腐朽势力的侵蚀而用其所短，避其所长，正是它覆亡前的征兆。透过赵炳麟给覆亡前清政府的铮铮谏言，我们可以领悟到他思想中闪烁的忧国忧民意识和爱国主义情怀。这弥足珍贵，成为留给今人的宝贵精神遗产。

（原载《广西师范大学学报》2005 年第 4 期。此次收入自选集时分三个部分并加了标题）

---

〔1〕 盛宣怀：《愚斋存稿》卷八十三，（台）文海出版社 1975 年影印版，第 10 页。
〔2〕 蒋钦挥：《此公至今原不死》，广西人民出版社 1998 年版，第 206 页。

铁路建设与民生主义

——民元孙中山铁路建设思想新探

孙中山的思想创造就在于他确立了三民主义的思想体系。我们在研究孙中山任何一个方面的思想时都不能忽略这一点。因此,我们研究他的铁路建设思想,只有将之放到三民主义的思想体系中去考察,才能得出更为深刻的认识。林家有教授在其《孙中山的铁路建设思想》一文中,开篇便指出:"孙中山的铁路建设思想是他民生主义的一个重要内容。"[1]近几年来,关于孙中山铁路思想的学术论文已有不少,但均未深入揭示孙中山铁路建设的思想与其民生主义思想的联系。孙中山于民元对铁路建设多有阐发,细加梳理,是可以对孙中山关于铁路建设与民生主义关系的论述有一个全面了解的。

一、铁路建设与民生主义思想逻辑

铁路建设是孙中山为实现民生主义的革命目标与解决民初现实经济问题(其实就是财政困难问题)而提出的必然要求,这是其民生主义思想逻辑发展在民国初年的必然结果。

关于中国资产阶级民主革命的奋斗目标,孙中山早在他从事资产阶级民主革命运动早期就有了比较明确的认识。在1905年10月20日的《〈民报〉发刊词》中,孙中山指出:"吾国治民生主义者,发达最先,睹其祸害于未萌,诚可举政治革命、社会革命毕其功于一役。还视欧美,彼且瞠乎后也。"[2]1906年12月2日,他在东京《民报》创刊周年庆祝大会上又说:"革命的事情是万不得已才用,不可频频伤国民的元气。我们实行民族革命、政治革命的时候,须同时想法子改良社会经济组织,防止后来的社会革命,这真是最大的责任。"[3]1911年的辛亥革命推翻了统治中国260多年的封建王朝——清朝,以孙中山

[1] 《团结报》,1991年6月26日。
[2] 广东省社会科学院历史研究室、中国社会科学院近代史研究所中华民国史研究室、中山大学历史系孙中山研究室合编:《孙中山全集》第一卷,中华书局1981年版,第289页。
[3] 广东省社会科学院历史研究室、中国社会科学院近代史研究所中华民国史研究室、中山大学历史系孙中山研究室合编:《孙中山全集》第一卷,中华书局1981年版,第326页。

为首的资产阶级革命党人深受鼓舞。但是,孙中山并没有过分沉醉于革命胜利的喜悦中,他是一个坚持不懈奋斗的革命家,保持着高度清醒的头脑。由于辛亥革命的胜利并没有达到“举政治革命、社会革命毕其功于一役”的目的,他又给自己确立了下一步奋斗的目标。武昌起义胜利后,他回到国内,1911 年 12 月 29 日,孙中山在上海中国同盟会本部欢迎大会上就表示:“本会持三大主义,唱导于世。今民族主义、民权主义已将达,而欲告大成,尚须多人之努力。况民生主义至今未少着手,今后之中国首须在此处着力。此则愿与诸君共勉者也。”[1]南京临时政府成立后,中国同盟会本部于 1912 年 3 月 3 日在南京召开会员大会,举孙中山为总理,大会制定的《中国同盟会总章》第二条即规定:“本会以巩固中华民国,实行民生主义为宗旨。”[2]在正式辞去临时大总统职务的前一天(1912 年 3 月 31 日),他在南京同盟会会员饯别会上又明确宣布:“今日满清退位,中华民国成立,民族、民权两主义俱达到,唯有民生主义尚未着手,今后吾人所当致力的即在此事。”[3]孙中山在解职后的民元大半年时间内,除 8 月应袁世凯之邀赴京“商谈国是”外,先后到过湖北、福建、广东、山西、山东、江苏、浙江、安徽和江西等省。他每到一地,都发表演说和谈话,其中以民生主义为内容的谈话占了大部分。[4]他认为,民生主义“关系国民生计至重,非达到不可。使大多数人享大幸福,非民生主义不可。”[5]

不难看出,民生主义的奋斗目标一直萦绕在孙中山的脑际,他没有忘记一个资产阶级革命家的终极追求。从 1912 年 5 月起,他又进一步清楚地认识到实现民生主义的终极追求实际上就是谋求所谓的“国利民福”。在此后几个月的时间内,“国利民福”成为常常挂在孙中山嘴边的政治术语,他对此不断加以阐发。他首先认识到要谋求“国利民福”,就必须实行民生主义,他认为:“幸今日时机已熟,人心不死,自武汉起义,不三月间而全国底定,五族共和,民族、民权目的已达。今后欲谋国利民福,其进行之方针,惟有实行提倡

---

〔1〕 广东省社会科学院历史研究室、中国社会科学院近代史研究所中华民国史研究室、中山大学历史系孙中山研究室合编:《孙中山全集》第一卷,中华书局 1981 年版,第 574 页。

〔2〕 中国社会科学院近代史研究所中华民国史研究室、中山大学历史系孙中山研究室、广东省社会科学院历史研究室合编:《孙中山全集》第二卷,中华书局 1982 年版,第 160 页。

〔3〕 中国社会科学院近代史研究所中华民国史研究室、中山大学历史系孙中山研究室、广东省社会科学院历史研究室合编:《孙中山全集》第二卷,中华书局 1982 年版,第 317 页。日期据郝盛潮主编《孙中山集外集补编》(上海人民出版社 1994 年版)第 70 页的说法,非 4 月 1 日,应为 3 月 31 日。

〔4〕 林家有主编:《辛亥革命运动史》,中山大学出版社 1991 年版,第 561 页。

〔5〕 中国社会科学院近代史研究所中华民国史研究室、中山大学历史系孙中山研究室、广东省社会科学院历史研究室合编:《孙中山全集》第二卷,中华书局 1982 年版,第 441 页。

民生主义耳。”[1]孙中山还进一步深入思考如何实行民生主义，在他看来，实行民生主义必须从平均地权开始，他说：“民生问题，兄弟主张实行契税及平均地权之法。”[2]他将民生主义的终极追求、实行办法与解决民初财政问题的现实要求结合起来考虑，他说：“惟革新伊始，在在需财，现时国家岁入，比之亡清尚少，欲救其弊，必须实行税契及平均地权之法，两方并举，事简而易行。”[3]他又说：“地权既均，资本家必舍土地投机业，以从事工商，则社会前途将有无穷之希望。盖土地之面积有限，而工商之出息无限，由是而制造事业日繁，世界用途日广，国利民福，莫大乎是。否则，我辈推翻专制，固为子孙谋幸福，而土地一日不平均，又受大地主、大资本家无穷之专制耳。遗害子孙，何堪设想。此则在今日宜实行民生主义之第一级也。”[4]6 月 9 日在广州行辕对议员记者演说时，他将民生主义的终极追求、实行办法与解决民初财政问题的现实要求之间的关系揭示得更为清楚。他说：“今民国注重建设，其首要当在财政，而财政之收入，莫大于税。……今国家之税不一，其收入机关诸多繁重。若厘金关卡等，销耗既多，且有流弊，不如就地征税，较为简单，此即吾前所谓‘平均地权’之道也。”[5]最后总结说：“总之，实行就地抽税，则国家即变成一大业主，何等富厚。国家为人民所有，国利民福，何乐不为！”[6]

谋求“国利民福”就是谋求国家的利益和人民的幸福。在民元，最大的国家利益就是想方设法解决临时政府的财政困窘问题。民元临时政府的财政困难是显而易见的，财政收入仅 1 387 万元，而财政支出达 1 550 万元。[7]因此，民生主义的终极追求正好与解决财政困难的现实要求是高度一致的。解决民初财政问题和经济问题必须从根本上解决才是真正的解决。在做了前述的充分铺垫之后，孙中山才提出实现民生主义的第二个办法，即大力加强铁路建设。6 月 22 日，他在上海与《民立报》记者谈话时表示：“现拟专办铁路事业，欲以十年期其大成。目下正与黄君克强商议一切，俟过数日，当可发表

---

〔1〕中国社会科学院近代史研究所中华民国史研究室、中山大学历史系孙中山研究室、广东省社会科学院历史研究室合编：《孙中山全集》第二卷，中华书局 1982 年版，第 357 页。

〔2〕中国社会科学院近代史研究所中华民国史研究室、中山大学历史系孙中山研究室、广东省社会科学院历史研究室合编：《孙中山全集》第二卷，中华书局 1982 年版，第 364 页。

〔3〕中国社会科学院近代史研究所中华民国史研究室、中山大学历史系孙中山研究室、广东省社会科学院历史研究室合编：《孙中山全集》第二卷，中华书局 1982 年版，第 354 页。

〔4〕中国社会科学院近代史研究所中华民国史研究室、中山大学历史系孙中山研究室、广东省社会科学院历史研究室合编：《孙中山全集》第二卷，中华书局 1982 年版，第 356 页。

〔5〕中国社会科学院近代史研究所中华民国史研究室、中山大学历史系孙中山研究室、广东省社会科学院历史研究室合编：《孙中山全集》第二卷，中华书局 1982 年版，第 369 页。

〔6〕中国社会科学院近代史研究所中华民国史研究室、中山大学历史系孙中山研究室、广东省社会科学院历史研究室合编：《孙中山全集》第二卷，中华书局 1982 年版，第 371 页。

〔7〕林家有主编：《辛亥革命运动史》，中山大学出版社 1991 年版，第 525 页。

计划。"[1]6 月 25 日,孙中山在上海又一次与《民立报》记者的谈话是一次重要谈话。这次谈话从他对"北京之政争"的看法引发开去,提出了解决民初经济问题的根本途径在于大力进行铁路建设,认为以铁路建设来解决民初的经济问题乃为"务本之谈"。他首先认为经济决定政治,从而强调解决经济问题的重要性。他说:"所以意见纷歧,有才莫展者,皆为经济问题所窘,间接直接,遂生困难。困难而督过,因督过而参差,甚而至于因参差而诟讥。局外之人又因部分之诟讥,而生全局之恐怖,始成最近不静稳之现象,其实多有所误会也。故我国经济问题若不解决,甚难得一致进行之效果。"他进一步分析指出,解决经济问题的方法有本末之分,末法适用于"紧迫"之时,而从长计议,谋求彻底解决,必须"本末俱举",而以"务本"为要。他指出,"我国一般之舆论,能作务本之谈者,皆以为振兴中国惟一之方法,止赖实业"。而"实业之范围甚广,农工商矿,繁然待举而不能偏废者,指不胜屈。然负之而可举者,其作始为资本,助之而必行者,其归结为交通。今因从事于资本之企画、银行财团之组织,随在有人,而谈论交通者稍寡,热狂留意于交通事业中之重要所谓铁道者尤鲜。盖承前清扰乱于铁道事业之后,而厌倦之,亦当然趋势也"。铁路在整个实业结构与交通事业中占有重要地位。在这次谈话中,他提出对后世影响深远的论断:"虽然,铁路顾可冷淡视之,以为置之于实业中,仅占区区部分乎?请问苟无铁道,转运无术,而工商皆废,复何实业之可图?故交通为实业之母,铁道又为交通之母。国家之贫富,可以铁道之多寡定之,地方之苦乐,可以铁道之远近计之。"[2]因此,铁路建设为"务本之谈"在孙中山看来就是理所当然了。他在给宋教仁的信中也表达了同样的意思:"民国大局,此时无论何人执政,皆不能大有设施。盖内力日竭,外患日逼,断非一时所能解决。若只从政治方面下药,必至日弄日纷,每况愈下而已。必先从根本下手,发展物力,使民生充裕,国势不摇,而政治乃能活动。弟刻欲舍政事,而专心致志于铁路之建筑,于十年之中,筑二十万里之线,纵横于五大部之间。"[3]

由此看来,铁路建设是作为解决民初经济困难问题的"务本"之谈而提出来的。因此,孙中山大力呼吁:"惟吾有求于一般国民之注意者,先当知振兴实业,当先以交通重要。计划交通,当先以铁道为重要。建筑铁道,应先

[1] 中国社会科学院近代史研究所中华民国史研究室、中山大学历史系孙中山研究室、广东省社会科学院历史研究室合编:《孙中山全集》第二卷,中华书局 1982 年版,第 381 页。

[2] 中国社会科学院近代史研究所中华民国史研究室、中山大学历史系孙中山研究室、广东省社会科学院历史研究室合编:《孙中山全集》第二卷,中华书局 1982 年版,第 382—383 页。

[3] 中国社会科学院近代史研究所中华民国史研究室、中山大学历史系孙中山研究室、广东省社会科学院历史研究室合编:《孙中山全集》第二卷,中华书局 1982 年版,第 404 页。

以干路为重要。谋议干路,尤当先以沟通极不交通之干路为重要。”[1]6 月 25 日的谈话应该是他决心要致力于中国铁路建设的宣言书。此后,他就在多种场合表明今后的任务就是专门从事中国的铁路建设。他在北上途中,1912 年 8 月 23 日在塘沽接受某报记者的采访,当记者向他提问“先生之铁道政策如何”时,他表示说:“余之来意尤在振兴实业,但欲振兴实业,必自修造铁道入手。”并说:“铁道政策为中国近日最要问题,无论政府、议院意见如何,余必尽力提倡此事。”[2]到北京后,1912 年 9 月 15 日,他在北京国民党欢迎会上演说,又表白说:“此次来京,所极欲办者铁路。”[3]在上海中华民国铁道协会的欢迎会上,他曾发出号召:“务望诸君勉力进行,于十年内将全国铁路赶紧造竣,以期早收国利民福之效。”[4]由此看来,进行铁路建设的最终目的也就是民生主义终极追求——国利民福。

如前所述,孙中山从明确了民生主义的奋斗目标后,将“国利民福”作为民生主义的终极追求,而国利民福的终极追求与解决民初现实的经济问题或财政问题是高度一致的,因此,孙中山深入考虑实行民生主义的问题是和寻求解决民初经济问题与财政问题紧密联系在一起的,他把铁路建设作为解决民初经济问题和财政问题的“务本之谈”,并视之为实行民生主义的一种有效手段。这就是孙中山民生主义思想在民初发展的逻辑性结果。

二、铁路是中华民国的立国之本

铁路建设在孙中山看来是民国初立时寻求解决经济问题与财政问题的务本之谈,因为他把铁路建设看成是一个国家的立国之本,也是中华民国的立国之本。这种观点,孙中山多次在不同的场合以不同的表达方法加以阐发过。1912 年 7 月 22 日,在上海中华民国铁道协会的欢迎会上,他就说过:“今日之世界,非铁道无以立国。”[5]。9 月 2 日,在北京报界的欢迎会上,他认为:“今当国疾民贫之时,我国立国之本,当以建筑铁路为第一政策。”[6]在同一天的北京中华民国铁道协会的欢迎会上,他还明确表示:“盖今日铁道为立

〔1〕 中国社会科学院近代史研究所中华民国史研究室、中山大学历史系孙中山研究室、广东省社会科学院历史研究室合编:《孙中山全集》第二卷,中华书局 1982 年版,第 384 页。

〔2〕 中国社会科学院近代史研究所中华民国史研究室、中山大学历史系孙中山研究室、广东省社会科学院历史研究室合编:《孙中山全集》第二卷,中华书局 1982 年版,第 405 页。

〔3〕 中国社会科学院近代史研究所中华民国史研究室、中山大学历史系孙中山研究室、广东省社会科学院历史研究室合编:《孙中山全集》第二卷,中华书局 1982 年版,第 469 页。

〔4〕 中国社会科学院近代史研究所中华民国史研究室、中山大学历史系孙中山研究室、广东省社会科学院历史研究室合编:《孙中山全集》第二卷,中华书局 1982 年版,第 411 页。

〔5〕 陈旭麓、郝盛潮主编,王耿雄等编:《孙中山集外集》,上海人民出版社 1990 年版,第 57 页。

〔6〕 中国社会科学院近代史研究所中华民国史研究室、中山大学历史系孙中山研究室、广东省社会科学院历史研究室合编:《孙中山全集》第二卷,中华书局 1982 年版,第 434 页。

国之本,兄弟已屡言之。”[1]9 月 14 日,他在北京招待报界同人时也断然指出:“推翻此事,不啻推翻民国立国根本,此则鄙人期期以为不可。”[2]

一个国家的立国根本靠的是民富和国强。富强相因,国即立矣。关于“民富”与“国强”的关系,孙中山有一个明确的看法。4 月 17 日,他在上海中华实业联合会的欢迎会上发表演说,认为:“民富即国富,既富即强。”[3]也就是说,在孙中山看来,立国的根本最关键的还是“国富”。这是与民初政府所遇到的财政困难紧密相关的。国家的富与强实质上就是孙中山提出的民生主义终极追求的“国利民福”。当有人问及他所主张的铁路、练兵两策何者为先时,他明确表示:“惟两策以铁路为先,工商、教育可一呼而起。若路不成,有兵亦无所用。”[4]因此,铁路建设与国家富强之间有着密切的关系,对此,孙中山有充分的论述。

关于“国富”,他从倡导铁路建设的一开始就意识到这一点。6 月 25 日,他对《大陆报》记者说:“顷者,吾方潜心规划铁路大计,将使中国全境四通八达,此诚发展中国财源第一要策。此事告成,则中国虽有一千兆之外债,亦不患无力偿还矣。”[5]孙中山认为:“完成目前之铁路计划,即所以促进商业之繁盛,增加国富,市场因以改良而扩大,生产得藉奖励而激增。”[6]他还说:铁路线敷设之后,“则物产之价值势必增涨数倍。因此种路线,不啻将昔日市场与生产者遥远之距离,缩短于咫尺之间也。至地下蕴藏之采掘,金属物产之开发,其利益之丰厚,乃显而易见者,固不待赘言者也”[7]。所谓“增加国富”就是指铁路建设可以增加政府的财政收入,铁路收入将成为国家财政收入的三大组成部分之一。他在《中国之铁路计划与民生主义》一文中指出,“按国家之收入共分三种”,第一种为地价税(并不作单税征收),第二种为铁路收

---

[1] 中国社会科学院近代史研究所中华民国史研究室、中山大学历史系孙中山研究室、广东省社会科学院历史研究室合编:《孙中山全集》第二卷,中华书局 1982 年版,第 436 页。

[2] 中国社会科学院近代史研究所中华民国史研究室、中山大学历史系孙中山研究室、广东省社会科学院历史研究室合编:《孙中山全集》第二卷,中华书局 1982 年版,第 456 页。

[3] 中国社会科学院近代史研究所中华民国史研究室、中山大学历史系孙中山研究室、广东省社会科学院历史研究室合编:《孙中山全集》第二卷,中华书局 1982 年版,第 341 页。

[4] 中国社会科学院近代史研究所中华民国史研究室、中山大学历史系孙中山研究室、广东省社会科学院历史研究室合编:《孙中山全集》第二卷,中华书局 1982 年版,第 415 页。

[5] 中国社会科学院近代史研究所中华民国史研究室、中山大学历史系孙中山研究室、广东省社会科学院历史研究室合编:《孙中山全集》第二卷,中华书局 1982 年版,第 385 页。

[6] 中国社会科学院近代史研究所中华民国史研究室、中山大学历史系孙中山研究室、广东省社会科学院历史研究室合编:《孙中山全集》第二卷,中华书局 1982 年版,第 491 页。

[7] 中国社会科学院近代史研究所中华民国史研究室、中山大学历史系孙中山研究室、广东省社会科学院历史研究室合编:《孙中山全集》第二卷,中华书局 1982 年版,第 488 页。

入，第三种为矿业收入。[1]至于铁路每年可给政府增加多少收入，他有多种不同的说法：一是六万万说，在10月14—16日对上海中国社会党的演说中，孙中山说："鄙人对于铁道政策研究有年，今拟筹集资本金六十万万，建筑铁道二十万里，其资本较美仅三分之一，可保四、五十年之久，每年或获利六万万。"[2]二是八万万说，8月26日，他与汤漪谈话时认为，将来办成20万里铁路后，"收入可决每年有八万万"[3]。8月29日，他在与袁世凯进行第五次谈话时也说："至我当于十年内筑路二十万里，此路造成，年可获八万万。"[4]三是十万万说，这是他最早的一种说法。3月31日，他在南京同盟会会员的饯别会上认为："中国当取法于德，能令铁道延长至二十万里，则岁当可收入十万万。"[5]四是十五万万说，9月19日，在山西同盟会的欢迎会上，他指出："以中外资本办全国铁路，四十年后尽收为国有，每年可得十五万万。"[6]五是十数万万说，8月29日，在北京全国铁路协会的欢迎会上，孙中山又说："（十年之后）将来每年增加十数万万，比现在中国每年收入三万万算之，多出四倍。"[7]总之，铁路建设给政府带来的财政收入将是非常丰厚的。有了这些收入，就可以解决财政困难，因为这些收入"已足为全国之公用而有余"[8]，"以之练兵及作中央地方行政经费，不患无钱筑路费"；有了这些收入，"则民间负担之力，可以锐减，兴办各事，不必患贫矣"[9]。"再以之兴办生产事业，利仍归公，则大公司大资本尽为公有之社会事业，可免为少数资本家所垄断专制矣。"[10]因此，民生问题也可以得到解决。也就是说，有了这些收入，国

---

〔1〕中国社会科学院近代史研究所中华民国史研究室、中山大学历史系孙中山研究室、广东省社会科学院历史研究室合编：《孙中山全集》第二卷，中华书局1982年版，第493页。

〔2〕中国社会科学院近代史研究所中华民国史研究室、中山大学历史系孙中山研究室、广东省社会科学院历史研究室合编：《孙中山全集》第二卷，中华书局1982年版，第521页。

〔3〕中国社会科学院近代史研究所中华民国史研究室、中山大学历史系孙中山研究室、广东省社会科学院历史研究室合编：《孙中山全集》第二卷，中华书局1982年版，第411页。

〔4〕陈旭麓、郝盛潮主编，王耿雄等编：《孙中山集外集》，上海人民出版社1990年版，第185页。

〔5〕中国社会科学院近代史研究所中华民国史研究室、中山大学历史系孙中山研究室、广东省社会科学院历史研究室合编：《孙中山全集》第二卷，中华书局1982年版，第322—323页。

〔6〕中国社会科学院近代史研究所中华民国史研究室、中山大学历史系孙中山研究室、广东省社会科学院历史研究室合编：《孙中山全集》第二卷，中华书局1982年版，第474页。

〔7〕中国社会科学院近代史研究所中华民国史研究室、中山大学历史系孙中山研究室、广东省社会科学院历史研究室合编：《孙中山全集》第二卷，中华书局1982年版，第421页。

〔8〕中国社会科学院近代史研究所中华民国史研究室、中山大学历史系孙中山研究室、广东省社会科学院历史研究室合编：《孙中山全集》第二卷，中华书局1982年版，第322—323页。

〔9〕中国社会科学院近代史研究所中华民国史研究室、中山大学历史系孙中山研究室、广东省社会科学院历史研究室合编：《孙中山全集》第二卷，中华书局1982年版，第421页。

〔10〕中国社会科学院近代史研究所中华民国史研究室、中山大学历史系孙中山研究室、广东省社会科学院历史研究室合编：《孙中山全集》第二卷，中华书局1982年版，第521页。

富与民富的问题都可得到解决,国家的经济实力将大大增加,"庶可与各国见"[1]。所以,他乐观地预言:"现在中国之困,只在一穷字。数年后民生主义大行,地价、铁路、矿产及各种实业俱能发达,彼时将忧财无用处,又何患穷哉!"[2]

铁路建设还将导致"民富",4 月 17 日,孙中山在上海中华实业联合会的欢迎会上指出:"如能合全国之资与力分头开采(中华煤矿),并多筑铁路以便转运,能如是则民富。"[3]8 月 29 日,他在北京全国铁路协会的欢迎会上发表演说,认为:"至于藉此筑路,运输农工商之实业,其中直接间接官民受益,岂止倍蓰!"[4]要"民富",就必须振兴实业,进行经济开发。在《中国之铁路计划与民生主义》中,他断言:"余对于中国之经济发展深具热诚,中国物产无不丰富,惟待开发而已。"[5]9 月 17 日,在与梁上栋谈话时,他又说:"我国版图广阔,物产丰富,非求开发,不足以言富强。开发之道,舍兴筑铁路而莫属。"[6]对于铁路与"民富"的关系,孙中山有一个总的看法。7 月 22 日,在上海中华民国铁道协会的欢迎会上,他指出:"各国人民之文野,及生计之裕绌,恒以交通为比例。中国人民之众,幅员之大,而文明与生计均不及欧美者,铁路不兴,其一大原因也。"[7]8 月 24 日,在与袁世凯进行第一次谈话时,他又说:"我的志愿是愈急速愈好开始我的建设事业,开始建筑我所计划的中国铁路统系。我们有了铁路统系发达于全国,就可以为了人民的利益以开辟工商业的道路。农业的中国就变成工业的中国了。"[8]正是立足于这些意义,孙中山才在 10 月 6 日上海国民党的欢迎会上表示:"余注全力于铁路政策,以谋发达民生。"[9]由此可以看出,孙中山确实是把铁路建设作为实行民生主义

〔1〕 中国社会科学院近代史研究所中华民国史研究室、中山大学历史系孙中山研究室、广东省社会科学院历史研究室合编:《孙中山全集》第二卷,中华书局 1982 年版,第 411 页。

〔2〕 中国社会科学院近代史研究所中华民国史研究室、中山大学历史系孙中山研究室、广东省社会科学院历史研究室合编:《孙中山全集》第二卷,中华书局 1982 年版,第 474 页。

〔3〕 中国社会科学院近代史研究所中华民国史研究室、中山大学历史系孙中山研究室、广东省社会科学院历史研究室合编:《孙中山全集》第二卷,中华书局 1982 年版,第 341 页。

〔4〕 中国社会科学院近代史研究所中华民国史研究室、中山大学历史系孙中山研究室、广东省社会科学院历史研究室合编:《孙中山全集》第二卷,中华书局 1982 年版,第 421 页。

〔5〕 中国社会科学院近代史研究所中华民国史研究室、中山大学历史系孙中山研究室、广东省社会科学院历史研究室合编:《孙中山全集》第二卷,中华书局 1982 年版,第 488 页。

〔6〕 陈旭麓、郝盛潮主编,王耿雄等编:《孙中山集外集》,上海人民出版社 1990 年版,第 194 页。梁上栋,山西崞县(今原平)人,留英毕业于伯明翰大学工科。1910 年在伦敦加入同盟会,后返晋工作。1912 年孙中山莅晋巡视,梁至京恭迎,此件即是孙中山在赴晋途中与梁的谈话。

〔7〕 中国社会科学院近代史研究所中华民国史研究室、中山大学历史系孙中山研究室、广东省社会科学院历史研究室合编:《孙中山全集》第二卷,中华书局 1982 年版,第 411 页。

〔8〕 陈旭麓、郝盛潮主编,王耿雄等编《孙中山集外集》,上海人民出版社 1990 年版,第 179 页。

〔9〕 中国社会科学院近代史研究所中华民国史研究室、中山大学历史系孙中山研究室、广东省社会科学院历史研究室合编:《孙中山全集》第二卷,中华书局 1982 年版,第 485 页。

的一种重要手段,并谋求其"国利民福"的终极目标。

通过上述对孙中山观点的详细介绍,就不难理解他在此问题上的一个总看法:"民国今日贫困极矣,开辟富源,振兴实业,非铁路不为功。"[1]或者是:"故今日欲谋富国之策,非扩充铁路不可。"[2]

关于"国强",从政治而言,7 月 22 日,他在上海中华民国铁道协会的欢迎会上发表演说认为:"中华之地五倍于美(国)。苟能造铁道三百五十万里,即可成全球第一之强国。否则,人民虽多,不能一呼即集,与少何异。幅员虽广,自南而北,自西徂东,交通不便,载运不灵,虽大无济。"[3]这里强调的是铁路建设有利于政治动员。国家的强大还在于政治的统一,铁路建设有利于国家政治的统一,有利于加强内部的政治联系。孙中山在《中国之铁路计划与民生主义》一文中充分论述了铁路建设对于政治统一的重要作用:"因铁路能使人民交接日密,祛除省见,消弭一切地方观念之相嫉妒与反对,使不复阻碍吾人之共同进步,以达到吾人之最终目的。"[4]"今后将敷设无数之干线,以横贯全国各极端,使伊犁与山东恍如毗邻,沈阳与广州语言相通,云南视太原将亲如兄弟焉。迨中国同胞发生强烈之民族意识,并民族能力之自信,则中国之前途,可永久适存于世界。盖省区之异见既除,各省间不复时常发生隔阂与冲突,则国人之交际日增密切,各处方言将归消灭,而中国形成民族公同自觉之统一的国语必将出现矣。"[5]"完成目前之铁路计划……尤其重要者,则为保障统一之真实,盖中国统一方能自存也。一旦统一兴盛,则中国将列于世界大国之林,不复受各国之欺侮与宰割。"[6]他在上海报界公会的欢迎会上也指出:"以今日之国势,交通最要者则为铁路。无交通,则国家无灵活运动之机械,则建设之事,千端万绪,皆不克举。故国家之有交通,如人之有手足四肢。人有手足始可以行动,始可以作事;国家有交通,始可以收政治运用敏活之效。否则,国家有广大之土地,丰富之物产,高尚思想之人民,而无交通以贯之,联络之,则亦有等于无。譬之人而无手足,不能行动,不能发挥,即有聪明才力,亦归无用。

[1] 中国社会科学院近代史研究所中华民国史研究室、中山大学历史系孙中山研究室、广东省社会科学院历史研究室合编:《孙中山全集》第二卷,中华书局 1982 年版,第 411 页。

[2] 中国社会科学院近代史研究所中华民国史研究室、中山大学历史系孙中山研究室、广东省社会科学院历史研究室合编:《孙中山全集》第二卷,中华书局 1982 年版,第 421 页。

[3] 中国社会科学院近代史研究所中华民国史研究室、中山大学历史系孙中山研究室、广东省社会科学院历史研究室合编:《孙中山全集》第二卷,中华书局 1982 年版,第 391 页。

[4] 中国社会科学院近代史研究所中华民国史研究室、中山大学历史系孙中山研究室、广东省社会科学院历史研究室合编:《孙中山全集》第二卷,中华书局 1982 年版,第 488 页。

[5] 中国社会科学院近代史研究所中华民国史研究室、中山大学历史系孙中山研究室、广东省社会科学院历史研究室合编:《孙中山全集》第二卷,中华书局 1982 年版,第 490—491 页。

[6] 中国社会科学院近代史研究所中华民国史研究室、中山大学历史系孙中山研究室、广东省社会科学院历史研究室合编:《孙中山全集》第二卷,中华书局 1982 年版,第 491 页。

是以人而无手足,是为废人;国而无交通,是为废国。"[1]因此,铁路交通对于一个国家加强内部的政治联系与政治统一是何等重要!

从军事国防和边防而言,孙中山曾就铁路对军事国防和军事征调的作用做过两次内容基本相似的分析,其中一次是在8月29日北京全国铁路协会的欢迎会上。他说:"至强国一节,譬如中国有二百万兵,分布二十余省,平均不过十万耳,人以三十万兵,可以制胜而有余。盖人以三十万兵敌我十万,非二百万兵也,其制胜可以断然矣。其故皆由交通不便,运兵运饷,非数月不能到,及其到时,则大事已去矣。则名为二百万兵,与无兵同。今若铁路交通,不过百万兵已足。盖运输便利,不过数日可到,分之虽少,合之则多。以百万兵敌三十万,加以主客异势,蔑不胜矣。"[2]10月12日,在上海报界公会欢迎会演说时,他还说:"余谓民国苟不兴筑铁路,便利交通,虽有五百万之强兵,数百万吨斗舰,亦不能立国于此三四十年之内,盖有铁路,则尚足以图存。……且使中国于今后不兴筑铁路,而第扩张武备,民智不启,实业不兴,政治不能收敏活之效用,国家精神不备,亦决其难以长久而不敝。"[3]9月1日,他在北京蒋翊武等人的欢宴会上又说:"中国地土广大,边防吃紧,一有战事,则东西南北,不能即时救应,以此梗塞之国,而与列强并驾齐驱,断断乎不可。"[4]9月2日,他在北京中华民国铁道协会的欢迎会上也说:"倘有铁道,则交通便利,可将内地之军队输于边疆,以保吾圉。如蒙古,如西藏,皆由兵力薄弱,以致外侮侵凌,是皆交通不便之故。"[5]这些是侧重于加强边防的考虑。

所以,孙中山认为:"凡立国铁道愈多,其国必强而富。"[6]还说:"故鄙人以为欲谋强国,亦必自扩充铁路始也"[7],"国家之强弱,以铁路之多寡为衡"[8]。他并进一步分析说:"盖中国地质本居世界第一位置,如果交通利便,即为全球第一强国;惟昧于大势,不知敷设铁道,故降至三等国、四等国而

---

〔1〕 中国社会科学院近代史研究所中华民国史研究室、中山大学历史系孙中山研究室、广东省社会科学院历史研究室合编:《孙中山全集》第二卷,中华书局1982年版,第496—497页。

〔2〕 中国社会科学院近代史研究所中华民国史研究室、中山大学历史系孙中山研究室、广东省社会科学院历史研究室合编:《孙中山全集》第二卷,中华书局1982年版,第421页。另一次是1912年9月17日与梁上栋谈话时,见《孙中山集外集》第194页。

〔3〕 中国社会科学院近代史研究所中华民国史研究室、中山大学历史系孙中山研究室、广东省社会科学院历史研究室合编:《孙中山全集》第二卷,中华书局1982年版,第497页。

〔4〕 陈旭麓、郝盛潮主编,王耿雄等编:《孙中山集外集》,上海人民出版社1990年版,第64页。

〔5〕 中国社会科学院近代史研究所中华民国史研究室、中山大学历史系孙中山研究室、广东省社会科学院历史研究室合编:《孙中山全集》第二卷,中华书局1982年版,第436页。

〔6〕 中国社会科学院近代史研究所中华民国史研究室、中山大学历史系孙中山研究室、广东省社会科学院历史研究室合编:《孙中山全集》第二卷,中华书局1982年版,第391页。

〔7〕 中国社会科学院近代史研究所中华民国史研究室、中山大学历史系孙中山研究室、广东省社会科学院历史研究室合编:《孙中山全集》第二卷,中华书局1982年版,第421页。

〔8〕 陈旭麓、郝盛潮主编,王耿雄等编《孙中山集外集》,上海人民出版社1990年版,第58页。

不惜，亦可哀已！”[1]他在给黎元洪的信中也认为：“铁道之有无，系乎国家之强弱。丁兹民国成立，万端待理，究以铁路为首要。”[2]

综合上述两大方面的观点，可以看出，国家的富强离不开铁路。孙中山对此也是有综合性观点的，在他的表述中“富”“强”有时是连在一起作为“富强”来说的。7 月 22 日，在上海中华民国铁道协会的欢迎会上，他说：“夫人民之对本国莫不希望其富与强，欲富强非建筑铁道不可。”[3]8 月 29 日，在北京全国铁路协会的欢迎会上，他又说：“如果诸君不河汉斯言，各出其经验及专长以经营之（铁路），鄙人可决中华民国为最富最强之国，亦可决中华民国为地球上最有名、最富强之国。”[4]9 月 2 日，在北京报界的欢迎会上，他更是充满豪情地告诉人们：“庶铁路有告成之日，而中国有富强之期”，“我报界诸君，既为全国言论机关，果能尽力鼓吹，使全国人民无排外之恶感，知借债筑路为救国之急务，于十年之内将二十万里之铁道筑成，中国富强可与欧美并驾。”[5]同一天，在北京中华民国铁道协会的欢迎会上，他说：“故今日我国，如欲立足于世界，惟有速修铁路，以立富强之基。”他又指出：“中国当此极贫极弱之时，非多筑铁路不能转贫为富，转弱为强。”[6]在给《铁路杂志》题词时，他也分析说：“以今日科学之进步，物质之发达，十数年后，我国铁路必能与美国并驾齐驱，而我国之富强亦必随铁路与俱来矣。”[7]

由此看来，孙中山对将铁路视为立国之本的观点还是有深入思考的。正是由于他把铁路建设看成是民国的立国根本，是解决民初政府财政困难的根本性出路，因此，孙中山将铁路建设的重要性提高到了无以复加的地步，他把铁路建设能否成功、他的铁路计划能否顺利实施看成是关系民国生死存亡的前途问题。9 月 2 日，在北京报界的欢迎会上，他说：“铁道为人所夺，国即为人瓜分。”[8]“今日修筑铁路，实为目前唯一之急务，民国之生死存亡，系于此

---

〔1〕 陈旭麓、郝盛潮主编，王耿雄等编：《孙中山集外集》，上海人民出版社 1990 年版，第 58 页。

〔2〕 陈旭麓、郝盛潮主编，王耿雄等编：《孙中山集外集》，上海人民出版社 1990 年版，第 354 页。

〔3〕 陈旭麓、郝盛潮主编，王耿雄等编：《孙中山集外集》，上海人民出版社 1990 年版，第 60 页。

〔4〕 中国社会科学院近代史研究所中华民国史研究室、中山大学历史系孙中山研究室、广东省社会科学院历史研究室合编：《孙中山全集》第二卷，中华书局 1982 年版，第 421—422 页。

〔5〕 中国社会科学院近代史研究所中华民国史研究室、中山大学历史系孙中山研究室、广东省社会科学院历史研究室合编：《孙中山全集》第二卷，中华书局 1982 年版，第 434—435 页。

〔6〕 中国社会科学院近代史研究所中华民国史研究室、中山大学历史系孙中山研究室、广东省社会科学院历史研究室合编：《孙中山全集》第二卷，中华书局 1982 年版，第 436 页。

〔7〕 中国社会科学院近代史研究所中华民国史研究室、中山大学历史系孙中山研究室、广东省社会科学院历史研究室合编：《孙中山全集》第二卷，中华书局 1982 年版，第 568 页。

〔8〕 中国社会科学院近代史研究所中华民国史研究室、中山大学历史系孙中山研究室、广东省社会科学院历史研究室合编：《孙中山全集》第二卷，中华书局 1982 年版，第 435 页。

举。”[1]同一天，在北京中华民国铁道协会的欢迎会上，他也指出：“如蒙诸君赞成，俾鄙人所怀抱之计划得实行，必与民国前途大有利益。鄙人所计划者非他，即建筑铁道问题是也。”[2]他断言：“但今日之铁路问题，实为中国生死存亡之问题。”[3]9 月 14 日，他在北京招待报界同人时又强调：“要知此次鄙人主张修筑全国铁路，实为中华民国之存亡大问题。”[4]在 10 月 10 日的《中国之铁路计划与民生主义》一文中，孙中山也认为：“故目前关系吾国前途之最大者，莫如铁路之建筑。”[5]他还说：“余对于铁路建筑工程，与运用上之复杂情形，及经济方面，已加一番研究，知此事关于国家前途之发展者甚大，故敢毅然担任之。”[6]10 月 12 日，在上海报界公会的欢迎会上，孙中山指出：“余现以全力筹划铁道，即为国家谋自存之策。”

铁路建设是孙中山在民初高唱民生主义奋斗目标时为解决民初财政困难而提出来的，因此，他把铁路建设的成功与否看成是关系到民国生死存亡的前途问题，这又是一个必然性的逻辑发展。应该说，孙中山在民元关于铁路重要性和铁路作用的认识是他铁路建设思想的新发展，也是其民生主义思想深入发展的一个重要标志，因为：在这里，他将“国利民福”的民生主义终极追求目标中的“国利”，通过对铁路建设作用的分析，阐发得更为淋漓尽致。

三、铁路建设与民生主义的具体关系

那么，在孙中山看来，铁路建设与民生主义究竟有什么具体关系呢？

孙中山对此有一个总的看法。12 月 8 日，他在杭州国民党浙江支部欢迎会上的演说中认为：“要建设一个富强的民国，首先要实施民生主义，实施民生主义的四大纲领是：节制资本，平均地权，铁路国有，教育普及。这是改革社会，提高人民生活主要途径。”[7]12 月 9 日，他在杭州 51 个团体的欢迎会上指出民生主义“有四大纲”，这“四大纲”分别指资本、土地、实业与铁路问

[1] 中国社会科学院近代史研究所中华民国史研究室、中山大学历史系孙中山研究室、广东省社会科学院历史研究室合编：《孙中山全集》第二卷，中华书局 1982 年版，第 433 页。

[2] 中国社会科学院近代史研究所中华民国史研究室、中山大学历史系孙中山研究室、广东省社会科学院历史研究室合编：《孙中山全集》第二卷，中华书局 1982 年版，第 431 页。

[3] 中国社会科学院近代史研究所中华民国史研究室、中山大学历史系孙中山研究室、广东省社会科学院历史研究室合编：《孙中山全集》第二卷，中华书局 1982 年版，第 435 页。

[4] 中国社会科学院近代史研究所中华民国史研究室、中山大学历史系孙中山研究室、广东省社会科学院历史研究室合编：《孙中山全集》第二卷，中华书局 1982 年版，第 456 页。

[5] 中国社会科学院近代史研究所中华民国史研究室、中山大学历史系孙中山研究室、广东省社会科学院历史研究室合编：《孙中山全集》第二卷，中华书局 1982 年版，第 488 页。

[6] 中国社会科学院近代史研究所中华民国史研究室、中山大学历史系孙中山研究室、广东省社会科学院历史研究室合编：《孙中山全集》第二卷，中华书局 1982 年版，第 489 页。

[7] 陈旭麓、郝盛潮主编，王耿雄等编：《孙中山集外集》，上海人民出版社 1990 年版，第 73 页。

题、教育问题。[1]也就是说,铁路建设是孙中山民生主义思想的重要组成部分。在资本问题上,孙中山主张节制资本;在土地问题上,他力主平均地权。节制资本和平均地权与铁路建设都有极为密切的关系,这在后文将专门论及。关于教育问题,他在《中国之铁路计划与民生主义》一文中表示:"余所以主张民生主义制度者,盖欲用一种制度,使国民对于国事发生直接之兴趣,愿全国人民皆享受其生产之结果。"如何才能使全国人民都能享受到他们的生产成果呢?首先必须保证国家有充足的税源,为此就要将关系国计民生的重要产业如"铁路、电车、电灯、瓦斯、自来水、运河、森林"等收归国有。国民"生产之结果"表现为"国家之收入",铁路收入为"国家之收入"的三种之一。这些国民"生产之结果"如何使人民得到享受呢?孙中山的看法是:"综上述之各种收入,将供给国家政费之需要而有余,然后举其余额,以兴办教育及最要之慈善事业,如养老恩俸、收养残废跛瞎之人。吾人应注意青年之养育与衰老羸弱者之安抚。"[2]从前文分析可知,在孙中山看来,铁路建设是谋求国家富强的不二法门,而国家富强了,一切问题都可以得到解决。可以说,铁路建设问题是孙中山在民元着力解决的民生主义的中心问题。

为什么要进行平均地权?在孙中山看来,铁路建设将导致一些地方地价的上涨,从而使土地所有者暴富。这种暴富不是他们辛勤劳动的结果。这是一种不平等的社会现象。关于铁路建设与地价上涨的关系,早在1911年12月21日孙中山与胡汉民、廖仲恺谈话时,他就指出:"道路一经开通,物产既销流,田土必涨价,将来由新政府征取。"[3]1912年3月31日,孙中山在南京同盟会会员的饯别会上说:"上年在英京,见一地不过略为繁盛,而其价每亩约值六百万元。中国后来亦不免到此地步。此等重利,皆为地主所得。比如在乡间有田十亩,用人耕作,不过足养一人。如发达后,可值六千万,则成一大富翁。此家资从何而得来,则大抵为铁道及地业发达所坐致,而非由己力之作成。数十年之后,有田地者,皆得坐享此优先莫大之权,据地以收人民之税,就是地权不平均的说话了。"[4]4月10日,他在武汉了解到,因修了张公堤和京汉铁路,武汉的歆生路地皮一下子涨到了几百两银子一方,汉口的地皮大王刘歆生平白无故地赚了一大笔钱,成了武汉巨富。当日演讲为什么要

---

〔1〕 中国社会科学院近代史研究所中华民国史研究室、中山大学历史系孙中山研究室、广东省社会科学院历史研究室合编:《孙中山全集》第二卷,中华书局1982年版,第552—553页。

〔2〕 中国社会科学院近代史研究所中华民国史研究室、中山大学历史系孙中山研究室、广东省社会科学院历史研究室合编:《孙中山全集》第二卷,中华书局1982年版,第493页。

〔3〕 广东省社会科学院历史研究室、中国社会科学院近代史研究所中华民国史研究室、中山大学历史系孙中山研究室合编:《孙中山全集》第一卷,中华书局1981年版,第568—569页。

〔4〕 中国社会科学院近代史研究所中华民国史研究室、中山大学历史系孙中山研究室、广东省社会科学院历史研究室合编:《孙中山全集》第二卷,中华书局1982年版,第321页。

实行平均地权，他即以此为例。[1]9月19日，在山西同盟会欢迎会上演说，他分析说："且繁盛之区所得重大之地价，非由地而生，实因交通种种发达而此结果。则此功劳当归功社会，不当归地主明矣。"[2]10月25日，在南昌百花洲行辕发表谈话时，他又指出："如美国现有一富人，从前收买十亩地时，该富人某日醉后，归途遇人拍卖，随意以二百元立约。当时人皆笑其过昂，迄今竟成数十万之富家翁矣。故此种致富，乃非人力经营所致，不过得好机会而已。然彼之好机会，又由国家路政、矿政而致，实非彼有丝毫之力。而乡村力作之农，乃至终身困穷，故此为不平之道。"[3]为了解决这种"不平之道"，就必须进行平均地权。由此看来，孙中山认为，铁路建设是导致地权不平均的重要原因之一。

何时进行平均地权呢？孙中山多次指出，要在革命成功之际进行平均地权，3月31日在南京同盟会会员的饯别会上他就说过"今宜令全国一律改换地契"。但是，要保证平均地权后民生主义能够真正实行，则必须在革命成功之际而铁路建设之前进行平均地权。9月19日，他在山西同盟会的欢迎会上指出："昔吾党宣言有平均地权一层，即为民生主义第一件事。此事做不到，民生主义即不能实行。……然于铁路未成以前，须预筹平均地权之法，而后于民生有利益。因铁路所至地价必增，有地者得利，无地者死，受害多矣。资本家贱价购地，垄断其利，穷民又何利之有。故乘此革命大变动之际，土地必须有换契之举，政府可藉调查地价，布告全国，实行地价税法。"[4]也就是说，在革命成功之际而大规模的铁路建设尚未开始时平均地权是最好的时机。

那么，如何进行平均地权，如何保证平均地权的公正性呢？孙中山指出："今民国成立，前清土地契约，当然作废，可由政府下令各省及各府州县，令民间更易新契，并令其于易契时，报明该地现时值价若干，一一登记，收什一之税。"[5]又说："其地价多寡由所有者自为报定，将来政府公用征收，即按所报之价而付与之。地主惧异日收买之吃亏，自不肯以多报少。而既按地价征税，亦不必肯虚报重价，致目前重其负担。如此，则所报地价不患不公平矣。"[6]这里

---

〔1〕王耿雄编：《孙中山史事详录1911—1913》，天津人民出版社1986年版，第272页。

〔2〕中国社会科学院近代史研究所中华民国史研究室、中山大学历史系孙中山研究室、广东省社会科学院历史研究室合编：《孙中山全集》第二卷，中华书局1982年版，第473页。

〔3〕中国社会科学院近代史研究所中华民国史研究室、中山大学历史系孙中山研究室、广东省社会科学院历史研究室合编：《孙中山全集》第二卷，中华书局1982年版，第535页。

〔4〕中国社会科学院近代史研究所中华民国史研究室、中山大学历史系孙中山研究室、广东省社会科学院历史研究室合编：《孙中山全集》第二卷，中华书局1982年版，第473—474页。

〔5〕中国社会科学院近代史研究所中华民国史研究室、中山大学历史系孙中山研究室、广东省社会科学院历史研究室合编：《孙中山全集》第二卷，中华书局1982年版，第502页。

〔6〕中国社会科学院近代史研究所中华民国史研究室、中山大学历史系孙中山研究室、广东省社会科学院历史研究室合编：《孙中山全集》第二卷，中华书局1982年版，第474页。

的“政府公用征收”,就包括了铁路建设的征购土地。6 月 9 日,在广州行辕与各界谈话时,他又说:“至于地价贵贱,由业主自报多寡。如防业主以贵报贱,由省会定一条件,如国家开铁路、马路或建一大工场等,可以随时收归国有,则以贵报贱之弊,可无虑矣。”〔1〕“国家既得地价之真数,则收卖[买]时不患民间有故意高抬价额之事,可因将来交通之便利,于其集中繁盛之区一一收土地为国有。则将来市场发达,地租涨高,皆国家共有之利,可免为少数地棍所把持。”〔2〕在孙中山看来,铁路建设是平均地权的工具性因素。在核定地价阶段,将铁路建设按原价征地作为一种将来时的政策广为宣传,就可保证地主报价的真实性。

平均地权后,对铁路建设有何影响呢? 应该说,平均地权后有利于铁路建设。这主要有两点:其一,照价收税后也有利于铁路建设的进一步开展,因为照价收税可增加政府的财政收入,政府就有更多的经费投入铁路建设。5 月 5 日,他在广州与报界记者谈话时说:“实行税契,全国每年可得四十万万,今日支出之数不过四万万。度支既足,可以再筑铁路、开采矿山两种实业。”〔3〕其二,核定地价有利于铁路建设的进一步开展,征购铁路建设所需要的地皮就容易一些。3 月 31 日,孙中山在南京同盟会会员的饯别会上发表演说时就意识到了这一点,他指出:“地为生产之原素,平均地权后,社会主义则易行。如国家欲修一铁路,人民不能抬价,则收买土地自易。”〔4〕反过来,如不实行平均地权,则不利于铁路建设。9 月 4 日,他在北京答记者黄远庸问时表示要“从速实行”平均地权,“因为地价不定,地皮一天贵一天,将来造办铁路购买地皮时,异常不利”。〔5〕

从上述可知,铁路建设与平均地权有着密切的关系。铁路建设是导致地价上涨的重要因素之一,地价不断上涨从而使少数土地所有者暴富起来。因此,必须平均地权。平均地权的最好时机是在革命成功后而大规模的铁路建设尚未开始之时,只有这样才能对民生有利。在平均地权的过程中,铁路建设等国家工程按原价征地作为一种将来时的政策,对土地所有者如实核报地价具有一定的震慑作用,可以保证地价的公正性。平均地权后,由于获得“地

〔1〕 中国社会科学院近代史研究所中华民国史研究室、中山大学历史系孙中山研究室、广东省社会科学院历史研究室合编:《孙中山全集》第二卷,中华书局 1982 年版,第 372 页。

〔2〕 中国社会科学院近代史研究所中华民国史研究室、中山大学历史系孙中山研究室、广东省社会科学院历史研究室合编:《孙中山全集》第二卷,中华书局 1982 年版,第 502 页。

〔3〕 中国社会科学院近代史研究所中华民国史研究室、中山大学历史系孙中山研究室、广东省社会科学院历史研究室合编:《孙中山全集》第二卷,中华书局 1982 年版,第 357 页。

〔4〕 中国社会科学院近代史研究所中华民国史研究室、中山大学历史系孙中山研究室、广东省社会科学院历史研究室合编:《孙中山全集》第二卷,中华书局 1982 年版,第 321 页。

〔5〕 中国社会科学院近代史研究所中华民国史研究室、中山大学历史系孙中山研究室、广东省社会科学院历史研究室合编:《孙中山全集》第二卷,中华书局 1982 年版,第 446 页。

价之真数”,真正的铁路建设开始时购置地皮价廉,降低了铁路建设的成本;另一方面,平均地权后,政府的契税收入增加,又可保证对铁路建设的投入。铁路建设使得一些地方的交通便利,又可将平均地权向前推进,将这些交通便利之地收归国有,使国家享有高额地租。这些就是孙中山关于铁路建设与平均地权关系的全部观点。

铁道国有是为节制资本而采用的国家资本主义政策的重要组成部分,是达到民生主义目的的重要手段。

为什么要实行铁道国有政策呢?实行铁道国有是为了防止在中国出现大资本家,防止“资本家垄断之流弊”。资本家垄断是怎么形成的呢?孙中山认为有两个方面的原因,一是近代机器工业发展的结果。他说:“因现在世界上机器发明,资本家可不劳而代千万之力,以致全国财货尽归其手。彼恃其财力,不惟足以压制本国,其魔力并可及于外国。即如正太路,以一机器之力,而使无数骡马全归无用,其明征也。”〔1〕二是近代资本主义竞争的结果。他曾以美国铁路公司的情况说明这个问题:“若美国铁路公司,对于人民输运农产,取费极廉,另设转运公司以贱价就地收买,人民以其可免运费,皆愿贱售与之。转运公司原附于铁路公司而发生者也,输运之费,自较他人为轻,运费既廉,资本亦少,再以贱售与人,以夺商人之业,于是商农皆归失败。小商既受淘汰,公司遂高其价,小商以价高,有利可图,于是复振旧业。公司见小商之又起也,再贱其价,小商以资本之微,不能持久,复归消灭,公司遂独享其利。不特此农产转运公司已也,如煤油、钢铁,皆莫不效尤,故意操纵,肆力吞并。小商知力之不能敌,惟有拱手退让,所有生产厚利,皆为大资本垄断。于是托拉斯一出,几几有左右全世界经济之势力,而煤油、钢铁有大王之称,兼并多数人民之资财,而成一己之富矣。”〔2〕从美国的情况来看,铁路垄断资本的形成具有示范作用,不仅如此,在孙中山看来,铁路垄断资本家是获利最厚的资本家。他说:“资本原非专指金钱而言,机器、土地莫不皆是。就今日世界现状观之,其资本生资最巨者,莫如铁道。美国铁道之资本金约一百八十万万,每年全国收入总数约十五万万,十二年之收入,即可收回成本,则十二年后之收入,尽为赢余,其利之厚,鲜有过于此者。……美国铁道全归公司所有,即少数资本家所有,故利皆为私人垄断。”〔3〕因此,孙中山总是把铁路国有作为“国家一切大实业皆归国有”的首要考虑对象。

〔1〕中国社会科学院近代史研究所中华民国史研究室、中山大学历史系孙中山研究室、广东省社会科学院历史研究室合编:《孙中山全集》第二卷,中华书局1982年版,第472页。

〔2〕中国社会科学院近代史研究所中华民国史研究室、中山大学历史系孙中山研究室、广东省社会科学院历史研究室合编:《孙中山全集》第二卷,中华书局1982年版,第519—520页。

〔3〕中国社会科学院近代史研究所中华民国史研究室、中山大学历史系孙中山研究室、广东省社会科学院历史研究室合编:《孙中山全集》第二卷,中华书局1982年版,第521页。

资本家垄断有哪些流弊呢？资本家垄断首先导致工人的生活没有保障，从而有可能出现工人的罢工斗争。他说："如有一工厂，佣工数百人，人可生二百元之利，而工资所得不过五元，养家糊口，犹恐不足，以此不平，遂激为罢工之事，此生产增加所不可免之阶级。"[1]不仅如此，资本家垄断还会影响到全体国民的生活，孙中山对此分析道："譬如美国大资本家如煤油大王、铁路大王，全国财政几操此数人之手，任其专利，以致其国虽强，其民仍复苦楚。"[2]对于铁路资本家垄断来说，其流弊也是如此。流弊所及首先是与铁路有关的旅客、货商与铁道工人。孙中山说："试以铁道论之，苟全国之铁道皆在一二资本家之手，则其力可以垄断交通，而制旅客、货商、铁道工人等之死矣。"[3]铁路垄断资本家对全体国民的影响也是存在的，他在杭州51个团体的欢迎会上反问道："倘或不归国有，譬如一省出一大资本家，将一省铁路买回，大权独揽，垄断商业，彼时国民受其影响，岂不大哉！"[4]

正因为资本家垄断有这些流弊，所以，孙中山在早年设想民生主义时就考虑到如何防止这些流弊。他指出："此防弊之政策，无外社会主义。本会政纲中，所以采用国家社会主义政策，亦即此事。现今德国即用此等政策。国家一切大实业，如铁道、电气、水道等事务皆归国有，不使一私人独享其利。英美初未用此政策，弊害今已大见。美国现欲收铁道为国有，但其收入过巨买收则无此财力，已成根深不拔之势。唯德国后起，故能思患预防，全国铁道皆为国有。"[5]这里所谓的"国家社会主义"，在孙中山看来就是他的民生主义。他说："夫吾人所以持民生主义者，非反对资本，反对资本家耳，反对少数人占经济之势力，垄断社会之富源耳。……故民生主义者，即国家社会主义也。"[6]他还认为："盖以国家社会主义本丽(属)于集产社会主义之中，而无政府社会主义又属于共产社会主义者也。夫所谓集产(社会主义)云者，凡生利各事业，若土地、铁路、邮政、电气、矿产、森林皆为国有。"[7]他说："则主张

[1] 中国社会科学院近代史研究所中华民国史研究室、中山大学历史系孙中山研究室、广东省社会科学院历史研究室合编:《孙中山全集》第二卷，中华书局1982年版，第323页。

[2] 中国社会科学院近代史研究所中华民国史研究室、中山大学历史系孙中山研究室、广东省社会科学院历史研究室合编:《孙中山全集》第二卷，中华书局1982年版，第340页。

[3] 中国社会科学院近代史研究所中华民国史研究室、中山大学历史系孙中山研究室、广东省社会科学院历史研究室合编:《孙中山全集》第二卷，中华书局1982年版，第338页。

[4] 中国社会科学院近代史研究所中华民国史研究室、中山大学历史系孙中山研究室、广东省社会科学院历史研究室合编:《孙中山全集》第二卷，中华书局1982年版，第552页。

[5] 中国社会科学院近代史研究所中华民国史研究室、中山大学历史系孙中山研究室、广东省社会科学院历史研究室合编:《孙中山全集》第二卷，中华书局1982年版，第322、323页。

[6] 中国社会科学院近代史研究所中华民国史研究室、中山大学历史系孙中山研究室、广东省社会科学院历史研究室合编:《孙中山全集》第二卷，中华书局1982年版，第338—339页。

[7] 中国社会科学院近代史研究所中华民国史研究室、中山大学历史系孙中山研究室、广东省社会科学院历史研究室合编:《孙中山全集》第二卷，中华书局1982年版，第508页。

集产社会主义,实为今日唯一之要图。凡属于生利之土地、铁路收归国有,不为一、二资本家所垄断渔利,而失业小民,务使各得其所,自食其力,既可补救天演之缺憾,又深合于公理之平允。斯则社会主义之精神,而和平解决贫富之激战矣。”〔1〕因此,不难看出,铁道国有政策是其民生主义的一个重要组成部分,铁道国有在其“国家一切大实业皆归国有”中占首要地位,也是“国家一切大实业皆归国有”的重点。孙中山非常明确地认识到,国家社会主义已经成为世界历史发展的一种趋势。他说:“德国俾士麦反对社会主义,提倡国家社会主义,十年以来,举世风靡。日本前年杀社会党多人,其政府又主张烟草专卖等事,仍是国家社会主义。可知此主义并非荒谬,世界通行。”〔2〕

孙中山根据近代中国社会的实际情形,明确宣布“我国铁道应提倡归为公有”。4 月 4 日,他在上海答《文汇报》记者问时就表示:“民国政府拟将国内所有铁路、航业、运河及[其]他重要事业,一律改为国有。”〔3〕他觉得当时的中国还没有大资本家,因此“中国无须与大资本团抵抗,中国今日殊无钱,所有之钱均人民之钱耳”。他乐观地预言道:“然铁道国有、运河国有、航路国有以及大商业国有各制则必能行于中国也。”〔4〕孙中山还进一步分析说:“中国十年以后,必至有十万人以上之大资本家,此时杜渐防微,惟有提倡国家社会主义,此则兄弟提倡国家社会主义之微意也已。兄弟欲办铁路,每主张铁路国有,是国家社会主义,为民国富强之基。”〔5〕他又认为:“处今日中国而言社会主义,即预防大资本家之发生矣。此非无病之呻吟,正未病之防卫也。”〔6〕他还说:“但仆之宗旨在提倡实业,实行民生主义,而以社会主义为归宿,俾全国之人,无一贫者,同享安乐之幸福,则仆之素志也。”〔7〕实行了铁路国有政策,国家才会有大宗的财政收入,“国计”问题才可以得到解决。孙中山认为:“社会主义之国家,一真自由、平等、博爱之境域也。国家有铁路、矿业、森林、

〔1〕 中国社会科学院近代史研究所中华民国史研究室、中山大学历史系孙中山研究室、广东省社会科学院历史研究室合编:《孙中山全集》第二卷,中华书局 1982 年版,第 509 页。
〔2〕 中国社会科学院近代史研究所中华民国史研究室、中山大学历史系孙中山研究室、广东省社会科学院历史研究室合编:《孙中山全集》第二卷,中华书局 1982 年版,第 442 页。
〔3〕 中国社会科学院近代史研究所中华民国史研究室、中山大学历史系孙中山研究室、广东省社会科学院历史研究室合编:《孙中山全集》第二卷,中华书局 1982 年版,第 332 页。
〔4〕 陈旭麓、郝盛潮主编,王耿雄等编:《孙中山集外集》,上海人民出版社 1990 年版,第 173 页。
〔5〕 中国社会科学院近代史研究所中华民国史研究室、中山大学历史系孙中山研究室、广东省社会科学院历史研究室合编:《孙中山全集》第二卷,中华书局 1982 年版,第 442 页。
〔6〕 中国社会科学院近代史研究所中华民国史研究室、中山大学历史系孙中山研究室、广东省社会科学院历史研究室合编:《孙中山全集》第二卷,中华书局 1982 年版,第 520 页。
〔7〕 中国社会科学院近代史研究所中华民国史研究室、中山大学历史系孙中山研究室、广东省社会科学院历史研究室合编:《孙中山全集》第二卷,中华书局 1982 年版,第 340 页。

航路之收入及人民地租、地税之完纳，府库之充，有取之不竭用之不尽之势。"[1]只有实行了铁路国有，民生问题才能从根本上得到解决。孙中山指出："铁道以及各种生产事业，其利既大，工人之佣值，即可按照社会生活程度渐次增加，务使生计宽裕，享受平均，则工人亦安于工作，不至再演同盟罢工之苦剧矣。"[2]因此，铁路国有是铁路建设导致国家富强的关键环节。如果不实行铁路国有，铁路建设最终也不会导致国家富强，所谓的"国利民福"，也就无从谈起。在这里，他又将铁道国有政策的施行与民生主义"国利民福"的终极追求紧密地联系起来了。

那么，如何实行铁道国有呢？没有铁道，何谈国有？因此，在孙中山看来，要实行铁道国有政策，就必须在中国尽可能多、尽可能快地建筑铁路。孙中山的设想就是：由政府授予他全权，组织民办的中国铁路公司，再由中国铁路公司筹划铁路建设；由于国内财政困难，必须实行开放主义，建筑铁路的资金主要依靠外资，而利用外资的最好办法就是批给外人包办；在外人包办 40 年之后，再将建成的铁路收归国有。这种实行铁道国有的办法就是孙中山概括的所谓铁道"民办国有主义"。8 月 28 日，他在与《亚细亚日报》记者谈话时，第一次表述了"民办国有主义"的基本内容，主要有 3 层意思：一是先民有后国有的铁路管理政策："（铁路）初办宜定为民有，便于竞争速成，国家与以保护，限四十年后收为国有。盖与以四十年期间，民有铁路已获利甚巨，国家可以不须款项，以法律收回。无害于民，有益于国。"二是铁路建设的资金筹集渠道："二十万里铁路，可分为十大公司办理，得各以公司名义自行借债。""民有铁路公司借外债，必能达到目的。彼外国银行惟恐我不借债，借则皆争先恐后。"三是如何防止铁路垄断资本家的出现："至托辣斯亦可预防。若国家见某路获利最多，亦可于未至限期前，随意择其尤者，用款收买之。"[3]应该指出的是，第二项内容与实际的运作是有出入的，在孙中山的设想中，铁路建设的资金主要依靠对外借款，这在实际的操作上主要是由北洋政府授予他全权成立的中国铁路总公司负责的。

为什么要实行民办国有主义呢？孙中山分 3 个层次对此进行了解剖：

第一，"倘使铁路归政府所有，就给谋官的人以牟利的机会"[4]。虽然孙中山民元对此没有深入阐述，但他深有感受，早在 1897 年 3 月 1 日的《中国的

〔1〕 中国社会科学院近代史研究所中华民国史研究室、中山大学历史系孙中山研究室、广东省社会科学院历史研究室合编：《孙中山全集》第二卷，中华书局 1982 年版，第 523 页。

〔2〕 中国社会科学院近代史研究所中华民国史研究室、中山大学历史系孙中山研究室、广东省社会科学院历史研究室合编：《孙中山全集》第二卷，中华书局 1982 年版，第 521 页。

〔3〕 中国社会科学院近代史研究所中华民国史研究室、中山大学历史系孙中山研究室、广东省社会科学院历史研究室合编：《孙中山全集》第二卷，中华书局 1982 年版，第 415—416 页。

〔4〕 陈旭麓、郝盛潮主编，王耿雄等编：《孙中山集外集》，上海人民出版社 1990 年版，第 179 页。

现在和未来》中就认为:“妨碍着铁路应有的发展的,不是像一般人所设想那样,由于群众间有土生土长的迷信,实在的是由于官吏的贪污,以及清朝人怕革命,加上投资不安全,是大家都知道的。”〔1〕“有人想是土人的迷信和保守主义造成了铁路和电报企业的最大障碍,但是其实不是这样。……天津铁路局是受人民重视的,并且运输量也很大,可是它破产了。因为它在任意胡行的官吏掌握之下,行政人员也争着去拿钱贪污,其结果自然是铁路局破产。”〔2〕

第二,“倘使是归私人公司,不能得外国投资”〔3〕。对此,孙中山分析得较为深入。他说:“全国铁路二十万里,非借外债无此巨资。如以私人资格借债,则外人不信,不能借,非政府授以特权不可。例如日本之正金银行,亦系私人营业,而政府假以大权者也。如国家以全权授我,照日本之邮船会社办法,俾我办全国铁路有对外借债之全权,复又须得参议院通过,则我以私人营业造路,与外国大公司商量,造成之后四十年,将全路交回国家。”〔4〕孙中山还进一步说明了铁路必须归私人公司且国家必须授予全权的必要性。他指出:“国家以为铁路不可不造,而造路不能无规划,即不可无专员以为经理,譬如迎宾馆为前清外务部所造,当时令美国商人承办,美商即承部令建筑。今之筑路,何以异是?国家令某造路,自不能不由代表国家者下一命令,某之地位,不过一工头而已。”〔5〕在中国铁路总公司成立后,北洋政府月拨经费三万元以为赞助,亦引起一部分人的非议,孙中山对此辩解说:“此项经费预定以六年为限,共计二百十六万,似乎某之主张民办铁路,不应有此。然各国国家补助民办公司为恒有之事,在此经济困难时代,某亦不愿重累国家。不过创办之始,某实无从得款,姑向国家挪用,公司成立后,照数归还,仅得不出利息之便益而已。”〔6〕

第三,“倘属私人组织,仍归政府管理,就可脱离政治势力,且有政府管的益处”〔7〕。他说:“若用此策,则政府对于外国资本家不负责任,而我公司则对外国资本家负完全责任,则国家可免许多棘手之处也。不观日本东京之电车乎?先由民办二十五年后,收归国有。今我仿此办法,四十年后全路收归

〔1〕 广东省社会科学院历史研究室、中国社会科学院近代史研究所中华民国史研究室、中山大学历史系孙中山研究室合编:《孙中山全集》第一卷,中华书局 1981 年版,第 90—91 页。

〔2〕 广东省社会科学院历史研究室、中国社会科学院近代史研究所中华民国史研究室、中山大学历史系孙中山研究室合编:《孙中山全集》第一卷,中华书局 1981 年版,第 103—105 页。

〔3〕 陈旭麓、郝盛潮主编,王耿雄等编:《孙中山集外集》,上海人民出版社 1990 年版,第 179 页。

〔4〕 中国社会科学院近代史研究所中华民国史研究室、中山大学历史系孙中山研究室、广东省社会科学院历史研究室合编:《孙中山全集》第二卷,中华书局 1982 年版,第 455 页。

〔5〕 陈旭麓、郝盛潮主编,王耿雄等编:《孙中山集外集》,上海人民出版社 1990 年版,第 66 页。

〔6〕 陈旭麓、郝盛潮主编,王耿雄等编:《孙中山集外集》,上海人民出版社 1990 年版,第 66 页。

〔7〕 陈旭麓、郝盛潮主编,王耿雄等编:《孙中山集外集》,上海人民出版社 1990 年版,第 179 页。

国有，则此时人材已出，条理亦臻完善，政府可以坐享其成矣。但此事非得国民赞成亦不能办。大总统系四万万国民之代表，故非由大总统任命不可，并非含有官场性质。”〔1〕

民办铁路如何利用外资才能取得铁路建设的最佳效果呢？孙中山认为，在“舍路权而争主权”的总原则下利用外资可以有 3 种形式：“一、借资兴办，二、华洋合股，三、定以限期，批与外人承筑，期满无价收回。”孙中山对这 3 种形式的利弊做过多次分析和比较，提出了自己独到的见解，认为：“三者之中，以批办为最相宜。因此时中国资本、人才、方法三事皆缺，若批办则可收三事之利。方今世界交通，一国有大计划，若合数国之力以经营之，则事之成功甚易，以一国独当之，则成功极难。”〔2〕

孙中山主张实现铁道国有，但有一个从民办铁路到正式收归国有的过程。民办铁路并批给外人包办是为了加快中国铁路建设的进程。将铁路收归国有，是实行民生主义，目的就是“防止资本家垄断之流弊”，谋求人民幸福和国家富强。因此，孙中山明确提出：“鄙人主张借款办铁路，更主张批给外人包办，且欲实行民生主义，以救种种方面之弊害，此即鄙人修办铁路之大意也。”〔3〕

综上所述，孙中山考虑实行民生主义的问题时总是要提到铁路与铁路建设，而他在思考有关铁路建设的问题时也总要归结到解决民生问题、实行民生主义的落脚点上。在孙中山看来，虽然铁路问题只是民生主义的“一纲”，甚至是“半纲”，但是它与其他“三纲半”的关系是非常密切的。为什么要进行平均地权和节制资本，如何进行平均地权和节制资本，平均地权与节制资本的后果如何，等等，这些问题都必须通过铁路问题来得到深入的阐发；“交通为实业之母，铁道又为交通之母”的著名论断足以说明铁路问题为实业问题的关键所在，铁路建设为实业建设的工作母机；教育问题的真解决也离不开政府在财政收入充裕前提下的大量投入，而铁路建设将给政府带来大宗的财政收入。因此，孙中山的铁路建设思想是其民生主义思想不可或缺的关键内容，铁路建设问题是孙中山在民元试图着力解决的民生主义的中心问题，要对孙中山民生主义思想有深入的了解而不加强对其铁路建设思想的研究是不可能的，孙中山的铁路建设思想是深入了解其民生主义思想的钥匙。

---

〔1〕 中国社会科学院近代史研究所中华民国史研究室、中山大学历史系孙中山研究室、广东省社会科学院历史研究室合编：《孙中山全集》第二卷，中华书局 1982 年版，第 455 页。

〔2〕 中国社会科学院近代史研究所中华民国史研究室、中山大学历史系孙中山研究室、广东省社会科学院历史研究室合编：《孙中山全集》第二卷，中华书局 1982 年版，第 481 页。有关孙中山比较这 3 种外资形式的利弊的资料较多，兹不赘列。

〔3〕 中国社会科学院近代史研究所中华民国史研究室、中山大学历史系孙中山研究室、广东省社会科学院历史研究室合编：《孙中山全集》第二卷，中华书局 1982 年版，第 460 页。

四、对民元孙中山铁路建设思想的评析

辛亥革命胜利后，中华民国成立了。资产阶级革命党人下一步的工作重心或曰下一步的奋斗目标是什么？孙中山依据他在革命初期确立的三民主义总体目标明确了这一点。他清醒地意识到，民族国家之间的竞争归根到底是经济实力的竞争，经济实力是一个民族国家综合实力的基础，因此，要巩固襁褓中的民国政权，使新生的中华民国能够列于世界民族国家之林，就必须实行民生主义，大力振兴实业，使民众生活幸福，国家经济实力增强。由此看来，民元孙中山将他的工作重心从民主革命运动转移到经济建设上来，是非常正确而又及时的。

孙中山在民元将他经济建设工作的重心又放在铁路建设上，并把铁路建设提高到事关民国政权生死存亡的前途问题的高度，将铁路建设当作实行民生主义的重要手段和中心环节。如果我们不脱离历史发展进程实际的话，那么，就不难理解这一点。孙中山生活的年代正是工业化和现代化在欧洲核心地区获得巨大成就，并向周围地区扩散，越出欧洲向异质文化地区传播，从而形成推动现代化第二次大浪潮的历史时期。铁路建设成为第二次现代化大浪潮时期新兴工业化的中心。〔1〕第二次现代化大浪潮对中国的冲击深深影响着孙中山，在从事民主革命运动时期，他就时时关注着世界各国铁路建设的进程，设想着中国铁路建设的规划。诚如他自己所言："仆之不敏，见识浅薄，然二十年来每有所至，即收其舆图，虽用意颇杂，适用于舆图之计划甚多。但留心比较世界之铁道，实偏有所嗜。"〔2〕他敏锐地认识到："数百年前中外均无铁道，故彼此无强弱之别，现在万国均有铁道，我国不能独无。"〔3〕从民元孙中山发表的关于铁路问题的演说、谈话来看，他对世界各国特别是美国、日本、英国、德国、法国和俄国等大国的铁路建设及管理是非常了解的，对美国铁路建设的了解则更多(关于孙中山对美国铁路的了解，笔者将另文探讨)。这又是与美国在第二次现代化大浪潮中铁路建设的惊人速度与巨大成就分不开的。美国于 1830 年 5 月 24 日建成第一条铁路，以此为开端，自 19 世纪 50 年代起，筑路规模不断扩大，在 60 年代末至 90 年代初曾出现过三次铁路建设的高潮，1887 年当年就建成铁路 20 649 公里，创造了人类铁路建设史上的最高纪录，至 1916 年美国铁路营业里程达到历史上的最高峰，共有

〔1〕 罗荣渠：《现代化新论——世界与中国的现代化进程》，北京大学出版社 1993 年版，第 135—136 页。
〔2〕 中国社会科学院近代史研究所中华民国史研究室、中山大学历史系孙中山研究室、广东省社会科学院历史研究室合编：《孙中山全集》第二卷，中华书局 1982 年版，第 383 页。
〔3〕 陈旭麓、郝盛潮主编，王耿雄等编：《孙中山集外集》，上海人民出版社 1990 年版，第 60 页。

408 745 公里。[1]美国铁路建设的巨大成就不可能不引起时刻关注各国铁路建设状况的孙中山的高度重视。虽然从学理上论证铁路建设对美国经济的腾飞究竟起了哪些作用和多大作用还仁者见仁、智者见智，但是，如果没有铁路建设的飞速发展，就没有美国经济的腾飞，这一点是可以成为共识的。因为，美国铁路建设的速度最快，其经济腾飞的速度也最快，至 20 世纪初，世界上最年轻的新兴现代农业大国美国在经济实力上已一跃而超过英国。有了美国的典范，孙中山将铁路建设的作用提高到无以复加的地步应该是可以理解的，在一定程度上也是正确的。

如果再结合我国铁路建设的现状也可以理解这一点。铁路是我国国民经济的大动脉，铁路建设的速度和铁路运输能力已经成为我国国民经济进一步发展的瓶颈，则是有目共睹的事实。因此，新中国建立后，党和政府高度重视基础设施建设，加大了对铁路建设的投入。改革开放以来，我国铁路建设事业迅速发展，国家重大的铁路建设工程陆续上马，有的已经建成通车，有的尚在建筑过程中。地方铁路的建设也方兴未艾，无论是经济发达的东南沿海，还是经济欠发达的西南西北，抑或是经济处于中等发展程度的其他地区，都纷纷筹建或正在建设地方铁路。1998—2002 年间，国家又将投入 2 450 亿元进行大规模的铁路建设。由此看来，我们正在做的却是美国在 19 世纪已经做过的基础性工作。我们现在再重温一下孙中山在民元有关铁路建设的论述，个中滋味是值得把玩和体会的。

如果历史能够按照孙中山的思想逻辑发展下去，那么，今天的中华民族早该是另一番气象了。可惜的是，历史却按照其惯有的惰性力量向前运行，孙中山美好的设想归于破灭。虽然孙中山转移了他个人的工作重心，但是，他没有也不可能将这种工作重心的转移转化为全体资产阶级革命党人的集体意志，事关民族国家前途的大问题，如果没有一个先进的具有统一意志的政党的领导，不依靠全民族的力量，仅靠一个人单枪匹马地去奋斗，是不可能得到解决的。民生主义在民主革命运动过程中就是在革命党人当中分歧最大的"主义"，虽然民国成立后的中国同盟会在孙中山的坚持下，也将民生主义作为奋斗目标确立了下来，但是，此时的中国同盟会已经是一个非常松散的政党，民生主义的奋斗目标并没有成为集体的统一意志，"革命军起，革命党消"的思想潜流严重侵蚀着全体革命党人的奋斗意志。因此，对于铁路建设的要求，只能是"言之谆谆，听之藐藐"了。

我们不能低估孙中山让权在政治上的意义及其在中国民主化进程史上的价值，但不能不说，孙中山让权对于他铁路计划的实施无疑是釜底抽薪。

[1] 李京文主编：《铁道与发展》，社会科学文献出版社 2000 年版，第 60 页。又参见王垂仞编：《交通运输、通讯》，中国对外翻译出版公司 1986 年版，第 15 页。

孙中山也意识到他的铁路计划需要政府的支持才可能实施,从他阐述的有关铁路建设与民生主义的方方面面的关系来看,铁路建设也是不可能离开政府的支持的。美国铁路建设之所以飞速发展,其中一个最重要的原因就在于美国政府的大力扶持,1820—1880年,美国政府从政策方面给予很多优惠条件鼓励私人建路,各级政府为私人修路无偿赠予土地,供应材料,减免税收。1880—1930是美国铁路建设的昌盛时期,1890年美国政府投入铁路的资金为国民总收入的12.7%,1920年美国铁路已达40多万公里,这一年,美国政府投入铁路的总资金占全国财富的1/10。[1]因此,如果没有政府的支持,美国铁路建设的飞速发展是不可想象的。政治野心家最大的兴趣是玩弄权术阴谋,如果政权掌握在他们手里,真正完全意义上的近代民主政治制度的建设就不可能彻底进行,近代化的经济建设也不可能大规模展开,所谓的经济建设只能是装饰门面和大肆敛财的工具,他们把持下的政府绝不会从民族国家的长远利益着眼去真诚关心经济建设和铁路建设。因此,孙中山让权于袁世凯,是注定不会得到袁世凯北洋军阀政府对铁路建设的真诚关心的。随着袁世凯篡夺辛亥革命胜利果实的野心暴露出来,他也就撕下了伪装的面具,公开与资产阶级革命党人为敌,并下令撤销了成立不久的中国铁路总公司。

中国的铁路建设从一开始就不是源于中国近代社会经济发展的内在需要,而是仁人志士迫于外侮,从加强中国近代海防和边防的需求而提出来的。民元孙中山大力提倡铁路建设如果是迫于外侮的成分少了一些的话,那么,迫于内忧的成分就多了一些。民元临时政府的财政困窘是不得不面对、不得不解决的根本性问题。没有充裕的财政,不用说列强的承认了,就是自身的存在也决非彗泛画涂。无论是外患,还是内忧,都是铁路建设外在的逼迫性动力,而非中国近代社会经济发展到一定阶段上的内在需要。资本主义经济在近代中国虽有所发展,但还没有孕育出要求铁路建设的强烈冲动。铁路建设的这种动力决定了孙中山倡导的铁路建设不可能得到民众的广泛支持和民间资本的积极投资。所以,尽管孙中山唇敝舌焦广泛宣传他的铁路计划和铁路建设的利益,但反对的和不理解的社会舆论不在少数。这就注定了中国的铁路建设必然要经过一个相当长的经济发展阶段,才能引起社会的广泛关注和人民群众的热切支持。革命的热情永远抵不住历史发展规律的无情挑战。

应该说,孙中山的思想在不断前进。此后,北洋政府的黑暗统治使他迅速从民元筑路的热情中清醒过来。1916年在取得反袁斗争的胜利后,7月15日,他在上海尚贤堂茶话会上发表演说,指出:"吾国号称四万万人,每人每日

[1] 李京文主编:《铁道与发展》,社会科学文献出版社2000年版,第60—61页。

无不与路政有至密之关系。”“路政苟修，全国之利，年岂仅以万万计哉。”[1]但在1916年，他的建设兴趣已不在铁路，而在银行了，他曾提出过“实业为富国之本，而银行尤为实业之母”[2]的观点，因此，他在给《致全国各同志函》和《致美洲中华会馆函》中都表达了他在宣布罢职之后即拟着手实业的愿望，而“先办银行，以为各种实业倡始”是其着手之法。[3]当上海的中华民国铁路协会仍拟推他为会长时，他婉而拒之，称：“余此次归来，对于往年各种团体之曾举余为会长者，亦绝对不承认有继续之效，非只铁道协会为然也。”[4]1919年，孙中山在《中国实业如何能发展》一文中曾对《实业计划》的内容做过高度概括，他说：“予之计划，首先注重于铁路、道路之建筑，运河、水道之修治，商港、市街之建设。……其次则注重于移民垦荒、冶铁炼钢。”但是，他这篇文章的重心在于阐述另外一个观点。这时的他认为，制约中国实业发展的关键因素在于机器资本与人才。[5]1921—1922年，他在广西准备北伐期间，只在南宁时讲过“广西须大借外债，以筑铁路，开矿山，兴工厂”[6]的话，提到铁路建设，但亦未展开，此后在广西其他各处演说，都只言交通和道路的建设问题，而不专谈铁路了。他在桂林对请愿公民发表演说，仍然指出：“至于交通一层，尤为目前之急务，交通不便则万事不能办，此乃根本问题。”但是，他又比较务实地告诉请愿公民说：“修筑桂蒙马路，为治理广西之根本办法，本大总统决心先办此事，尚望诸君随时与政府共同出力，则事易举矣。”[7]1924年，他领导的中国国民党对于各国退还赔款发表宣言，主张以退款发展中国的教育事业，反对将退款用于“筑路导淮或办其他实业”。该宣言指出：“惟最近竟有持异议者，以为退款筑路导淮或办其他实业，岂不直接有益于民；或再以筑路导淮及其他实业之收入兴学，似属一举两得。殊不知筑路导淮，工难事巨，其收效恒在十年及二十年之后。必俟筑路导淮之收效而始兴学，不知俟之何时。况京汉、津浦等路，每年赢利，何啻数千万，曾有些须用之于兴学否耶？

[1] 中国社会科学院近代史研究所中华民国史研究室、中山大学历史系孙中山研究室、广东省社会科学院历史研究室合编：《孙中山全集》第三卷，中华书局1984年版，第322页。

[2] 中国社会科学院近代史研究所中华民国史研究室、中山大学历史系孙中山研究室、广东省社会科学院历史研究室合编：《孙中山全集》第三卷，中华书局1984年版，第77页。

[3] 中国社会科学院近代史研究所中华民国史研究室、中山大学历史系孙中山研究室、广东省社会科学院历史研究室合编：《孙中山全集》第三卷，中华书局1984年版，第377、413页。

[4] 中国社会科学院近代史研究所中华民国史研究室、中山大学历史系孙中山研究室、广东省社会科学院历史研究室合编：《孙中山全集》第三卷，中华书局1984年版，第368页。

[5] 中山大学历史系孙中山研究室、广东省社会科学院历史研究室、中国社会科学院近代史研究所中华民国史研究室合编：《孙中山全集》第五卷，中华书局1985年版，第133—135页。

[6] 中山大学历史系孙中山研究室、广东省社会科学院历史研究室、中国社会科学院近代史研究所中华民国史研究室合编：《孙中山全集》第五卷，中华书局1985年版，第623页。

[7] 陈旭麓、郝盛潮主编，王耿雄等编：《孙中山集外集》，上海人民出版社1990年版，第98页。

惟见军阀任意截留，以为其招兵买马，荼毒吾民之具耳。欲以退款筑路导淮等说，是自欺欺人之谈。吾人惩前毖后，决不为所惑也。"〔1〕

民主政治制度确立后逐步成熟，经济发展的总量远远超过运输能力，而发展民族经济成为全民族一致要求的时代到来的时候，大力加强铁路建设，就一定能够发达民生，实现孙中山先生民生主义的终极奋斗目标——国利民福，也就是人民的幸福和国家的富强。

（原载《学术论坛》2002 年第 5 期，人大复印资料《中国近代史》2003 年第 1 期转载。此次收入自选集时各部分加了标题）

〔1〕 陈旭麓、郝盛潮主编，王耿雄等编：《孙中山集外集》，上海人民出版社 1990 年版，第 521—522 页。

“尤当先以沟通极不交通之干路为重要”

——孙中山铁路规划思想初探

孙中山的铁路建设思想由他的铁路功能观、铁路建设观、铁路经营管理观组成。拙作《铁路建设与民生主义》对其铁路功能观做了详尽而系统的阐释;拙作《孙中山对近代世界铁路的认知述论》对其铁路建设观和铁路经营管理观已稍有涉及,但重点在于阐明孙中山思考这些问题的思想来源。在明确了为什么要建设铁路之后,如何建设铁路,是近代中国许多先进的思想家都在考虑的问题。铁路建设,规划先行。孙中山在民国元年宣布专办铁路事业以后,首先深入思考的问题就是铁路规划问题。[1]铁路规划不仅关系到铁路建设的成败,而且关系到铁路建成后功能的发挥。孙中山对近代中国的铁路规划有过深入的思考,以往的研究者对此关注不够,因此,有深入探讨其铁路规划思想的必要。

一、关于中国近代铁路建设目标的思考

明确的铁路建设总体目标,既是铁路规划的前提,也是铁路规划的最根本的依据。铁路建设的总体目标可分为铁路建设的总里程数与期限、路网布局的总体要求及其在整个交通运输格局中的地位等问题。对这些问题的思考成果构成了对路网基本框架的宏观规划。

关于铁路建设的总里程数,孙中山在民元和制订《实业计划》时进行过深入和系统的思考。在民元,他的看法在不断地转变。7 月 22 日,他在上海中华民国铁道协会欢迎会上演说时,以美国人均拥有铁路数为参照提出了第一个看法,认为应建设 350 万里的铁路。[2]由于对美国铁路总里程数的了解有所变化,这个看法又在改变。他给《铁路杂志》的题词中称,当时的美国已有

〔1〕 孙中山于 1912 年 6 月 21 日结束广东之旅回到上海的第二天(6 月 22 日)即宣布“现拟专办铁路事业,欲以十年期其大成”。6 月 25 日,他与上海《民立报》记者谈话的重点内容就是铁路规划的原则问题。

〔2〕 当时的《天铎报》记者所记孙中山这次演讲的内容中有言:“我国十年之内,必有五十万里铁道,方能立国。”但在最后又说:“今日之盛会,希望于十年内造成百万里铁道,以图富强之策。”(王耿雄编:《孙中山史事详录》第 333 页,天津人民出版社 1986 年版)查此意在《孙中山全集》和《孙中山集外集》中所载同题异文中均无,疑记者误记。

120 万里的铁路,按人均拥有铁路数计算,中国应建设 480 万里的铁路。[1]此外,孙中山还从铁路密度的角度以美国为参照提出了另一种相对模糊的看法。1912 年 9 月 19 日,他在山西同盟会欢迎会上发表演说时指出:“美国土地较小于吾国,铁路至八十万里,吾国将来铁路尚不止此,在吾辈毅力何如耳。”[2]中国欲在当时的历史条件下建筑超过 80 万里的铁路(或 350 万里,或 480 万里)是不可能的,孙中山提出这些参照性目标是为论证他的可行性目标服务的。其可行性目标是在 10 年之内建设 20 万里铁路。1912 年 8 月 12 日,他致函宋教仁就明确表达了这样的愿望。[3]这个可行性目标的基本依据是:“美国铁道年利十五万万元,每里出二千元,中国至少须有铁道二三十万里,乃足敷国用。”[4]

但时人对孙中山的这个目标仍持怀疑态度。孙中山对此进行了多次可行性分析。1912 年 8 月 29 日,他在北京全国铁路协会欢迎会上演说时,从筑路速度方面给予分析说:“愚见拟于十年建筑二十万里铁路,在旁人乍听之,以为诧异。若以最浅近、最简单之法言之,则人人共晓。譬如以十人一年工作筑造路工一里,以此推之则二十万人一年可筑二万里,二百万人一年可筑二十万里矣。以中国四万万人计之,能当路工者,岂止二百万人乎。特一人驾驭二百万人或不易,或以各小团体分办,则规画自易。期以十年,则范围更宽,其成功可操券也。”[5]9 月 2 日,他在北京报界欢迎会上演说时,首先以当时加拿大的铁路建设速度为例证,对 10 年时限的可行性分析说:“今以十年为计划,此中已有宽余之岁月。以二年募齐外债,以二年测量线路,有五年之工夫,可以全路告成。此亦并非空言。坎拿大修筑铁路,全线亦计十万里有奇,在中国招集华工十五万,三年全路告成。我国自修铁路,不用远涉重洋募集工人,难易已大不同,五年之内,必定可以竣工。”[6]同题异文的记载是:“我国人数极多,佣工于外洋者不计其数,以筑路工程而论,一千人每年可筑一万

[1] 中国社会科学院近代史研究所中华民国史研究室、中山大学历史系孙中山研究室、广东省社会科学院历史研究室合编:《孙中山全集》第二卷,中华书局 1982 年版,第 567—568 页。

[2] 中国社会科学院近代史研究所中华民国史研究室、中山大学历史系孙中山研究室、广东省社会科学院历史研究室合编:《孙中山全集》第二卷,中华书局 1982 年版,第 473—474 页。

[3] 中国社会科学院近代史研究所中华民国史研究室、中山大学历史系孙中山研究室、广东省社会科学院历史研究室合编:《孙中山全集》第二卷,中华书局 1982 年版,第 404—405 页。

[4] 陈旭麓、郝盛潮主编,王耿雄等编:《孙中山集外集》,上海人民出版社 1990 年版,第 57—60 页。

[5] 中国社会科学院近代史研究所中华民国史研究室、中山大学历史系孙中山研究室、广东省社会科学院历史研究室合编:《孙中山全集》第二卷,中华书局 1982 年版,第 421 页。

[6] 中国社会科学院近代史研究所中华民国史研究室、中山大学历史系孙中山研究室、广东省社会科学院历史研究室合编:《孙中山全集》第二卷,中华书局 1982 年版,第 432 页。

里。如全国人皆一律赞成,无有反对,五年即可将二十万里路线修成。"[1]对20万里的里程目标,他又以美国的铁路密度为参照论证说:"又有谓鄙人之计划,未免言大而夸,万难办到。不知以我国幅员之广大,修路二十万里,此为至小之计划。美国全国现有之铁路,已在八十万里之数,然美国之幅员,不敌我国之大。以此计之,我国十年之内,修路二十万里,确系极小之规模,并非大言夸众,千万不可误会。"[2]同一天,在北京中华民国铁道协会欢迎会上演说时,他又以南美(实为美国)的铁路密度为参照进一步分析说:"南美六十年以来,全国铁道修至八十万里,皆借外债以修成之。南美之疆土不过三万万里之广,尚有八十万里之铁道。我国疆土有十一万里[?]之广,二十万里铁路,较南美固为极少焉者。"[3]12天之后的9月14日,孙中山在北京招待报界同人时,谈到某报对他的铁路计划的批评,予以反驳说:"该报更有一种最离奇之议论,谓中国版图东西三千里,南北二千里,何能筑二十万里铁路等语。不知法国之领土,长仅三百英里,宽仅二百英里,而铁路之长,乃至七十万里,此又何说?盖土地纵横之里数,纯以直线计算之,而铁路之在国内,则回环屈曲,各随其势,其道里岂能与国境方里相合。"[4]9月17日,他与梁上栋谈话时又解释说:"若以十人筑路一年,可成一里,则二十万人,一年可成两万里,二百万人,一年可成二十万里,以我国人口论,用二百万人筑路,当无问题,若期以十年更无论矣。"[5]

民元时的孙中山对铁路规划的总目标是经过深思熟虑的。他曾说:建设大计,"当远测于十百年后,始能立国基于永久"[6]。在他看来,在10年内建设20万里铁路确实是有可能的。在多年革命的奋斗遭受挫折之后,孙中山在上海撰著《建国方略》,在其中的《实业计划(物质建设)》里,他对自己长期思考中国铁路建设的思想成果进行总结,提出了中国铁路建设的系统规划,在篇首,他即确定了建设10万英里的目标,10万英里为30多万里,超过了民元

[1] 中国社会科学院近代史研究所中华民国史研究室、中山大学历史系孙中山研究室、广东省社会科学院历史研究室合编:《孙中山全集》第二卷,中华书局1982年版,第437页。
[2] 中国社会科学院近代史研究所中华民国史研究室、中山大学历史系孙中山研究室、广东省社会科学院历史研究室合编:《孙中山全集》第二卷,中华书局1982年版,第432—433页。
[3] 中国社会科学院近代史研究所中华民国史研究室、中山大学历史系孙中山研究室、广东省社会科学院历史研究室合编:《孙中山全集》第二卷,中华书局1982年版,第436—437页。
[4] 中国社会科学院近代史研究所中华民国史研究室、中山大学历史系孙中山研究室、广东省社会科学院历史研究室合编:《孙中山全集》第二卷,中华书局1982年版,第466页。
[5] 陈旭麓、郝盛潮主编,王耿雄等编:《孙中山集外集》,上海人民出版社1990年版,第194页。梁上栋,山西崞县(今原平)人,留英毕业于伯明翰大学工科。1910年在伦敦加入同盟会,后返晋工作。1912年孙中山莅晋巡视,梁至京恭迎,此件即是孙中山在赴晋途中与梁的谈话。
[6] 中国社会科学院近代史研究所中华民国史研究室、中山大学历史系孙中山研究室、广东省社会科学院历史研究室合编:《孙中山全集》第二卷,中华书局1982年版,第496页。

确定的20万里目标。虽然孙中山没有明确提出这30多万里铁路的建设期限,但从他的一些表述中可知,这也是一个10年的期限。他曾说:"若以此十万英里之铁路,在十年内建筑之,机关车与客货车之需要必当大增。"〔1〕笔者通过仔细研读孙中山《建国方略·实业计划(物质建设)》中的铁路建设规划的内容,发现他规划的六大铁路系统共106条干线、17条支线,实际铁路里程约7.7万英里,并未达到10万英里。对此,孙中山有所解释,他说:"上部第四计划所预定之路线,约共长六万二千英里。至第一、第三计划所预定者,约一万四千英里。除此以外,并有多数干线当设双轨,故合数计划路线计之,至少当有十万英里。"〔2〕但巧合的是,孙中山计划的铁路实际里程数在20多万里,这在一定程度上又隐隐地证明了他于民元时对铁路总里程数规划的思考。

孙中山《实业计划》的铁路规划

单位:英里

铁路系统名称	规划的线路数	估计长度	实际长度[1]	系统的起点或终点
西北铁路系统(第一计划第二部)	9[2]干	7 000	6 550[3]	北方大港
西南铁路系统(第三计划第三部)	7干8枝	7 300	7 370	南方大港(广州)
中央铁路系统(第四计划第一部)	24干2枝	16 600	16 610	北方大港、东方大港
东南铁路系统(第四计划第二部)	13干2枝	9 000	9 300	东方大港、南方大港
东北铁路系统(第四计划第三部)	19干1枝	9 000	9 800	东镇葫芦岛
扩张西北铁路系统(第四计划第四部)	18干2枝	16 000	15 550	
高原铁路系统(第四计划第五部)	16干2枝	11 000	11 400或11 800[4]	拉萨
合　　计	106干17枝	75 900	76 940或76 980	

说明:[1] 所谓的"实际长度"是指根据孙中山对每条线路里程的估计数的总和。

[2] 原文标注8条线,应加上北方大港至多伦诺尔线,实际为9条线。

[3] 孙中山规划的北方大港至多伦诺尔线明确为双轨,应计为600英里。

[4] 此处之所以有两个数,是因为孙中山对于阗噶尔渡线的估计有1 100英里或1 500英里两个说法。

〔1〕 中山大学历史系孙中山研究室、广东省社会科学院历史研究室、中国社会科学院近代史研究所中华民国史研究室合编:《孙中山全集》第六卷,中华书局1985年版,第376—377页。

〔2〕 中山大学历史系孙中山研究室、广东省社会科学院历史研究室、中国社会科学院近代史研究所中华民国史研究室合编:《孙中山全集》第六卷,中华书局1985年版,第376页。

在探讨了铁路总里程数之后，路网如何从总体上进行布局是一个事关全局的问题。1912 年 8 月 24 日，孙中山在北京与袁世凯第一次谈话时说：“我的志愿是愈急速愈好开始我的建设事业，开始建筑我所计划的中国铁路统系。”〔1〕可见，建设中国铁路系统是孙中山关于铁路规划的总体布局要求的最根本的思想，而后来的《实业计划》中第一计划第二部、第三计划第三部、第四计划第一部至第五部正是他对中国铁路系统的全面规划。对路网的总体布局，孙中山曾有过比较理想化的观点，1911 年 12 月 21 日，孙中山在与胡汉民、廖仲恺谈话时，指出：“至就中国目前而论，则必须各省府州县皆筑有铁路，以利便交通，使土地出产可以输出。”〔2〕“各省府州县皆筑有铁路”是一个理想化的总体布局要求。1912 年 6 月 25 日，他对《大陆报》记者谈话时说：他的铁路计划“将使中国全境四通八达”〔3〕。这年 8 月，他给宋教仁的信中则提出建设 20 万里的铁路“纵横于五大部之间”〔4〕，使每个民族地区都建有铁路，这是一个相对务实的要求。这年 10 月 10 日，他在《中国之铁路计划与民生主义》一文中对此有进一步的思考。“横贯全国各极端”的观点要求将铁路通达各边疆地区，规定了路网的总体范围和规模，而“各省省会均将成为铁路中心”则是对“各省府州县皆筑有铁路”观点的务实修正。孙中山称：“今后将敷设无数之干线，以横贯全国各极端，使伊犁与山东恍如毗邻，沈阳与广州语言相通，云南视太原将亲如兄弟焉。”〔5〕关于铁路中心的问题，他说：“各省之省会均将成为铁路中心，路线将由此种重要之城市向各方分射而出。从每一省会出发之路线，将多至八九条不等，由此观之，似乎中国之铁路过多，但吾人须不忘全国地域之广阔也。”〔6〕他还特地以兰州为例说：“且甘肃之兰州，将有十三条铁路汇合于此，形成一极重要之交通中枢，此世人必为惊异者也。”他对兰州的分析，曾使人产生过他有迁都兰州主张的误会。〔7〕可以说，“横贯全国各极端”及“各省省会均将成为铁路中心”构成了孙中山对中国铁路网基本框架的宏观规划原则。这个原则在他的《实业计划》所规划的中国

〔1〕 陈旭麓、郝盛潮主编，王耿雄等编：《孙中山集外集》，上海人民出版社 1990 年版，第 179 页。

〔2〕 广东省社会科学院历史研究室、中国社会科学院近代史研究所中华民国史研究室、中山大学历史系孙中山研究室合编：《孙中山全集》第一卷，中华书局 1981 年版，第 568—569 页。

〔3〕 中国社会科学院近代史研究所中华民国史研究室、中山大学历史系孙中山研究室、广东省社会科学院历史研究室合编：《孙中山全集》第二卷，中华书局 1982 年版，第 385 页。

〔4〕 中国社会科学院近代史研究所中华民国史研究室、中山大学历史系孙中山研究室、广东省社会科学院历史研究室合编：《孙中山全集》第二卷，中华书局 1982 年版，第 404 页。

〔5〕 中国社会科学院近代史研究所中华民国史研究室、中山大学历史系孙中山研究室、广东省社会科学院历史研究室合编：《孙中山全集》第二卷，中华书局 1982 年版，第 490 页。

〔6〕 中国社会科学院近代史研究所中华民国史研究室、中山大学历史系孙中山研究室、广东省社会科学院历史研究室合编：《孙中山全集》第二卷，中华书局 1982 年版，第 491 页。

〔7〕 黄远庸：《远生遗著》，商务印书馆 1984 年版，第 123 页。

铁路系统中得到充分的反映。根据他的规划,有 5 条以上铁路线交汇的城市有广州、拉萨、东镇(他设想中的东北交通枢纽)、南京、武汉、西安、库伦、成都、重庆、东方大港,在西北、西南、高原和东北铁路系统中,通达边境的线路至少有 9 条。

铁路网是整个交通网的有机组成部分,因此,在整个交通网内各种交通运输资源合理配置是一个基本的要求,这也是孙中山铁路规划的又一个总体要求,也是反映铁路在整个运输格局中地位的重要问题。在 1912 年 6 月 25 日的谈话中,孙中山提出了"交通为实业之母,铁道又为交通之母"的观点,在他看来,铁路在整个交通运输格局中应该居于主导地位或中心地位。要确保铁路运输的这种地位,其内部路网资源的合理配置是一个重要前提,在路网规划上就必须注意经线与纬线的搭配,铁路的效益问题也取决于线路之间的相互配置关系。孙中山很睿智地发现了这个问题。1912 年 9 月 14 日,他告诉北京报界的记者说:"京汉、粤汉均系贯串南北干线,兄弟所计划者,则均系贯通东西干线,既不与原路并行,亦不与原路冲突。"[1]从后文可知,其线路规划的重心亦在东西干线。

但是,各种交通运输资源必须合理配置,才能更好地维护铁路的主导地位和中心地位。孙中山的"交通"是一个大交通的概念。在《实业计划》篇首提出的开发中国的 10 个方面中排在前 3 位的均关乎交通建设。第一个方面即为"交通之开发",第二个方面为"商港之开辟",第三个方面为"铁路中心及终点并商港地设新式市街,各具公用设备"。其"交通之开发"计划包括"铁道一十万英里"、"碎石路一百万英里"、"修浚现有运河"、"新开运河"、"治河"、"增设电报线路、电话及无线电等"6 个具体内容。[2]孙中山在当时的历史条件下构建了他理想中的立体式大交通网络,注意到了各种运输资源特别是铁路与其他运输资源的相互配置问题。这里重点有三个方面的问题,是孙中山尤为关注的:

一是铁路与马路的关系。1912 年,江苏江阴准备建造至横林的铁路,10 月 19 日,孙中山至江阴在各界欢迎会上发表演说,劝告当地不要建筑这条铁路,而应多建大马路,他提醒当地人说:"原来铁路的利益不能普及,必要靠马路或运河的帮助方能发达。故我们要注意这个道理。倘是没有了马路,就是有了铁路,也不能发达的。"[3]他还以当时美国的筑路计划来证明这个道理。

---

〔1〕 中国社会科学院近代史研究所中华民国史研究室、中山大学历史系孙中山研究室、广东省社会科学院历史研究室合编:《孙中山全集》第二卷,中华书局 1982 年版,第 468 页。

〔2〕 中山大学历史系孙中山研究室、广东省社会科学院历史研究室、中国社会科学院近代史研究所中华民国史研究室合编:《孙中山全集》第六卷,中华书局 1985 年版,第 251—252 页。

〔3〕 中国社会科学院近代史研究所中华民国史研究室、中山大学历史系孙中山研究室、广东省社会科学院历史研究室合编:《孙中山全集》第二卷,中华书局 1982 年版,第 527 页。

6天之后的10月25日，孙中山在南昌百花洲行辕发表谈话时，又以英国为例分析说："交通之法，铁路为急务，然马路尤不可少，盖马路费较省便。且马路行自动车，自动车费亦较少。""有此自动车，然后铁路始能获利。不然，距铁路较远之人，即不便搭坐，即修小枝路，亦不十分便利。如冷落之地，每日枝路开车一次，其搭坐者有非常不便。若马车、自动车，即可每日开十余次，此最便之事也。英国从前枝路甚多，现皆拆去，改用马路，此其明证。"[1]当时所谓的自动车，即今之摩托车。他认为，以自动车与火车相较，"则自动车之速力，优于火车远甚"。因此，1916年8月17日，他在杭州督军署宴会上发表演说时指出："往来行人究以短距离为众，假使由杭以至上海，铁路外别有敏速之摩托车，其裨益不尤大乎？""吾国若能赶造铁路，并整理道路，则相离较近之地，可使用自动车以代火车，往来尤为迅速。"[2]

二是铁路与航运的关系。1912年4月5日，他与《大陆报》记者谈话时即说："余生平事业，悉在革命，今幸告成。此后中国将采行社会主义，使国民生计优裕，故筑造铁路，使内地与各口岸航线联接，实为入手要图。"记者问道："兴造铁路，将兼及航业乎？"他肯定地回答说："然。"[3]1913年2月18日，他在日本邮船公司招待会上演说时说："日本为海国，必先求水运便利；中国为大陆国，必先务陆运，即铁道之发达，然后经济、政治、教育、军事等乃有可言。但航路与铁道有直接密切之关系，即余所任事业与贵社之事业关系最多。"[4]铁路运输与航运的衔接在其后来的《实业计划》中也得到充分体现。在计划内河商埠的建设时，关于镇江港，他预料到该港将成为"内地河运中心"，建议"江之两岸须以石或士敏土坚结筑成堤岸，而更筑应潮高下之火车渡头，以便联络南北两岸铁路客车、货车之往来"；关于浦口港，他认为该港"将成为长江与北省间铁路载货之大中心"，因此在建设浦口时，应"在长江下面穿一隧道以铁路联结"浦口与南京；关于安庆港，他觉得"若铁路既成，则六安大产茶区，与河南省之东南角矿区，均当以安庆为其货物出入之港"；关于武汉港，他指出，武汉既是他的"沟通大洋计划之顶水点"，又是"中国本部铁路系统之中心"，因此，建设武汉"必须定一规模"，"在京汉铁路线，于长江边

---

〔1〕中国社会科学院近代史研究所中华民国史研究室、中山大学历史系孙中山研究室、广东省社会科学院历史研究室合编：《孙中山全集》第二卷，中华书局1982年版，第535页。

〔2〕中国社会科学院近代史研究所中华民国史研究室、中山大学历史系孙中山研究室、广东省社会科学院历史研究室合编：《孙中山全集》第三卷，中华书局1984年版，第343、341页。

〔3〕陈旭麓、郝盛潮主编，王耿雄等编：《孙中山集外集》，上海人民出版社1990年版，第173—174页。

〔4〕中国社会科学院近代史研究所中华民国史研究室、中山大学历史系孙中山研究室、广东省社会科学院历史研究室合编：《孙中山全集》第三卷，中华书局1984年版，第16—17页。

第一转弯处,应穿一隧道过江底,以联络两岸"。[1]

三是铁路与海运的关系。这是关系到中国经济走向世界的问题,因此,孙中山在进行铁路规划时对此特别关注。他在《实业计划》中规划的主要铁路系统的起点或终点大多是他设计中的三大海港。在分析北方大港的"襟带控负之地"时,他说:"倘将来多伦诺尔、库伦间铁路完成,以与西伯利亚铁路联络,则中央西伯利亚带皆视此为最近之海港。"[2]在谈到他的东方大港之计划港的优势时,他认为"由铁路以与大江以南各大都市相交通,此港较之上海为近"[3]。在论述南方大港时,他又说:"如使西南铁路系统完成,则以其运输便利论,广州之重要将与中国北方、东方两大港相侔矣。"[4]关于建设沿海商埠与渔业港,他认为:"海州以为海港,则刚在北方大港与东方大港二大世界港之间,今已定为东西横贯中国中部大干线海兰铁路之终点。"[5]钦州"在广州即南方大港之西四百英里",他分析说:"凡在钦州以西之地,将择此港以出于海,则比经广州可减四百英里。通常皆知海运比之铁路运价廉二十倍,然则节省四百英里者,在四川、贵州、云南及广西之一部言之,其经济上受益为不小矣。"[6]至于烟台,他说:"以海港论,如使山东半岛之铁路得其开发,而筑港之工程又已完毕,则此港自有其所长。"[7]而对厦门,他则预言:"如使铁路已经发展,穿入腹地煤铁矿区,则厦门必开发而为比现在更大之海港。"[8]他还认为,海口的港面必须改良,其原因之一即在此港面"又以供异日本陆及此岛铁路完成之后,两地往来接驳货载之联络船码头之用也"[9]。所有这些都是孙中山的开放思想在铁路线路规划上的鲜明反映。

---

[1] 中山大学历史系孙中山研究室、广东省社会科学院历史研究室、中国社会科学院近代史研究所中华民国史研究室合编:《孙中山全集》第六卷,中华书局1985年版,第291—295页。

[2] 中山大学历史系孙中山研究室、广东省社会科学院历史研究室、中国社会科学院近代史研究所中华民国史研究室合编:《孙中山全集》第六卷,中华书局1985年版,第255—256页。

[3] 中山大学历史系孙中山研究室、广东省社会科学院历史研究室、中国社会科学院近代史研究所中华民国史研究室合编:《孙中山全集》第六卷,中华书局1985年版,第270页。

[4] 中山大学历史系孙中山研究室、广东省社会科学院历史研究室、中国社会科学院近代史研究所中华民国史研究室合编:《孙中山全集》第六卷,中华书局1985年版,第303页。

[5] 中山大学历史系孙中山研究室、广东省社会科学院历史研究室、中国社会科学院近代史研究所中华民国史研究室合编:《孙中山全集》第六卷,中华书局1985年版,第326页。

[6] 中山大学历史系孙中山研究室、广东省社会科学院历史研究室、中国社会科学院近代史研究所中华民国史研究室合编:《孙中山全集》第六卷,中华书局1985年版,第328页。

[7] 中山大学历史系孙中山研究室、广东省社会科学院历史研究室、中国社会科学院近代史研究所中华民国史研究室合编:《孙中山全集》第六卷,中华书局1985年版,第330页。

[8] 中山大学历史系孙中山研究室、广东省社会科学院历史研究室、中国社会科学院近代史研究所中华民国史研究室合编:《孙中山全集》第六卷,中华书局1985年版,第331页。

[9] 中山大学历史系孙中山研究室、广东省社会科学院历史研究室、中国社会科学院近代史研究所中华民国史研究室合编:《孙中山全集》第六卷,中华书局1985年版,第332页。

二、关于铁路线路规划原则的思考

如何规划具体的线路，是铁路规划中最为繁重的任务。对路网宏观框架的总体思考，为进行路网内部具体的线路规划提供了指导思想。在符合总体布局的前提之下，要确定具体的线路，就必须考虑线路的未来效能，即铁路的效益与功能。要建一条将来发挥什么作用的铁路，这是必须首先思考的问题。梁启超在1910年写的《锦爱铁路问题》中曾说："盖各国之造铁路，其选择线路也，不外两原则：其一，则已繁盛之地，非有完备之交通机关，则滋不便，故铁路自然发生也；其二，则未繁盛之地，欲以人力导之使即于繁盛，而以铁路为一种手段者也。"[1]孙中山于民元曾担任中华民国铁道协会会长，当时该会的张通典在阐发孙中山的铁道政策时亦曾提到这两个原则。[2]应该说，这两个原则对孙中山是有影响的。他将这两个原则有机地结合起来，但更为注重的是第二个原则，即将铁路建设作为开发"未繁盛之地"的手段。为此，孙中山提出了"尤当先以沟通极不交通之干路为重要"的思想。这个思想是孙中山关于铁路规划的核心思想，也是孙中山进行铁路线路规划的首要原则，更是孙中山所谓的"铁路经济之新原则"的源头。这个思想亦有一个发展过程。

孙中山在1894年6月《上李鸿章书》中说："(中国)铁路先通于关外，而不急于繁富之区，则无以收一时之利。而为后日推广之图，必也先设于繁富之区，如粤港、苏沪、津通等处，路一成而效立见，可以利转输，可以励富户，则继之以推广者，商股必多，而国家亦易为力。"[3]铁路"先设于繁富之区"是孙中山在铁路规划方面的最早主张。

甲午战后，中国铁路建设渐次展开，通过观察和思考，孙中山认为：中国在戊戌变法之前，虽然知道铁路利益的人已很多，但是能够"大气包举"，"谋及于内部重要之干路者卒少"。[4]可见，他开始关注内地铁路干线的规划。1899年，孙中山曾绘制《支那现势地图》，并于1900年7月14日在东京发表。在这幅地图中，孙中山除绘出当时已有的铁路线外，还增加了一些自己认为应该建筑的铁路线，构成了当时较为系统的中国铁路线规划，其中北部8条线，中部9条线，南部11条线。[5]这可以说是孙中山第一次提出的线路规划。

---

〔1〕 梁启超：《饮冰室合集》文集之二十五(上)，中华书局1989年版，第80页。

〔2〕 张通典：《本会会长中山先生铁道政策之发明》，《铁道》第壹卷第壹号，第7页。

〔3〕 广东省社会科学院历史研究室、中国社会科学院近代史研究所中华民国史研究室、中山大学历史系孙中山研究室合编：《孙中山全集》第一卷，中华书局1981年版，第14—15页。

〔4〕 中国社会科学院近代史研究所中华民国史研究室、中山大学历史系孙中山研究室、广东省社会科学院历史研究室合编：《孙中山全集》第二卷，中华书局1982年版，第383页。

〔5〕 陈旭麓、郝盛潮主编，王耿雄等编：《孙中山集外集》，上海人民出版社1990年版，第17—28页。

这次线路规划所体现的指导原则何在呢？据日本的可儿长一回忆称：“那张地图的确画得精细，且附有铁路计划干线，我看了甚为佩服。”〔1〕可儿长一的回忆还掌握得比较准确。孙中山后来也说：“仆曾首绘学堂应用之中国地图，精神所最注射者，为内部之干路，幸而亦有助于时人耳目之小效，于是京汉、津浦、粤汉、川汉等之干路问题，人人视为重要矣。”〔2〕可见，孙中山此时已不仅仅关注繁富之地的铁路，而是进一步关注这些地区的干线铁路即“内部之干路”了。这是他铁路规划思想的一次发展。

孙中山没有停止自己的观察和思考，对自己的初步规划仍不满意，意识到当时的规划仍有缺陷，是“腹地狭隘之计划”，“尚非通筹全局”。那么，在进行线路规划时如何“通筹全局”呢？至民元，他的思考有了一个结果。1912 年 6 月 25 日，他在上海与《民立报》记者谈话时阐述了许多有关铁路建设的思想。关于中国交通未来的发展规划的原则，他非常直接地提出了这样的观点：“惟吾有求于一般国民之注意者，先当知振兴实业，当先以交通为重要。计划交通，当先以铁道为重要。建筑铁道，应先以干路为重要。谋议干路，尤当先以沟通极不交通之干路为重要。”〔3〕这里的 4 个层次环环相扣，但命题的重心在最后一点，也就是说，孙中山特别强调在进行铁路线路规划时应统筹全局，处理好“腹地”与“边地”的关系，重视“沟通极不交通之干路”，这样的干路才是“沟通全国之真干路”，他将“谋议”这样的干路作为铁路线路规划的首要原则。根据这样的原则规划的铁路建设方案就不会是“腹地狭隘之计划”了。应该说，从注重内地干路到注重“以沟通极不交通之干路”是孙中山铁路规划思想的又一次发展。

根据新的原则，6 月 25 日和 8 月 29 日，孙中山先后两次提出了自己的新的铁路线路规划：“以吾策之，沟通全国之真干路，则有三条：一、南路：起点于南海，由广东而广西、贵州，走云南、四川间，通入西藏，绕至天山之南。二、中路：起点于扬子江口，由江苏而安徽，而河南，而陕西、甘肃，越新疆而迄于伊犁。三、北路：起点于秦皇岛，绕辽东，折入蒙古，直穿外蒙古，以达于乌梁海。”〔4〕这 3 条东西向横贯线的特点是将蒙古、西藏、新疆等边疆地区的铁路

〔1〕《追怀孙中山先生座谈会》，《辛亥革命史料选辑》上册，湖南人民出版社 1981 年版，第 23 页。

〔2〕中国社会科学院近代史研究所中华民国史研究室、中山大学历史系孙中山研究室、广东省社会科学院历史研究室合编：《孙中山全集》第二卷，中华书局 1982 年版，第 383 页。

〔3〕中国社会科学院近代史研究所中华民国史研究室、中山大学历史系孙中山研究室、广东省社会科学院历史研究室合编：《孙中山全集》第二卷，中华书局 1982 年版，第 384 页。

〔4〕中国社会科学院近代史研究所中华民国史研究室、中山大学历史系孙中山研究室、广东省社会科学院历史研究室合编：《孙中山全集》第二卷，中华书局 1982 年版，第 383—384 页。对于孙中山提出的这三条线路，当时的中华全国铁路协会有不同意见，该会提出了另两条线路，与这三条线路进行比较，可参见《中华全国铁路协会与孙中山先生商榷全国路线书》，《申报》第 118 册，上海书店 1982 年影印版，第 721 页。

纳入了全国铁路网的范围。他还从4个方面对这三大线路的优点进行了分析:"(一)地理。我国南北干线已有规划,而东西干线尚付阙如,如有此三线全国即可联络为一。(二)种族。三线皆纬线斜行,包括西北两部五族交通,种族易于同化。(三)殖民。西北交通可实行东南移民政策,且交通便利,则资本家自咸愿投资,劳动家自远出佣力,尤收无形殖民之效。(四)海道。三路纬线其起点皆得独立出海口,可补原有铁路多平行线,而无独立出海者之缺,且水陆运输易于联络。"〔1〕这里的第一、四两点体现了他合理配置运输资源的宏观规划原则,而第二、三两点正好体现了他新的线路规划原则。由此看来,在孙中山的铁路规划思想中,宏观铁路规划原则与线路规划原则是有机统一的。

据《天铎报》报道,孙中山于7月29日与黄兴出席铁道协会举行的正副会长就职仪式时,曾出示特绘之铁路地图,并详论建筑方针。〔2〕惜未能获见这幅地图,其具体的规划如何不得其详。但从思想发展的脉络来看,其主干线当与6月25日和8月29日重复提出的三条主干线基本一致。

不久,孙中山确定了10年内建筑20万里的铁路计划。他计划的20万里铁路是否也贯彻了新的线路规划原则呢?9月14日,他在北京招待报界同人时,当时的记者黄为基要求了解铁路线路规划的情况,孙中山回答说:全国路线计划,"大致系分数条干线:一、从广州到成都。一、从广州到云南大理。一、从兰州到重庆。一、从长江到伊犁。一、从大沽到广东、香港。一、从天津到满洲各处,其大概如此"〔3〕。同题异文的记载与此不同:"兄弟日前已将路线绘画送往交通部,其路先从西北筑起,大略分为三线:一、由广州经广西、云南,接缅甸铁路。二、由广州经湖南、四川,达西藏。三、由扬子江口经江苏、安徽、河南、陕西、甘肃、新疆,迄于伊犁。"〔4〕但相同点在于这次规划注重的是新疆与西藏的铁路,也体现了他"尤当先以沟通极不交通之干路为重要"的思想。10月10日,孙中山在《中国之铁路计划与民生主义》中提出的"横贯全国各极端"的全国路网框架规划原则是对这个思想的发展。他所列举的规划中的"横贯全国各极端"的几条线路也证明了这一点:"从上海至伊犁,将敷设干线一条。另一条由广州至喀什噶尔。又另一条由广州至西藏,取道云南。"〔5〕

〔1〕 陈旭麓、郝盛潮主编,王耿雄等编:《孙中山集外集》,上海人民出版社1990年版,第562—563页。此件孙中山所定铁路计划三大路线与北京全国铁路协会所定两大路线,在1912年8月29日全国铁路协会欢迎孙中山大会上公布,进行商榷。

〔2〕 王耿雄编:《孙中山史事详录1911—1913》,天津人民出版社1986年版,第333—334页。

〔3〕 中国社会科学院近代史研究所中华民国史研究室、中山大学历史系孙中山研究室、广东省社会科学院历史研究室合编:《孙中山全集》第二卷,中华书局1982年版,第461页。

〔4〕 中国社会科学院近代史研究所中华民国史研究室、中山大学历史系孙中山研究室、广东省社会科学院历史研究室合编:《孙中山全集》第二卷,中华书局1982年版,第468页。

〔5〕 中国社会科学院近代史研究所中华民国史研究室、中山大学历史系孙中山研究室、广东省社会科学院历史研究室合编:《孙中山全集》第二卷,中华书局1982年版,第491页。

在《实业计划》中，孙中山规划的中央铁路系统24条线约长16 600英里，东南铁路系统13条线约长9 000英里，这两个铁路系统合计为37条线约长25 600英里，这其中亦有部分线路属于连接发达地区与不发达地区的线路。也就是说，在孙中山的铁路规划中，发达地区的铁路规划线长度约占全国铁路规划线长度的1/3，2/3的线路属于"以沟通极不交通之干路"。这其中，西北铁路系统26条线约长22 000英里，西南铁路系统15条线长7 370英里，高原铁路系统16条线长11 000多英里。即使发达地区的线路全属孙中山设想中的"双轨"，其总长度也只占其总里程10万英里的一半。可见，《实业计划》的铁路规划也贯彻了"尤当先以沟通极不交通之干路为重要"的首要原则。

为什么在进行线路规划时必须遵循这个原则呢？这与中国近代一直困扰清朝中央政府的边疆危机密切相关，当时，铁路筹建与建设从一开始就是与国防、边防的建设问题紧密联系在一起的。要加强国防、边防建设，增强国防、边防的防御力量，就必须进行边疆地区的开发和建设，提高边疆地区的社会经济发展水平。边疆地区地广人稀，没有人力资源，何以能进行开发和建设？因此，要进行边疆地区的开发和建设，首要的问题是需要人。孙中山看到问题的症结所在，他之所以确立"尤当先以沟通极不交通之干路为重要"的线路规划原则，就是要通过这些通达边疆地区的铁路干线"移民实边"，为边疆地区的开发和建设提供最基本的人力资源，为解决内地人多地少的社会问题提供最基本的保障。孙中山指出："荒僻之足以移民，为世界公认。"〔1〕因此，1912年6月25日他提出3条干路规划时，对其中的"北路"解释说："论者必对于北路尤有难色，且谓张家口至库伦之直线为更要，余则以为北路更急。北路乃固圉之要道，亦破荒之急务，殖边移民，开源浚利，皆为天然之尾闾。"〔2〕在《实业计划》之"第一计划"之"第二部"中，他认为："以'国民需要'之原则言之，此(指西北铁路系统)为第一需要之铁路。盖所经地方，较诸本部十八行省尤为广阔。现以交通运输机关缺乏之故，丰富地域，委为荒壤，而沿海沿江烟户稠密省分，麇聚之贫民无所操作，其弃自然之惠泽而耗人力于无为者，果何如乎？倘有铁路与此等地方相通，则稠密省区无业之游民，可资以开发此等富足之地。此不仅有利于中国，且有以利世界商业于无穷也。故中国西北部之铁路系统，由政治上经济上言，皆于中国今日必要而刻不容缓者也。"〔3〕

"移民实边"是边疆地区开发和建设的前提条件。那么，如何进行边疆地

〔1〕中国社会科学院近代史研究所中华民国史研究室、中山大学历史系孙中山研究室、广东省社会科学院历史研究室合编：《孙中山全集》第二卷，中华书局1982年版，第384页。
〔2〕中国社会科学院近代史研究所中华民国史研究室、中山大学历史系孙中山研究室、广东省社会科学院历史研究室合编：《孙中山全集》第二卷，中华书局1982年版，第383—385页。
〔3〕中山大学历史系孙中山研究室、广东省社会科学院历史研究室、中国社会科学院近代史研究所中华民国史研究室合编：《孙中山全集》第六卷，中华书局1985年版，第262页。

区的开发和建设呢？物产资源丰富是边疆地区社会经济基础的一个重要特点，因此，开发各类物产资源是边疆地区开发和建设问题中备受孙中山关注的重要内容。孙中山主张通过铁路建设来达到这个目的，他说："今日之世界，非铁道无以立国，中国地大物博，如满洲、蒙古、西藏、新疆、青海等处，皆物产殷富之区，徒以交通未便，运转不灵，事业难以振兴，蕴华无由宣泄。不然，则新疆之土质，西藏之矿产，不亚于新旧金山，只以铁路未能建造，遂令货弃于地。东三省一隅，路线虽多，利权皆入外人掌握。然未有铁路以前，外人贸易仅藉辽河、营口为出入口岸。自有铁道，其繁盛已埒于江南，成绩可知。即若美国西方，在昔亦荒凉满目，铁路一通，地势即变。"[1]因此，他在《实业计划》中规划六大铁路系统时，对开发物产资源都有详细的分析。关于扩张的西北铁路系统，他认为，阿根廷是当时"供给世界肉类之最大出产地"，"如蒙古地方能得铁路利便，又能以科学之方法改良畜牧，将来必可取阿廷根之地位而代之。此所以在此最大食物之生产地方建筑铁路为最要之图，亦可以救济世界食物之竭乏也"。[2]关于西南铁路系统，他指出："此诸线皆经过广大且长之矿产地，其地有世界上有用且高价之多种金属。世界中无有如此地含有丰富之稀有金属者，如钨、如锡、如锑、如银、如金、如白金等等；同时又有虽甚普通而尤有用之金属，如铜、如铁、如铅。抑且每一区之中，均有丰裕之煤。……四川省又有石油矿及自然煤气（火井），极为丰裕。"因此，他得出结论："是故吾人得知，以西南铁路系统开发西南山地之矿产利源，正与以西北铁路系统开发蒙古、新疆大平原之农产利源，同其重要。此两铁路系统，于中国人民为最必要，而于外国投资者又为最有利之事业也。"[3]关于东北铁路系统，孙中山则做了较独特的分析，他认为："此之境界，中国前时视之，等于荒漠，但自中东铁路成立后，始知其为中国最肥沃之地。此地能以其所产大豆，供给日本全国与中国一部分为食料理之用。"在分析了大豆的营养价值之后，他指出："所以此种大豆之输出于欧美者，亦日见增加。由此观之，满洲平原确可称为世界供给大豆之产地。除此大豆之外，此平原并产各种谷类极多，就麦一类言之，已足供西伯利亚东部需用。至于满洲之山岭，森林、矿产素称最富，金矿之发见于各地者亦称最旺。敷设铁路于此境域，经已证明其为最有利益之事业。"[4]关于高原铁路系统，他也指出：虽然对西藏地区的经济价值，"外国多有未之知者"，但"中国人则目西藏为西

〔1〕 陈旭麓、郝盛潮主编，王耿雄等编：《孙中山集外集》，上海人民出版社 1990 年版，第 57—58 页。

〔2〕 中山大学历史系孙中山研究室、广东省社会科学院历史研究室、中国社会科学院近代史研究所中华民国史研究室合编：《孙中山全集》第六卷，中华书局 1985 年版，第 361 页。

〔3〕 中山大学历史系孙中山研究室、广东省社会科学院历史研究室、中国社会科学院近代史研究所中华民国史研究室合编：《孙中山全集》第六卷，中华书局 1985 年版，第 324 页。

〔4〕 中山大学历史系孙中山研究室、广东省社会科学院历史研究室、中国社会科学院近代史研究所中华民国史研究室合编：《孙中山全集》第六卷，中华书局 1985 年版，第 351—352 页。

方宝藏”，“盖因除金产丰富外，尚有他种金属，黄铜尤其特产；故以宝藏之名，加于此世人罕知之境域，洵确当也。当世界贵金属行将用尽时，吾等可于此广大之矿域中求之。故为开矿而建设铁路，为必要之图”。[1]

当然，谋议“极不交通之干路”更有抵御西方列强和稳定边疆地区的直接考虑。1912年7月22日，孙中山在上海中华民国铁道协会欢迎会上演说时，对此进行了深入的解析：“中国西北各部，均占亚洲地理上最优之地位，不速修造铁道，外人即乘机而动。今者俄人经营张库铁道之说，又见告矣。夫外人铁道所通之地，即外国兵力所及之地，讵可任其蹂躏。近幸组织铁道协会，庶可研究交通之法，若能蒙古、西藏各处次第举办，则蒙古二三日可达，西藏三四日可达，新疆亦四五日可达。此次蒙藏变乱，即可运兵往剿，近若咫尺，无濡滞之患。”[2]1912年8月30日，他在北京与袁世凯进行第六次谈话时，关于铁道问题，他说：“将以此连络欧亚，如蒙古铁道则直通至莫斯科及中亚细亚；中英铁道则直由西藏以通至印度、阿富汗；中德铁道则直通至小亚细亚；中法铁道则直通至印度支那之类。此等皆为列强之夙谋，欲自其殖民地达我边防，以贯彻吾内地之铁道固有政策。”[3]这说明主动修建边疆地区铁路，对西方列强掠夺我国边疆地区铁路建筑权的图谋亦具有遏制作用。为了化解蒙古地区的边疆危机，孙中山在1912年9—10月间没有提到蒙古地区铁路的规划，当时阐释孙中山铁道政策的张通典就指出了这一点。他说：“二十世纪之世界，诚哉一铁道龙蟠虎踞之秋。我慎思保其利权，殷鉴于列强，速自造而自管理之，先从内地各省开工。一由广州经广西、云南接缅甸铁道；一由广州经湖南、四川达西藏；一由扬子江口经江苏、安徽、河南、陕西、甘肃、新疆讫于伊犁。惨淡经营，暂留满蒙路线，俟最后解决外交，亦不至棘手。”[4]但随着沙俄在蒙藏地区侵略活动的加剧，蒙藏地区的局势进一步恶化，孙中山又开始重视这些地区的铁路规划。1913年1月12日，他致电北京政府称：“蒙、藏风云日亟一日，若不赶筑铁路，后患不堪设想。现拟作一铁路贯通蒙藏，其路线自西藏拉萨首城起，经过木鲁，直达蒙古车臣汗，名为萨臣铁路。更由拉萨筑一支线，至四川成都，而与滇、蜀铁路相接，若此路一成，不惟蒙、藏交通上大有裨益，即军事上亦种种便利。惟预算此路需款约一百万，现已以个人名义向某国公司商借巨款，俟借妥后，即赶速兴办。”[5]总之，在民初边疆危机发生之际，孙中山特别关注新疆与蒙藏地区的铁路建设，曾一再提

---

〔1〕 中山大学历史系孙中山研究室、广东省社会科学院历史研究室、中国社会科学院近代史研究所中华民国史研究室合编：《孙中山全集》第六卷，中华书局1985年版，第370页。

〔2〕 陈旭麓、郝盛潮主编，王耿雄等编：《孙中山集外集》，上海人民出版社1990年版，第58页。

〔3〕 陈旭麓、郝盛潮主编，王耿雄等编：《孙中山集外集》，上海人民出版社1990年版，第185页。

〔4〕 张通典：《本会会长中山先生铁道政策之发明》，《铁道》第壹卷第壹号，第7页。

〔5〕 陈旭麓、郝盛潮主编，王耿雄等编：《孙中山集外集》，上海人民出版社1990年版，第454页。

出建设通达这些地区的长途铁路干线的要求。

最后,谋议“极不交通之干路”对于推进中国铁路建设的进程亦有重要意义。孙中山指出:“盖交通尚便之地,人见僻远之干路正在兴筑,而投资相应起营稳便之内部干路者必多。故吾人能放大目光,用全力注意于其所难,是不啻四面包围,适促全国人群起而竟罫画之内线,是难之适以易之也。”[1]简而言之,谋议“极不交通之干路”是一种政府引导性的行为,对于民间投资建设“内部干路”具有刺激意义。难能可贵的是,孙中山进一步看到铁路建设与移民、开发边疆地区的相互依赖和相互促进的关系。他的“殖民”概念是指对边疆地区的移民和开发,《实业计划》中第一计划之第三部即为“蒙古、新疆之殖民”,他指出:“殖民蒙古、新疆,实为铁路计划之补助,盖彼此互相依倚,以为发达者也。”[2]1919年,孙中山在《中国实业如何能发展》一文中,曾对《实业计划》的内容做过高度概括。他说:“予之计划,首先注重于铁路、道路之建筑,运河、水道之修治,商港、市街之建设。盖此皆为实业之利器,非先有此种交通、运输、屯集之利器,则虽全具发展实业之要素,而亦无由发展也。其次则注重于移民垦荒、冶铁炼钢。盖农、矿二业,实为其他种种事业之母。农、矿一兴,则凡百事业由而兴矣。”[3]看来,他对铁路建设与开发边疆地区两者的关系是相当关注的。

在对为什么要“尤当先以沟通极不交通之干路”的问题进行不断思考的过程中,他又将这个原则做了进一步的阐释和发挥,得出了新的认识,他称之为“铁路经济之新原则”。在思考这个问题时,孙中山涉及铁路规划中铁路的效益取向。也就是说,建筑“沟通极不交通之干路”,究竟有没有社会效益和经济效益呢?对这个问题的思考,孙中山是独树一帜的,由此发明了他自以为得意的“铁路经济上之新原则”,他声称此乃“铁路家、资本家所未尝发明者也”。在《实业计划》之第一计划中他正式提出了这个新原则,其内容为:“铁路之所布置,由人口至多以达人口至少之地者,其利较两端皆人口至多之地为大。”这是为什么呢?他解释了两点理由:一方面,“夫铁路两端人口至多之所,彼此经济情况大相仿佛,不如一方人口至多,他方人口至少者,彼此相差之远”。这是因为:“在两端皆人口至多者,舍特种物产此方仰赖彼方之供给而外,两处居民大都生活于自足经济情况之中,而彼此之需要供给不大,贸迁交易,不能得巨利。至于一方人口多而他方人口少者,彼此经济情况,大相径

[1] 中国社会科学院近代史研究所中华民国史研究室、中山大学历史系孙中山研究室、广东省社会科学院历史研究室合编:《孙中山全集》第二卷,中华书局1982年版,第384页。

[2] 中山大学历史系孙中山研究室、广东省社会科学院历史研究室、中国社会科学院近代史研究所中华民国史研究室合编:《孙中山全集》第六卷,中华书局1985年版,第264页。

[3] 中山大学历史系孙中山研究室、广东省社会科学院历史研究室、中国社会科学院近代史研究所中华民国史研究室合编:《孙中山全集》第五卷,中华书局1985年版,第134页。

庭。新开土地从事劳动之人民，除富有粮食及原料品，以待人口多之所需求而外，一切货物，皆赖他方之繁盛区域供给，以故两方贸易必臻鼎盛。"另一方面，"筑于两端皆人口至多之铁路，对于人民之多数无大影响，所受益者惟少数富户商人而已；其在一方人口多而他方人口少者，每筑铁路一咪开始输运，人口多处之众必随之而合群移住于新地，是则此路建筑之始，将充其量以载行客"。[1]他还以美国建设横贯美洲大陆的铁路这一事实与国内京奉、京汉铁路运营效益的比较来证明他的这个新原则。孙中山解释的第一点理由分析的是货流问题，第二点理由基本分析的是客流问题。这两个问题正是决定铁路效益的根本性问题。其实，孙中山此前的思考已基本回答了这些问题，因为移民实边保证了这类干路有相当可观的客流量，而物产资源的开发亦提供了相当可观的货流量。只是他没有进一步阐发而已。但他在 1912—1913 年间对这个新原则就已有相当的感悟。1912 年 9 月 15 日，他在北京招待参议院议员时，国民党议员谷钟秀对他的铁路规划提出两个疑问，其中一个疑问为："承办人以营利为目的，繁盛之处竞事建筑，荒僻之区无人过问，军事上、交通上仍不能达完满之目的，试问何术以救济？"他答道："至虑荒僻之区无人过问是又不然，繁盛之处因有铁路而益加繁盛；荒僻之区亦因有铁路而变为繁盛。如洮南向为沙漠，自有南满铁路虽距车站数百里，而受间接影响，现居然成为府治。"[2]1913 年年初，孙中山致函蔡锷，对当时蔡锷议建的滇粤桂铁路提出自己的建议性线路方案，他与蔡锷的不同之处在于广西段线路的取向。他认为："若由浔州取道南宁、百色，以出西隆，较之柳、庆绕远八十英里，甚非所宜。"[3]并指出："再以军事上而论，南宁逼近滇、越路线，一旦有事，易于受敌。故桂省一段，不如取道柳、庆，开自古未开之路，于铁路原理上实有重大之价值。"[4]这里虽然从军事的角度分析，但所言"于铁路原理上实有重大之价值"似乎超出了军事价值的范围。那么，这个"铁路原理"的内容究竟何指？他进一步分析说："以商务言之，南宁之商务不远盛于柳州，而柳州以上各地，向来交通不便。百里荒芜，铁路一通，发达可立待。南宁、百色各处，尚有河道可通小轮，其需铁路不似庆、泗各府之急。"[5]由此看来，孙中

[1] 中山大学历史系孙中山研究室、广东省社会科学院历史研究室、中国社会科学院近代史研究所中华民国史研究室合编：《孙中山全集》第六卷，中华书局 1985 年版，第 262—263 页。

[2] 陈旭麓、郝盛潮主编，王耿雄等编：《孙中山集外集》，上海人民出版社 1990 年版，第 192 页。

[3] 中国社会科学院近代史研究所中华民国史研究室、中山大学历史系孙中山研究室、广东省社会科学院历史研究室合编：《孙中山全集》第三卷，中华书局 1984 年版，第 31 页。

[4] 中国社会科学院近代史研究所中华民国史研究室、中山大学历史系孙中山研究室、广东省社会科学院历史研究室合编：《孙中山全集》第三卷，中华书局 1984 年版，第 29 页。

[5] 中国社会科学院近代史研究所中华民国史研究室、中山大学历史系孙中山研究室、广东省社会科学院历史研究室合编：《孙中山全集》第三卷，中华书局 1984 年版，第 31 页。

山建议取道柳州、庆远也是本着先沟通极不交通之地区的原则，而“百里荒芜，铁路一通，发达可立待”的铁路效益论则有些接近后来的“铁路经济之新原则”了。

应该说，孙中山的线路规划思想受到近代铁路边防思想的影响。通过铁路建设来加强边防，是清政府许多封疆大吏的设想。李鸿章早在1880年12月31日的《妥筹铁路事宜折》中就说：“从来兵合则强，兵分则弱，中国边防海防各万余里，若处处设备，非特无此饷力，亦且无此办法。苟有铁路以利师行，则虽滇、黔、甘、陇之远，不过十日可达，十八省防守之旅，皆可为游击之师，将来裁兵节饷，并成劲旅，一呼可集，声势联络，一兵能抵十兵之用。”[1]刘坤一在1881年2月6日的《议复筹铁路利弊片》中也分析说：“中国幅员辽阔，自东徂西，几万余里，均与俄界毗连；加以英在缅甸，法在越南，时虞窥伺；沿海数省，则为各国兵船往来，倘有风鹤之惊，殊虞鞭长不及。如得办成铁路，庶可随时应援。”[2]30年之后的给事中石长信在1911年5月4日的奏折中更是明确指出：“夫铁路者，为缩地之良法，国与民所利赖。然利赖之中，有轻重缓急之分，干路、枝路之别。其纵横直贯一省或数省而远达边防者为干路，自一府一县接上干路者为枝路。”他忧心忡忡地认为：“当此时事日急，边防最为重要，国家若不赶将东西南北诸大干路迅速次第兴筑，则强邻四逼，无所措手，人民不足责，其如大局何？”[3]梁启超在《论边防铁路》中也说：“此种（边防）铁路固万不可缺；为抵御强邻使国家得以安堵起见，此种铁路尤不可缺，真所谓国家百年大计者也。”[4]孙中山的铁路思想中也有这些内容，拙作《铁路建设与民生主义》已对此做了详细的分析。但是，他更深刻地认识到，建设铁路对于增强边防、国防的意义不只是有利于运兵应援，更在于有利于边疆地区的开发和建设，从而在根本上加强边疆地区的防御力量，这是他提出线路规划原则的真义所在。孙中山的铁路线路规划思想是近代铁路边防思想的发展。

一般说来，铁路规划需要遵循政治、经济、军事与工程等方面具体的原则，需要兼顾铁路的效益与功能。但是，政治、经济与军事方面的原则，在孙中山那里，是三而合一的，他关于铁路宏观规划的原则与线路规划的“尤当先以沟通极不交通之干路为重要”的原则体现了这三个方面的原则的统一性。“极不交通之干路”的规划与建设，有利于移民实边，加强对边疆地区的开发，增强国防实力，遏制西方列强掠夺我国边疆地区铁路的图谋，从而缓解当时

---

〔1〕《李鸿章全集》第3册，海南出版社1997年版，第1214页。
〔2〕宓汝成编：《中国近代铁路史资料(1863—1911)》第1册，中华书局1963年版，第96页。
〔3〕宓汝成编：《中国近代铁路史资料(1863—1911)》第3册，中华书局1963年版，第1233页。
〔4〕梁启超：《饮冰室合集》文集之二十五(下)，中华书局1989年版，第48—50页。

日益严重的边疆危机,维护国家的真正统一。这样,既有了经济效益,又发挥了军事功用,还达到了政治目的。如果有人试图从这些方面去探讨孙中山的铁路规划思想,似乎有肢解的嫌疑。张通典对孙中山于民元时提出的线路规划的评价也许能说明这个问题,他说:"取世界观念,为国防、殖民计,因规划三线,增筑至二十万里,用四五十万人工作,为小团分办,而蒇事期以十年,财政与边防坐困者,皆化为灵活。远大之美果,操券可得。就其计划之线路论之,东西干线贯通,则全国自联络为一,并包西北两部,则种族易于同化,而五族亦如一家;且西北交通可兼办一大殖民公司,以行东南移民政策,而三线起点皆得独立出海之口,水陆运输方便,足以补原有铁道多平行线而无独立出海者之缺。"[1]

三、关于铁路规划实施原则的思考

即使从今天的角度来看,孙中山在民元时的铁路规划也是庞大的,后来的《实业计划》所擘画的中国铁路系统计划则更是令人振奋。但是,在当时的历史条件下,如何实施是更为现实的问题。民元时,一些人对孙中山筑路计划的不理解,其关键理由就在这里。如有人提出疑问:"国内铁道既已有条约上之限制,边防铁道多受外交上之拘束,此二十万里之铁道,如何起手?如何联络?"[2]因此,铁路规划的实施原则也是孙中山思考的重要问题。

要沟通"极不交通之干路",并使之发挥完善的功能,就必须使发达地区的铁路交通有相当的基础,因此,在孙中山看来,所谓沟通"极不交通之干路",就是通过铁路将发达地区与不发达地区紧密联系起来,而不是完全在"极不交通"之地区建筑游离于全国铁路网之外的孤线铁路,否则,移民实边和开发不发达地区的物产资源就不可能落到实处。一份在"尤当先以沟通极不交通之干路为重要"原则指导下的铁路线路规划制定出来后,如何实施规划使"尤当先以沟通极不交通之干路为重要"的原则得以最终贯彻和落实,就成为相当重要的问题了。对此,孙中山提出了"从内地起筑"的主张。

1912 年 9 月 11 日,孙中山在北京与路透社记者谈话时表示:"今将请参议院正式赞成其开拓实业之计划。第一为筹借外债与(兴)造某某数线铁路。第二为准许外国公司,兴造某某数线铁路,订定年限,期内所生之利归于造者,期满即以该路交还中国政府。第三为组织公司,或全系华资,或中外合资,兴造铁路,订定租期若干年。第一计划,拟施于边界一带。第二、第三计

〔1〕 张通典:《本会会长中山先生铁道政策之发明》,《铁道》第壹卷第壹号,第 10 页。

〔2〕 黄远庸:《远生遗著》,商务印书馆 1984 年版,第 118 页。

划拟施于户口稠密之处。”[1]这里所说的就是孙中山铁路规划的实施计划。对这个计划，孙中山在给一些人释疑解惑时又做了进一步的解释，我们从中不难看出他的铁路规划实施原则。9月14日，他在北京招待报界同人时，黄为基向他提出这样的问题：“我国从前已修未修之铁路，多半已与外国人订有条约，动辄关系外交问题。如上年我国拟自修张恰铁路，俄国即不承认，且声明中国如修此路，必用俄国资本。又如我国拟修锦瑷铁路，日、俄又出而干涉。此种问题，皆甚困难。将来我若修办全国铁路，势不能不修边省铁路，若修边省铁路，即不能不引起外交问题。此事当如何解决？”孙中山对此回答说：“将来批定包修合同，自应由公司出名与外国资本家交涉，不用政府名义，以免引起国际交涉。至于边地铁路，恐起外交问题，可以先从内地修起。若取开放主义，即准日、俄投资，亦未尝不可。不过关系主权之事，不能丧失，即如保路兵应由我自派。但求主权不丧失，无论何国包修，皆未尝不可。”[2]同题异文关于他对这个问题回答的记载，则阐述得更加清晰：“满、蒙外交不免棘手，但有一避其冲突之方法。现在兄弟所拟之路线，内地十五万里，满、蒙不过五万里，尽可先从内地各省之路筑起，暂留满、蒙路线，以待最后之解决。……即令日、俄用各种方法，筹得资本，坚请承办，只要合同上之条件订立妥善，亦无不可以允许之处。何也？东清铁道主权，所以全属俄人者，以沿路各站保护之兵，均系俄兵，俄人自由行动，中国不能过问故耳。盖当时订约，允许俄人以置兵保路之权，则毋怪俄人之自由行动。今兄弟主张请外国资本家包办中国铁路，将来订约，必不许外人有置兵保路之权，沿路之兵，均由我国设置。主权在我，操纵自如，即日、俄承办，亦无不可。”[3]他还有一个说法，称：“至于丧失主权，更可无虑。现今政府提交参议院三项条件：一、借款修路：如京汉、京奉、沪宁等路办法与外人订立借款合同。二、招股修路：按照华洋合办公司办理，其主权仍属中国。三、批给外人承办：凡有资本者，皆准包修一路，四十年后，收归国有。关于一、二两项，自办有危险之担负。但若实在不获利之铁路，如西藏铁路，在我不为不紧要，然若批给外人，外人亦必不肯包办。故此项铁路，惟有借债自修，或招股合办。”[4]9月15日，他回答谷钟秀的问题时又说：“初筑铁路自然先从繁盛地点着手，及路已筑成，则与为接界荒凉之地，亦将变为繁盛，不患无人包办。其真无利可图者，

---

〔1〕 中国社会科学院近代史研究所中华民国史研究室、中山大学历史系孙中山研究室、广东省社会科学院历史研究室合编：《孙中山全集》第二卷，中华书局1982年版，第453页。

〔2〕 中国社会科学院近代史研究所中华民国史研究室、中山大学历史系孙中山研究室、广东省社会科学院历史研究室合编：《孙中山全集》第二卷，中华书局1982年版，第460—461页。

〔3〕 中国社会科学院近代史研究所中华民国史研究室、中山大学历史系孙中山研究室、广东省社会科学院历史研究室合编：《孙中山全集》第二卷，中华书局1982年版，第467—468页。

〔4〕 中国社会科学院近代史研究所中华民国史研究室、中山大学历史系孙中山研究室、广东省社会科学院历史研究室合编：《孙中山全集》第二卷，中华书局1982年版，第464页。

为数无几,国家可自经营之。”[1]

不难看出,由外国公司或国内民间公司从内地繁盛地点起筑铁路是孙中山实施铁路规划的基本原则。之所以坚持这样的基本原则,一则因为前文所引资料指出的,边地铁路或称边省铁路易于引起外交问题;二则也有工程方面的考虑,孙中山在《实业计划》中规划高原铁路系统时一开始就指出:“此是吾铁路计划之最后部分,其工程极为烦(繁)难,其费用亦甚巨大,而以之比较其他在中国之一切铁路事业,其报酬亦为至微。故此铁路之工程,当他部分铁路未完全成立后,不能兴筑。但待至他部分铁路完全成立,然后兴筑此高原境域之铁路,即使其工程浩大,亦当有良好报酬也。”[2]也许正因为确立了从繁富之内地起筑的铁路规划实施原则,孙中山预感到英、美等国将掀起在内地投资兴建铁路的热潮,预见到武汉将成为铁路建设的中心。1912 年 10 月 14 日他在《致黎元洪函》中指出:“文承命握筑路全权,干主三条,期限十年,壮二十万里之声势,活四百兆人民之命脉。为时甚迫,一息千金。其奔驰于齐、晋间者,以文于北方甚疏,盖所以联感情而觇形胜也。筑路诸务自当以武汉为中心点,不日即便由沪赴鄂筹备一切。”[3]

为了落实铁路线路规划原则,内地铁路在筑成后必须接筑至边地的铁路,如何建筑边地铁路呢?从前面的介绍中可知,在保护主权的前提下包给外人建筑或由政府借债自己建筑,这是孙中山实施铁路规划的一个重要原则。他相信人们会看到通达边地铁路的经济效益,因此,在开放主义思想的指引下,他独特地提出要舍路权而保主权[4],大胆地告诉人们,在保护主权的前提下,将边地铁路包给外人承办,也是可以的。因此,他在 1912 年时就有利用日资建筑蒙古铁路的设想。这年 10 月 3 日,他向日驻上海总领事馆提出访日要求,向该馆人员谈起他的北上感想及铁道建设计划,对日本寄予特别期望,指出:在俄国压迫日益增加的情况下,有人提出在蒙古优先建筑铁路。而这条铁路如无日本之充分援助,则断难以实行。[5]梁启超曾对边防铁路的效益做过分析:“大抵六路(指当时议建的 6 条边防铁路)建筑费合计总在六万万元以上,以息率五厘计,每年须还息三千万元以上,若为定期定额之债项,则五六年后,便须分年摊还老本,本息合计,其数当每年六千万元以上,而此等铁路,纯属政治作用,营业上决难望赢余,每年由国库所津贴之养路费,恐

---

〔1〕 陈旭麓、郝盛潮主编,王耿雄等编:《孙中山集外集》,上海人民出版社 1990 年版,第 193 页。

〔2〕 中山大学历史系孙中山研究室、广东省社会科学院历史研究室、中国社会科学院近代史研究所中华民国史研究室合编:《孙中山全集》第六卷,中华书局 1985 年版,第 369 页。

〔3〕 陈旭麓、郝盛潮主编,王耿雄等编:《孙中山集外集》,上海人民出版社 1990 年版,第 354 页。

〔4〕 中国社会科学院近代史研究所中华民国史研究室、中山大学历史系孙中山研究室、广东省社会科学院历史研究室合编:《孙中山全集》第二卷,中华书局 1982 年版,第 568 页。

〔5〕 段云章编著:《孙文与日本史事编年》,广东人民出版社 1996 年版,第 294 页。

亦须在一千万元以上。”[1]因此,孙中山也意识到,有些边地铁路的短期效益可能是很少的,要找到承包商很困难,他提出了由国家借债自己经营建筑这类铁路的设想,以保证铁路线路规划原则得到最终落实。他曾说:“至专供军用绝无营利性质,自应别照甲说归政府筹筑。”[2]

“从内地繁富地区起筑,然后接至边界荒凉之地”既是孙中山实施其铁路规划的真义所在,也是贯彻其“纵横全国各极端”的路网规划宏观原则和“尤当先以沟通极不交通之干路为重要”线路规划原则的决定性步骤,更是由近代中国国情所决定的一种无奈的务实而适时的选择。孙中山似曾有全面利用外资从内地、边地同时起筑的设想。但现实的情况是,边地铁路的建筑,一难觅承包商,二易起外交纠纷。因此,他只得进行暂时的退缩,“先从内地起筑”成为必然的选择。从内地繁富之地起筑,讲的是在规划完之后的筑路次序,而谋议“沟通极不交通之干路”,则是线路规划的原则。可将铁路线路规划分为两个层次:规划的理论原则和规划的实践原则。前者是指规划的理论依据,或指根据什么样的指导思想进行线路规划。后者是指根据一定的指导思想完成规划后如何实施规划的原则。铁路的规划体现了他的铁路建设理想,而规划的实施则不得不正视现实,实施的原则多了一些务实性。因此,理论原则的理想性与实践原则的务实性,反映了近代中国铁路建设的紧迫性,这也是近代中国的先进人物在寻求救国救民的道路上常有的现象。

应该说,在铁路建设问题上,“由腹达边”的思想并不是孙中山的独特发明。腹地铁路与边地铁路的关系问题一直是中国近代铁路建设起步阶段人们探讨的问题。在初议铁路建设时,清政府中对铁路这一近代物质文明成果持欢迎和接受态度的人并不多见,后来随着塞防与海防问题的论争,部分官员认识到铁路的部分利益,有限度地接受了铁路。所谓有限度的接受,就是这些官员认为铁路宜建于边地,不宜建于腹地,以为如此则有利于边防与塞防的防守与呼应。随着清政府官员对铁路利益认识的深入和帝国主义对中国侵略的加深,一些官员越来越认识到铁路宜从腹地建起,而不宜建于边地,认为这样便于腹地兵力支援边防,而不便于外敌从边地长驱直入。唐绍仪曾指出:“窃以路工办法,必先由内及外,由干达枝,方能首尾衔接,脉络贯通。”[3]石长信也认为:“考之列强造路,无不由腹地造起,以达边陲。断不能使边路孤立,与腹地不相联贯,不特修养之费难筹,即防守之兵亦难往援。”[4]邮传部在1911年5月的奏折中更是明确指出:“近年以来,边防日亟,疆臣辄以筹

---

〔1〕 梁启超:《饮冰室合集》文集之二十五(下),中华书局1989年版,第48—50页。
〔2〕 陈旭麓、郝盛潮主编,王耿雄等编:《孙中山集外集》,上海人民出版社1990年版,第192页。
〔3〕 宓汝成编:《中国近代铁路史资料(1863—1911)》第3册,中华书局1963年版,第1144页。
〔4〕 宓汝成编:《中国近代铁路史资料(1863—1911)》第3册,中华书局1963年版,第1234页。

造边陲铁路为救国第一策。然欲修边路，必先通腹路；若不有腹路征调之神速，何以固边路之防护？不有腹路营业之进款，何以供边路之修养？今我置内地干路为不急之务，而欲侈谈国防，是何异建高楼而不平其地，浚百川而不探其源也。”〔1〕由腹达边是中国近代铁路建设起步阶段路网规划实施的总原则，但是要看到，孙中山将铁路线路规划原则与规划实施原则有机地统一起来了。此前人们主张“由腹达边”的原则，只是铁路建设的实践原则，是以此来反对边地铁路的规划，甚至是以此来反对在腹地铁路建设不成规模的情况下进行边防铁路的建设。在孙中山那里，这不仅是一个实施原则，更重要的还在于它又是一个规划原则。

必须说明的是，孙中山在《实业计划》之第一计划中提出了经营国家事业的四项原则（“必选最有利之途以吸外资”、“必应国民之所最需要”、“必期抵抗之至少”、“必择地位之适宜”），这些原则无疑对孙中山进行铁路规划都具有指导意义，因此有论者将孙中山确立的经营国家事业之四原则视为其规划铁路的原则。但这样使人无法把握孙中山铁路规划思想的层次和具体内容，似显过于笼统，值得商榷。虽然孙中山没有就这四项原则展开论述，但从《实业计划》的相关论述中，大体可以了解这些原则的基本内容。因此，结合本文的研究，如将这些原则具体到铁路建设和铁路规划上来，似乎可以进行这样的解释，“必择地位之适宜”的具体化是铁路路网规划中运输资源优化配置的原则，“必选最有利之途以吸引外资”和“必应国民之所最需要”的具体化则是铁路线路规划的首要原则——“尤当先以沟通极不交通之干路为重要”，而“必期抵抗之至少”的具体化是铁路规划的实施原则——“从内地起筑然后接至边地”。这样一来，四项原则的层次性就显示出来了。当然，如果这些原则运用到其他国家事业的建设上，所呈现的层次性可能会不同。这就是这些宏观指导原则的包容性所在。因此，我们对孙中山铁路规划的原则思想应进行深入具体的研究，把握其思想的精华和精髓所在，为当前的现代化铁路建设提供历史借鉴。

（原载《学术论坛》2005 年第 1 期，人大复印资料《中国近代史》2005 年第 3 期转载。此次收入自选集时稍有增改）

〔1〕 宓汝成编：《中国近代铁路史资料（1863—1911）》第 3 册，中华书局 1963 年版，第 1235 页。

铁路与近代中国社会

- 铁路筹建与清末广西边防
- 铁路与近代社会力量的成长

  ——以粤汉铁路筹建体制和机制为切入点的分析
- 近代铁路的“反日常”现象论析

  ——以1916年《申报》对铁路的报道为例

铁路筹建与清末广西边防

近代,西方资本主义列强不断蚕食我国边疆地区,企图以边疆地区作为深入我国内地、扩大侵略疆域的桥头堡,形成了一直困扰着清政府的边疆危机,加强边防建设成为清政府巩固国防和边疆安全的重要议题。铁路建设从19世纪30年代起逐渐成为近代汹涌澎湃的世界潮流,边防建设中,铁路建设诚为不可或缺的重要内容,但不少研究广西边防的论作均未涉及清末广西边防建设中的铁路筹建问题,本文试图对此进行初步探讨。

一、广西边防的战略地位及其变化

广西边防是西南国防的重要组成部分,具有重要的战略地位,新桂系就曾认识到:广西"北向三湘,有高屋建瓴之便,东临百粤,有顺流而下之宜。而于黔滇、南越,亦有屏藩掩护之固,故形势险要,关系重大"。及至近代,"不幸清末中法战役,安南被割,琼崖孤立,广西则成为外人垂涎侵略之边疆,同时亦成为中国抵抗外人侵略之国防要地"。[1]应该说,清政府在中法战争以前对广西边防也是比较重视的,其目的是封边锁国,着重于严防国内反对民族压迫的会党"奸民"和"草莽",以及越南的不良分子,越境边界,滋生事端。清政府封边锁国矛头指向国内人民,主要并不是防御外来侵略。台湾学者黄嘉谟也指出,清政府直至中法战争以前的广西边防措施,"重在严申边关禁例,实际上并未以敌对的国家为对象,直至光绪初年以后,由于法人蓄志侵并北圻,中法双方在越南的势力正面接触,广西边防的对象随而改变"[2]。中法战争以后,越南全面沦为法国的殖民地,中国也依约开辟龙州为商埠。此外,法国殖民者以剿匪为名,致力于驱逐黑旗军和抗法的中越人民,并屯兵于中越边界,制造中越边界紧张局势。广西边防直接暴露在法国侵略者的面前。

为了改变在广西边防沿线的战略地位,法国在中法战争以后计划从谅山建筑铁路绕过镇南关前的各隘至关后的白榄村,认为这条铁路平时可运货通商,战时就可变为运兵和输送武器的捷径,直接从龙州的背后进攻龙州。不仅如此,在甲午战后帝国主义掠夺中国铁路利权的狂潮中,法国将其掠夺的

---

〔1〕 广西省政府十年建设编纂委员会编印:《桂政纪实》上册,1946年印行,第2页。

〔2〕 黄嘉谟:《清季的广西边防》,《广西文献》第82期,台北广西同乡会1998年发行,第8页。

目标对准了广西。1894 年 4 月,法国以本国传教士在北海被杀为借口,出兵占领广州湾,要挟清政府许以龙州至南宁和龙州至百色等铁路的建筑权,并强派华南铁路勘测团全面勘测越南北圻经由广西南宁、柳州和桂林等地,至我国汉口的铁路。[1]1896 年,法国取得龙州铁路的建筑权,此后又企图以龙州铁路为基地进一步攫取广西全境的铁路建筑权,以配合其侵略中国西南乃至华南的阴谋。1897 年,法国政府派遣里昂委员会商业考察团来华踏勘自越南入川的铁路路线,发现入川路线有二:一系经云南至成都,一系经广西、贵州至重庆,但此两线均因沿途山峦峻峭而工程异常困难。该团报告书中虽以英国如从缅甸建筑铁路入川,所遭遇的工程更要困难为自慰,但其对广西和西南的用心则灼然可见。[2]1898 年,法国又借口还辽报酬俄、德所获较多,要求给法国同登至龙州、龙州至南宁、龙州至百色、南宁至北海和老开至云南等地的铁路建筑权。[3]后来又得寸进尺地要求清政府凡以北海为起点的其他铁路的建筑权都不得让与其他国家。1902 年,法国驻广州领事哈德安致函当时的两广总督陶模,要求由比法公司建筑梧州至三水铁路。[4]1904 年 6 月 9 日,法国驻华大使吕班照会清政府外务部,将 1898 年中法互换照会中有关中国允让"自北海不至南宁而至别处"的铁路建筑权改为中国允让"由北海无论至何处之铁路"的建筑权,片面认定法国已取得广西全省的铁路建筑特权,要求建筑北海至西江或至廉州的铁路。[5]1905 年 4 月,法国大使照会外务部,企图掠夺广高(广州至高州)铁路和广玉(广州至玉林)铁路的建筑权。1906 年,法国侵略者又借口永安教案索夺邕北铁路建筑权。法国对西南和广西路权的掠夺引起广西地方当局的高度警觉,1906 年 7 月,岑春煊与林绍年在《密陈南服筹边大计》中指出:"外人凭陵我中国,实以法为戎首,昔则合英为沿海侵扰之谋,近则依俄为南北瓜分之举,自甲申攘越以后,耽耽逐逐,日以谋我,东窥广东,西瞰云南,中叩镇南关,其越南根据地曰河内省,去我镇南关不三百里,铁道早达滇桂之界,近且直入滇省内地矣。……并由河内筑二千余里之大铁道,以遥接西贡。"[6]由此看来,中法战争以后,法国就一直企图在广西边防内外以铁路为剪子突破中国西南国防。因此,广西边防在中法战争以后已越来越引起清朝中央政府的重视。

令人困惑不解的是,在法国侵略者已将铁路筑至边境的情况下,在相当

---

〔1〕 柳州铁路局:《湘桂铁路修建史料(第五稿)》,内部资料,第 3—4 页。
〔2〕 陈晖:《广西交通问题》,商务印务馆 1938 年版,第 68 页。
〔3〕 谢彬:《中国铁道史》,中华书局 1929 年版,第 83 页。
〔4〕 宓汝成编:《中国近代铁路史资料(1863—1911)》第 2 册,中华书局 1963 年版,第 673—678 页。
〔5〕 (台)"中央研究院"近代史研究所编:《中国近代史资料汇编·海防档·戊·铁路档》,艺文印书馆 1957 年承印,第 429 页。
〔6〕 《广西文献》第 82 期,台北广西同乡会 1998 年发行,第 32 页。

长的时间内清政府筹建广西边防的内容中却没有修建铁路这一项。也就是说,清政府从一开始筹建广西边防时就没有考虑到要建筑铁路。张之洞在1889年调离两广总督、赴任湖广总督后筹建芦汉铁路,曾致电广西巡抚马丕瑶和广西提督苏元春,说:“龙州边防必宜筹备完固,历年饷绌,炮台未得办齐。鄙人虽去粤,此心耿耿。”[1]说明当时边防建设的重心仍在炮台,准备筹建铁路的张之洞当时也并未意识到在广西边防建设中应有铁路建设的内容。这不是一般的疏忽,而是与清政府对铁路建设态度的转变有一定的联系。在初议铁路建设时,清政府中对铁路这一近代物质文明成果持欢迎和接受态度的人并不多见,后来随着塞防与海防问题的论争,部分官员认识到铁路的部分利益,有限度地接受了铁路。所谓有限度的接受,就是这些官员认为铁路宜建于边地,不宜建于腹地,以为如此则有利于边防与塞防的防守与呼应。随着清政府官员对铁路利益认识的深入和帝国主义对中国侵略的加深,一些官员越来越认识到铁路宜从腹地建起,而不宜建于边地,认为这样便于腹地兵力支援边防,而不便于外敌从边地长驱直入。唐绍仪曾指出:“窃以路工办法,必先由内及外,由干达枝,方能首尾衔接,脉络贯通。”[2]石长信也认为:“考之列强造路,无不由腹地造起,以达边陲。断不能使边路孤立,与腹地不相联贯,不特修养之费难筹,即防守之兵亦难往援。”[3]邮传部在1911年5月的奏折中更是明确指出:“近年以来,边防日亟,疆臣辄以筹造边陲铁路为救国第一策。然欲修边路,必先通腹路;若不有腹路征调之神速,何以固边路之防护?不有腹路营业之进款,何以供边路之修养?今我置内地干路为不急之务,而欲侈谈国防,是何异建高楼而不平其地,浚百川而不探其源也。”[4]即使是孙中山也认为:“至于边地铁路,恐起外交问题,可以先从内地修起。”[5]由腹达边是中国铁路建设起步阶段路网规划实施的总原则。因此,特别是当法国在越南建筑铁路直逼广西边境的时候,清政府更不会主动去筹建地处边陲的广西铁路了。1895年9月26日,当施阿兰再次提出建筑龙州铁路的要求时,总理衙门于10月1日照会施阿兰说:“查此事极关重要。现在中国腹地铁路未成,何能先办边境?”[6]但在法国的步步紧逼之下,清政府总理衙门感到不建龙州铁路已势不可行,便以自建龙州铁路为由拒绝了法国由费务林公

[1] 苑书义、孙华峰、李秉新等主编:《张之洞全集》第7册,河北人民出版社1998年版,第5383页。
[2] 宓汝成编:《中国近代铁路史资料(1863—1911)》第3册,中华书局1963年版,第1144页。
[3] 宓汝成编:《中国近代铁路史资料(1863—1911)》第3册,中华书局1963年版,第1234页。
[4] 宓汝成编:《中国近代铁路史资料(1863—1911)》第3册,中华书局1963年版,第1235页。
[5] 中国社会科学院近代史研究所中华民国史研究室、中山大学历史系孙中山研究室、广东省社会科学院历史研究室合编:《孙中山全集》第二卷,中华书局1982年版,第456—468页。
[6] (台)“中央研究院”近代史研究所编:《中国近代史资料汇编·海防档·戊·铁路档》,艺文印书馆1957年版,第244页。

司包造的要求,并着手自建的准备工作。但在法国政府软硬兼施和施阿兰的软磨硬泡下,清政府于3月14日还是同意了由法国费务林公司在中国将来成立的龙州铁路官局的监督下接造龙州至同登铁路,但拒绝了进一步接造龙州至百色铁路的要求,认为该段铁路“需款过巨,渐近内地”[1]。在中法双方进一步谈判有关承造铁路运作方式的过程中,涉及轨式问题时,清政府官员坚持铁轨宽窄由龙州铁路官局自行酌定,路成以后,如何经理载运,亦由官局另行派人管理。总理衙门坚持认为:“中国铁路始于天津,酌定轨宽四尺八寸五分,遂为成式。环球通例,一国之内,轨度无异;此次龙州铁路,自应统归一律,不得参差,且于中越边境方能划清界限。”[2]把外国侵略势力限制在边境地区,是当时清政府一种消极的边防政策。

二、铁路筹建意在加强广西边防

虽然广西边防建设在相当长一段时间内没有铁路建设的重要内容,但广西铁路的筹建确实又缘起于加强广西边防的考虑。随着法国侵略势力逐步深入我国西南地区,法国侵略者不断地掠夺我国西南地区的铁路建筑权,至20世纪初,法国夺得建筑权的西南铁路线已经形成占据我国西南国防线、包围我国西南地区的战略态势:“自法领海防经河内、老开以达中国云南,是为铁道之西线;自河内通过谅山、龙州以达南宁、百色,是为铁道之中线;由广东北海直达南宁,是为铁道之东线。”[3]法国对广西铁路权的觊觎和掠夺,使日益逼近中国南大门的法国侵略者成为广西边防最大的防御对象,所以广西筹建铁路的边防考虑首先就是要抵御法国侵略者。1905年,广西留日学生在给广西巡抚林绍年的上书《筹办广西全省铁路刍议》中指出:“以军事言,我所以自办铁路者,其目光益注于法人。法人之欲安南我也,已匪朝夕。……而法人铁路已筑至镇南关外,战事一开,朝发夕至,我迟彼速,未战而胜败可预决矣。”[4]为了抵御法国对广西路权的掠夺,广西官绅商学界提出了商办广西铁路的要求。最早发出广西商办铁路呼声的是两广总督岑春煊,早在1904年8月他就致电清政府外务部,指出:“广东铁路已归商人承办,请将广西铁路迅为自行兴筑,以杜外人觊觎之心。”[5]年底,他再次电请清政府速筑广西铁路以免外人干涉。1905年2月,他就商办广西铁路商诸广西全省文武官员,拟由养廉银内酌提若干成作为筑路经费,同时还劝导广西富绅巨贾招集股本自

---

〔1〕 宓汝成编:《中国近代铁路史资料(1863—1911)》第2册,中华书局1963年版,第474页。
〔2〕 宓汝成编:《中国近代铁路史资料(1863—1911)》第2册,中华书局1963年版,第477页。
〔3〕 《东方杂志》,1904年,第10期,第247页。
〔4〕 宓汝成编:《中国近代铁路史资料(1863—1911)》第3册,中华书局1963年版,第1136页。
〔5〕 《申报》第77册,上海书店1985年影印版,第699页。

行开办。[1]岑春煊是广西西林人,他认为广西除梧州外与广东往来很不便利,因此对家乡的铁路建设和铁路利权倾注了极大的热情,到1906年2月已着手派人调查广西铁路的路线。[2]1905—1906年,广西各地官绅即为商办铁路多次召集会议。正是由于广西的商办铁路有抵御法国的边防考虑,法国对广西商办铁路横加干预。1906年11月13日,法使巴思德在致清政府外务部的照会中说:"现闻拟为兴筑广西各铁路之事,内与北海间有相关,现下正开会议。"[3]1907年1月20日,法国驻广州领事在致两广总督的照会中也说:"现为北海至西江铁路一事,中国地方官示意与廉州绅士等就地开议会多次。中国官员亦在会内演说,且在广州城,广西桂林、梧州等处均为此事曾开议会。"[4]从侵略者口中透露出的事实充分反映了广西人民商办铁路的运动已如火如荼地开展起来了。

但是,广西商办铁路初期,并未明确地将铁路筹建与边防建设直接联系起来,并未将铁路筹建作为广西边防建设的一个重要组成部分。首先比较清楚地意识到加强广西边防建设必须修建广西铁路的,是广西巡抚张鸣岐。

张鸣岐对铁路建设的重要性有着相当深刻的认识,在1911年批复广澳(广州至澳门)铁路公司成立的意见时,他就指出:"凡百要政,交通嚆矢,交通之利,铁路称最。"[5]这种认识和孙中山在1912年提出的"交通为实业之母,铁道又为交通之母"的看法是非常接近的。对于广西筹建铁路的重要性,身为广西巡抚的张鸣岐,分析得比较透彻。他在1907年给清政府的奏折中全面表述了自己的看法:"臣伏查桂省近连湘、粤,远据滇、黔、龙州,陆运径接南关,西江航业直达香港。在昔号称边徼蛮荒之地,及今已成四通八达之区。五金之矿,遍地皆是,再熟之稻,岁有羡余。此外蚕桑、森林、畜牧,凡天地自然之利,无不毕具。徒以内地各属山径崎岖,滩流浅急,交通不便,百货难于转输,大利因而未辟。果能全省建筑铁路,一气贯注,脉络灵通,非惟湘、粤、滇、黔之货,皆当藉以载运,即本省矿产各项,计约运费,已可成为巨宗。而通商惠工,征兵转饷,种种大利,尤为不可枚举。"[6]

在这里,张鸣岐结合广西特殊的地理位置,将广西铁路建设的战略重要性及其对广西社会经济的影响阐述得较为全面。正因为如此,他才首先比较清楚地意识到要加强广西边防建设就必须修建广西铁路。他在1908年5月巡视广西边防后,给清政府上呈了《广西边防关系重要应行筹办大端折》。在

---

〔1〕《申报》第79册,上海书店1985年影印版,第196页。
〔2〕《申报》第82册,上海书店1985年影印版,第378页。
〔3〕宓汝成编:《中国近代铁路史资料(1863—1911)》第2册,中华书局1963年版,第677页。
〔4〕宓汝成编:《中国近代铁路史资料(1863—1911)》第2册,中华书局1963年版,第678页。
〔5〕《香山旬报》第112期,第43页。
〔6〕宓汝成编:《中国近代铁路史资料(1863—1911)》第3册,中华书局1963年版,第1139页。

这份奏折中，他首先全面考量了广西边防总体战略部署（包括战略布局与边防战略交通线）："就桂省全局形势计划，大致应以桂林为后路总枢纽，以百色、南宁、玉林、梧州为前方总枢纽，以归顺、龙州、宁明、上思为各边根本地，以平孟、陇邦、水口、平而、南关、油隘、隘店、九特为各边前进地，以镇安、养利、崇善、江州及郁属之博白为各边后方第一线联络地，以奉议、隆安、驮庐、新宁、横州为各边后方第二线联络地，而以桂林经柳州、南宁达于龙州之交通路为总干线。凡总枢纽地及各边根本地、各边后方联络地之交通路为副干线。其各边前进地与各边根本地之交通路及各地点间之侧方交通、错综交通各路为支线。"接着，他指出："综计以上各路长径约有八九千里。除总干线内桂林至南宁之路为全边后路根本，且有异常关系，非亟筑铁路不可。此外，总副干线及支线各路拟即一并先行修造行军道路以应急需而辅铁路之所不及。"这样，张鸣岐就提出了立足于边防总体战略部署的以桂邕（桂林至南宁）铁路为基干并辅之以各行军道路的近代广西交通网络的规划。为什么桂邕铁路在广西战略交通网络中处于"总干线"的地位呢？张鸣岐从"惟统筹桂省全局，首以边防为要着"的认识出发，通过分析桂林与南宁的战略优势与缺陷，得出结论："故欲处南宁于安全之地位使其对于沿边前敌可收从容肆应之功，非与桂林省城联为一气不可；欲使桂林省城与南宁联为一气，非就桂柳思恩一带陆路设法联贯不可；欲使桂柳思恩一带陆路与南宁联贯而又便于军行非急营桂邕铁路不可。"[1]这样，建筑桂邕铁路的要求作为广西边防建设的有机组成部分就被提了出来。1909 年 5 月 23 日，张鸣岐致电商办广西铁路公所所长梁廷栋指出，桂邕铁路"为龙州行军后路，命脉所关，极为重要，必须赶紧兴筑以杜觊觎，惟经过之处，均系荒僻地方，于商办不甚相宜，将来公司成立，能否尽先承筑，或将此路划归公家，由岐奏明另行筹款以纾公司财力"[2]。张鸣岐在这里对梁廷栋所言仍是其在前述奏折中所阐发的主张。当时，清政府钦命管理军谘处复函张鸣岐说："查桂省地处边圉，道路艰险，而桂林省会又与各处交通梗塞，诚有鞭长莫及之虞，非特平时无以振兴实业，遇有军事征调，其贻误戎机，尤匪浅鲜。所议修筑铁路为贯通全省之命脉，与军事关系重大，洵属切要之图。"[3]从此以后，从边防的角度来考虑广西筹建铁路的紧迫性，以及广西铁路线的规划布局，就越来越成为人们的共识。

为了实现广西边防的总体战略部署，张鸣岐还以桂邕铁路为基础进一步提出了广西铁路线网的规划。据《申报》载，1909 年 2 月，广西巡抚张鸣岐"以铁路为交通要政，而边务又极吃紧，且政府前日又议商改驻南宁，粤滇桂边防

〔1〕《广西官报》第 33 期，第 7—9 页。

〔2〕《申报》第 94 册，上海书店 1986 年影印版，第 330 页。

〔3〕陈晖：《湘桂铁路运输经济论》，《广西建设研究》（月刊）第 1 卷第 5 期，第 31 页。

亦筹议联络,故特细核情形,以三梧一路宜展至南宁,既为两省干线,复利全省交通,又由展至滇界,接至北海,则三路交通均皆迅速,于防务尤有关系”。他已咨商粤滇两督,妥为筹议。[1]1909年3月,张鸣岐致咨邮传部指出:广西防务首以边防和省城两者为重要,但边防为地辽远,其可掌握全局机关者厥为南宁,“惟是该省兵力有限而省垣又僻处一隅,设有缓急尤赖各省协助”,因此,他建议广西应先行修筑南宁至桂林铁路,然后再修梧州至广州铁路和桂林至湖南铁路。[2]1908年年底,邮传部曾特派江苏候补道林兆镛到广西查验广西商办铁路的筹款情况。[3]林兆镛到达广西后,张鸣岐考虑到广西“目下边务日紧,会盗日炽”,感觉到广西铁路正宜统筹振兴以利交通,1909年8月,他与林兆镛细酌形势,决定将南宁北海线展至云南,连接北海,复将三水至梧州一路展至南宁,以进一步加强三省边防。[4]这实际上是重申了他年初的广西铁路规划,再次向清政府提出了先筑桂邕铁路的要求。不难看出,张鸣岐的广西线网规划以南宁为总枢纽,建设从南宁至北海、从南宁至云南、从南宁至梧州、从南宁至湖南的铁路,这样的广西铁路网包含了中原联络线、广东联络线和西南出海线,对于确保广西边防乃至西南国防的安全具有重要的战略意义。1909年9月5日,邮传部又奏请清政府委派章祜、锡几炳、曾鲲化、林炳华等人前往广西查勘铁路。由于张鸣岐一再强调和阐述广西铁路建设与边防的关系,清政府邮传部也看到了这一点,再次从巩固边疆国防与广西边防的角度认识到广西建筑铁路的紧迫性,邮传部在《派员查勘广西铁路折》中认为:“查广西一省,东北与黔湘接壤,西南与滇越毗连,地势阻深,交通隔阂,自非迅修铁路不足以兴内政而固边防。”[5]要求先从桂衡铁路(即桂林至衡阳铁路)起筑。

正是因为张鸣岐在筹建广西铁路时有考虑加强边防的独特视角,在线路规划上,他总是把避免外交交涉作为第一要义。广西商办铁路从一开始就存在着激烈的线路之争,当时“有主张桂全铁路,有主张梧三(梧州至三水)铁路,有主张贵北(贵县至北海)铁路,有主张邕北(南宁至北海)、邕龙(南宁至龙州)铁路。其主张理由,有重在商务者,有重在国防者,有重在里数短而易办者。聚讼盈庭,正如儿童争日,莫能解决”[6]。作为广西巡抚的张鸣岐,特

---

[1] 《申报》第98册,上海书店1986年影印版,第608页。

[2] 《申报》第99册,上海书店1986年影印版,第232页。

[3] 邮传部参议厅编核科编辑:《邮传部奏议类编·续编》,(台)文海出版社1967年版,第1101—1102页。

[4] 《申报》第101册,上海书店1986年影印版,第714页。

[5] 邮传部参议厅编核科编辑:《邮传部奏议类编·续编》,(台)文海出版社1967年版,第1695—1696页。

[6] 莫炳奎:《邕宁县志·交通二》(四),1937年铅印本,第36页。

于1907年8月底传谕广西全省绅商，提出了一个广西线路规划的总原则："现法人每言北海筑至西江流域一带铁路，须中法合办。乃浔绅犹倡议由贵县筑至北海，反使法人有所藉口，将来必成交涉，不如现所定五段路线均不言筑至北海之妥，盖既无北海字样，则系广西腹地之铁路，我自有主权，法人断不能干涉云云。"〔1〕

章祐等人到广西后在先勘何线的问题上又与张鸣岐发生分歧，张鸣岐已聘英人踏勘桂全铁路，而他一意想修的是桂邕铁路，因此，他认为"全省路线甚长，全勘需时过久"，建议锡几炳等人专门查勘桂邕铁路。而锡几炳和章祐却"颇注意邕龙(南宁至龙州)及南宁北海间两线"，章祐还力言"先修邕龙和邕北之利"，虽经张鸣岐面驳最后"定议专勘桂邕"铁路，但锡几炳仍有"并勘邕北之意"。张鸣岐只得求助于邮传部，要求邮传部在广西铁路"应勘何线"的问题上给锡几炳等人一个明确的指示。邮传部遂指示锡几炳等并勘桂全铁路和桂邕铁路。1909年11月16日，清政府外务部发邮传部文《查勘广西铁路应听桂抚裁酌先勘桂邕线》，也同意邮传部的意见，实际上这是对张鸣岐的支持。张鸣岐之所以反对锡几炳等察勘邕龙铁路和邕北铁路就是因为害怕法国的干涉。张鸣岐之所以不希望引起法国的干涉就是因为忧虑果如此则可能减缓广西铁路的筹建进程。他说："现在桂全、桂邕两线，虽次第从事测勘，而实行修筑，尚未知何日。此时遽起交涉，事更棘手。"他内心对法国怀有深深的戒意，他曾对邮传部表白："岐前次力请筹修桂邕者，原思由内及外以杜外人阴谋。"〔2〕

1909年11月，广西谘议局第一次常年会通过《筹划广西商办铁路议决案》，从既要抵制法国掠夺广西路权的野心，又要避免法国的干涉，同时还要易于集款、便于工程建设和养路的角度，提出建筑短短的贵博(贵县至博白)铁路的要求，指出："广西铁路，当时诸人士奔走号呼，唇焦舌敝，发为此议者，盖起于防患也。患不能防何利之可营？是故修筑广西铁路，必抱定防患政策而后可。"〔3〕这说明当时部分议员已鲜明地将铁路筹建与边防建设结合起来考虑了。张鸣岐考虑更多的则在于该路是否引起法国交涉，但自感无权作主，1910年1月10日，他致咨军谘处、外务部、陆军部和邮传部，指出："查路政关系国防，且此线颇与外交有涉，本部院无核准之权。"〔4〕1月31日，他又

〔1〕《申报》第90册，上海书店1986年影印版，第6页。
〔2〕宓汝成编：《中国近代铁路史资料(1863—1911)》第3册，中华书局1963年版，第1141—1142页。
〔3〕宓汝成编：《中国近代铁路史资料(1863—1911)》第3册，中华书局1963年版，第1143页。
〔4〕(台)"中央研究院"近代史研究所编：《中国近代史资料汇编·海防档·戊·铁路档》，艺文印书馆1957年版，第797页。

致电前述清政府各部处，表达了同样的意见，请各部定夺方略。[1]他于3月5日又一次致电外务部和邮传部征求意见，认为谘议局所议贵博铁路“论目前起止地段，与法使要求原案，似无关涉，但将来展筑时，能否不至惹起外交，殊未敢必。若遂不许展筑，则此两头皆无出路，又非慎重路政之意”。张鸣岐的意见得到清政府外务部、陆军部和邮传部的支持。[2]在当天的邮传部复电中，邮传部指出：“本部详核议案，据称收股不足十万元，是筑路股款既未筹集，而所议路线亦不能与各路衔接，无论将来客货固属不多，即目前转运已多窒碍。现在广西铁路即拟首筑桂全，次及桂邕，业经派员测勘在案，正当萃集全力先就此两段干线择要兴筑，徐议支路，方合办法。该局所请建筑应毋庸议。”[3]由此看来，张鸣岐对法国的这种戒意还是相当深厚的。事实上，张鸣岐的忧惧并非空穴来风。1909年11月16日，法国公使曾到外务部声称：“广西铁路前经商允中法合办之路线，如中国筹借法款兴修，可仿照津浦铁路章程办理，不必拘定前议。”[4]

三、线路之争与边防因素的离合

广西谘议局对铁路筹建是极为重视的，为避免线路之争，在1910年第二次常年会上通过的议案，将铁路建设上升到事关广西存亡的高度，指出：“吾省界连安南，强法逼处，耽耽虎视，铁路成否之问题，即为广西存亡之问题。”这表明谘议局已经从加强广西边防建设的角度充分认识到广西建筑铁路的紧迫性。1911年3月29日，谘议局临时会又通过了由梧州陈勷光等人提出的《请拨款补助梧邕铁路开办案》，要求广西巡抚拨款助办此路，以抵御法国势力深入广西内陆。陈勷光等人指出：“况乎我广西入于法国之势力范围，彼之欲以铁路侵夺我广西者，已非一日。虽因条件未成，长虑却未敢遽发，而虎视眈眈，无一日或息。我广西之危，其要点实在铁路。际此时局逼迫，急于燃眉，若犹迟疑观望，不思挽救，是真无心肝者矣！”当时的广西巡抚沈秉堃批复称：“惟梧邕一线，并非经邮传部核定准修之路，应先禀由劝业道核明查照部章办理，必俟路线经部核定始能开办。”[5]广西边防的迫切性使得部分士绅对于铁路筹建与边防建设的关系提出了别样的主张，他们要求将修筑桂全铁路的经费用于迁省南宁，他们在给巡抚的建议书中指出：“南宁为扼边防之要

---

〔1〕（台）“中央研究院”近代史研究所编：《中国近代史资料汇编·海防档·戊·铁路档》，艺文印书馆1957年版，第794页。

〔2〕《申报》第106册，上海书店1986年影印版，第278页。

〔3〕《广西官报》第56期，第143页。

〔4〕（台）“中央研究院”近代史研究所编：《中国近代史资料汇编·海防档·戊·铁路档》，艺文印书馆1957年版，第793页。

〔5〕《广西谘议局第四次报告书》，宣统三年三月初五日。

冲,于形势上之胜利,运输上之便易,策应上之灵通及关于军事上种种布置之切合,无不以此为最适当之一点,故广西不迁省则已,广西而必迁省也,则南宁为铁板不易矣。由是言之,迁省与南宁为地理上之关系,迁省与边防为军事上之关系,不讲边防,可不必迁省,不讲迁省,可不必南宁。筹策边防而不肯迁省南宁是必桂邕铁路今日造成而后可,且必桂衡铁路今日告成而后可,并粤汉铁路今日告成而后可。倘有一段不成,则粒米之砂可以掮轮,经尺之石可以抗轨,其有事征调也,仍必从西江来,其呼号求救也,仍必向西江去。全省交通之统系,仍是只倚赖此涓滴之西江,则从比较的观察之,桂林之于南宁不可同日而论也,明甚。”[1]当时的同盟会会员、谘议局秘书蒋敦世联合1 511人,要求动用桂全铁路经费迁省南宁,此议得到蒙经、黄宏宪等议员的极力赞同。在这里,广西部分士绅将迁省南宁与广西边防、铁路筹建的关系论述得是比较明晰的。也就是说,在他们看来,广西不迁省南宁,要加强边防,就必须建成桂邕铁路、桂衡铁路与粤汉铁路。而这三段铁路若有一段不能及时建成,则加强边防,就必须迁省南宁。按此逻辑,广西既无财力筹建这三段铁路,那就没有必要继续筹建铁路,而要加强广西边防建设,就只有迁省南宁。这种观点在当时筹建广西铁路如火如荼的背景下属于不谐之音,当然不会得到对铁路筹建非常重视的张鸣岐的支持。

张鸣岐关于筹建广西铁路的线路规划,如前所述,是希望能够建设衡邕铁路。他本拟先筑桂邕铁路,然后再筑桂全铁路。在此基础上,将三梧铁路展至南宁,由南宁筑至云南,再由南宁展至北海,将桂全铁路展至湖南,从而构成以南宁为中心的比较完善的铁路网,这样既不会引起外交交涉,又能切实加强广西边防,诚为一得之算。他对广西铁路建设战略重要性的认识、他对加强广西边防的考虑都充分体现在这个规划中。因此,对此规划,他有着一份执着的追求。为了实现他的这个规划,必须先行第一步,那就是先筑桂邕铁路。可以说,尽管他一直在负责筹建桂全铁路,但先筑桂邕铁路是张鸣岐的一贯主张。但自从他1908年5月提出自己的主张后,一直没有得到清政府邮传部的同意。1908年,清政府邮传部会同度支部、陆军部讨论决定广西应先修衡桂铁路,再修桂邕铁路。他在筹筑桂全铁路的过程中于1909年8月再次向清政府提出建筑桂邕铁路的要求后,邮传部只是答应派员查勘广西铁路,并在调解章祜与张鸣岐在先勘何线的问题时偏向他,要求章祜先勘桂邕铁路,但并没有答应先筑桂邕铁路。张鸣岐还为此做了进一步努力,在1909年10月1日的《桂省历年筹办实业情形》中,他特地强调:“以视扩充资本、图谋教育更不可缓者,则为兴筑铁路一事。桂本山国,险奥阻深,虽有河流,难

[1] 《申报》第104册,上海书店1986年影印版,第315页。

行巨舰,荒不能辟,矿不能开,工艺之难于改良,土货之不能输出,皆由交通不便之故。现在桂邕铁路已蒙饬部派员勘测,仰见朝廷力予主持,俾得刻期兴筑,不但为振兴实业探源之计,亦即巩固国防最要之图。此尤微臣屡屡愚忱不敢不披臆上陈者也。"[1]广西谘议局第一次常年会在建议修筑贵博铁路的同时也提出《修筑桂邕铁路案》,对桂邕铁路的国防意义认识得更为深刻:"法人之踞越南也,以西贡为第一根据地,以河内为第二根据地。河内者,龙州、云南铁路之总汇处也。彼其立志岂独在云龙而已?固将由云达川以俯瞰长江,由龙达梧以俯瞰西江。西江举,而粤事毕矣。故曰两广不许让与他人也。近数年来,法人于西江流域侵略之目的虽未能遽达,然养精蓄锐以为进取之计,未尝一日忘。彼其建筑龙州铁路也,即取广西之渐也,取广西即取东南之本也。是故欲保东南由保广西始,欲保广西由开桂邕铁路,奚以明其然耶?"指出:"此线既成,龙梧直接以邕为后路,间接即以省城为后路,此其所以异也。"若此后粤汉、桂全建成,即"南北联为一气,设遇广西有变,不但可以桂林之兵为南宁之后援,更可以全国之兵为广西之后援。如是则广西安而东南可高枕无忧矣"[2]。谘议局似乎和张鸣岐取得了一致的主张,但该议案遭到当时清政府度支部的反对,度支部认为:"查桂邕铁路关系军事,自应及时修造,以利军行,惟办理须有次第",因此"仍令该抚查照光绪三十四年陆军部会同本部核议具奏前咨办理,一俟衔接铁路竣工,即行筹议以利军政而纾财力"。[3]也就是说,度支部仍然要先筑桂全铁路,后筑桂邕铁路。1910 年 11 月 23 日,邮传部根据锡几炳等人的勘测报告,对广西铁路究竟应先修何线的问题提出了自己的看法:"桂邕一线,原奏系为该省筹备边防,注重行军后路起见。惟该路线长工艰,需款至巨,若不上接桂全,右通滇省,就令成立,仍属孤悬;设有缓急,腹地兵力不能直注边陲,转与桂林省垣不无牵掣。惟桂全一线,实为腹地交通之路,工程较短,成本较省,集款施工,尚易为力。现在粤汉已议筹筑,将来长衡、永全顺序渐进;由全至桂,一气相承。以形势论,无枝干凌躐之虞;以军用论,有辅车兼资之势;以营运论,有贸迁化居之便。是该省路线其最急实在桂全一线。臣等再四筹议,拟先令办桂全,一俟妥定办法,另行具奏。至于桂邕一线,既为注重边防,且与滇桂一线联络,亦有关系,现在派员勘滇桂路线,应俟勘竣后再行详拟办法。"[4]

邮传部根据章祐、锡几炳等人的勘测报告,对广西究应先修何路的问题所作分析的切入点也是边防建设,而最后得出的结论仍是先筑桂全铁路。这

〔1〕《广西官报》第 39 期,第 214 页。

〔2〕《广西谘议局第一届决议案》,桂林图书馆藏,第 85—86 页。

〔3〕广西档案馆:L1 全宗,1 目,第 11 卷。

〔4〕邮传部图书通译局官报处:《交通官报》(己酉年)第二十六期,第 12—13 页。

个结论似乎成为清政府的不易之论。从当时的历史条件来看,邮传部的意见是颇具远见的,也比较符合当时的历史实际。也正因为如此,广西筹建的铁路线路中,中原联络线中湘桂铁路最先建成,也离不开当时的国防考虑。因此,在桂全铁路的筹建宣告失败后,张鸣岐于1910年12月第三次向清政府提出的先筑桂邕铁路的要求是不会得到清政府同意的。他本人已于1910年10月29日升任两广总督,在此情况下,他不得不放弃继续筹建桂全铁路的努力,只得请求清政府另派大员负责继续筹筑桂全铁路,1911年4月7日,张鸣岐电奏清政府请调赵炳麟回籍督办桂全铁路。4月12日,赵炳麟向清政府上奏《广西铁路宜统筹全局折》,提出建筑桂梧铁路的主张。他从“凡办铁路首重筹款,次重运料”的认识出发,认为如果长沙至永州段铁路不能于两年内修至黄沙河,则不能筹建桂全铁路,而应该先修桂梧铁路,修建桂梧铁路则能克服路款难筹与运料不便两大困难。他指出:“如长永铁路遥遥无期,则广西铁路当先修梧州至桂林一线,此线运道方便,且由桂林通至梧州,由梧州乘轮船可旁通南宁、浔州,直达广东,交通便捷,利息较优。广东、南洋之人亦可出股,筹款似易为力。”[1]平心而论,赵炳麟以全州之籍贯反对先修桂全铁路而主张先修桂梧铁路,其耿耿公心似可明鉴。赵炳麟所谓统筹的“全局”不同于张鸣岐的“全局”概念,只是铁路筹建的全局,而非广西建设的“全局”,因此,他在统筹全局的时候就没有考虑到广西的边防建设。

但值得指出的是,赵炳麟对铁路建设与边防建设的关系是相当了解的。赵炳麟铁路筹建思想的核心内容之一就是将铁路筹建与加强边防建设紧密联系起来,这反映了中国近代社会半殖民地化的历史特征,也充分反映了他的爱国主义思想。他曾在《论陕甘路政疏》中指出,奏陈陕甘路政的目的就是为了“慎固边防,预防隐患”[2]。他对广西边防在西南国防中占有重要地位也有相当的认识,其《请缓解广西新案赔款疏》对此论述得相当深入:“若广西无以自保,我失藩蔽,人据建瓴,西南全局岌岌可危,故朝廷之保广西,所以固西南门户也,而保广西之法,不外振兴实业、推广教育。”[3]在《论桂邕铁路片》中,他更加清晰地表述了筹建广西铁路对于加强广西边防乃至西南国防的作用:“法议院增加岁费扩充东方政策。彼于越南日求进步者,何哉?狄人之所欲者,吾土地也,而吾边境空虚,荒地相望,匪徒往来,滇粤永无肃清之期,舍今不图,后悔何及。夫今日言固边围必以谋生聚、兴实业、广教育为不易之要图,三者非交通便捷不能奏效,故云南、广西铁路又为西南边防之命脉,云南路权已归法人掌握者,无论矣!广西铁路现虽议办,臣观皆纸上空

〔1〕 两广官报编辑所:《两广官报》第一期,第199—201页。
〔2〕 赵炳麟:《赵柏岩集》(二),(台)文海出版社1969年影印版,第947—950页。
〔3〕 赵炳麟:《赵柏岩集》(二),(台)文海出版社1969年影印版,第933—936页。

谈,闻该省抚臣有划桂林至南宁一线作为官办,克期兴工之议。惟铁路以经费为先,非空言所能办理,拟请谕令该抚将筹款、用人及勘路、修路各办法逐年预算,列表具奏。朝廷不妨假以事权,责成该抚臣按表兴办,即以路之成否为其功罪,务期数年中如表葳事,庶一切实边要政可以实行,未雨绸缪,莫此为亟。"[1]由此看来,赵炳麟对广西铁路筹建与边防建设曾经有过身为言官的统筹全局的考虑,他于督办广西铁路之时未及此点,就难免有标新立异、推诿就职之嫌。

邮传部对赵炳麟的意见采取了比较慎重的态度,1911 年 5 月 16 日,邮传部上奏清政府指出:"查桂全一线,关系桂省腹地之交通,本部于上年十月议复广西铁路路线分别缓急情形折内,业已声明。该省路线实以桂全为最急,惟该线须俟长衡永全顺序渐进,由全至桂方能一气相承,现在长永一线能否于二年内告成,尚无把握,则桂全办法自当再行慎筹。至桂梧一线,为南路往来之要冲,亦应修筑。惟该线地势是否紧要,商业是否繁盛,里数若干,需费若干,将来此款如何筹措,俱须先事预筹。即勘路用费将来应如何分认,亦须从长计议。至札派罗道国瑞一节,该员现正测勘桂滇,尚难定期告竣,应俟定议后再行酌办。"[2]

有趣的是,没有得到清政府邮传部支持的赵炳麟回到广西后又改变了原来的主张,提出了先筑桂柳(桂林至柳州)铁路的倡议,与张鸣岐的主张取得了一致。1911 年 6 月,他在回广西前,向北京要求拨款 4 000 万两用于建筑广西铁路。7 月 9 日,他回到桂林,接收桂全铁路局文卷,并与广西巡抚沈秉堃等商议,决定先修桂林至柳州一段。7 月 30 日,他又在福建会馆召集七百余人开铁路大会。赵炳麟拟定三大原则:(1) 划定路线,以桂全、桂邕、邕滇为干路,桂梧、梧邕为支路;(2) 干路国有,请拨部款开办;(3) 开办桂路,以桂柳为先。应该说,这里的所谓三大原则是充分考虑到广西边防建设的。他还刊发传单,声称上奏清政府的奏稿已经写定,准备由巡抚代奏。但当时"桂人多有反对者,或谓国有化不妥;或称湘省铁路未成,先筑桂柳一段,再筑桂全一段,均无法上下连接",是"直以有用之金钱建无用之铁道"。广西谘议局副议长黄宏宪见到赵炳麟的传单后,即向众人建议反驳赵炳麟,"当时一唱百和,风潮澎湃,赵至是亦色然罹祸,始阴托其私人某某等到黄议长前极力说项,将其传单曲为解释,以自取消"。[3]

不久,由于革命党人在广西活动甚急,引起广西地方政府的高度警觉,广西巡抚沈秉堃以"桂防吃紧"为由,上奏清政府"请饬两广总督(张鸣岐)量拨

[1] 赵炳麟:《赵柏岩集》(二),(台)文海出版社 1969 年影印版,第 1183—1184 页。
[2] 两广官报编辑所:《两广官报》第一期,第 197—199 页。
[3] 《申报》第 113 册,上海书店 1986 年影印版,第 927—928 页。

的款”,1911 年 11 月,清政府同意沈秉堃将桂全铁路经费“移缓就急以济饷需”。[1]就这样,广西铁路用款就被用来镇压革命党人的革命活动了。广西商办铁路至此以毫无成就而告结束,广西边防建设中的铁路建设问题也没有得到解决。

四、广西边防的演变与滇桂铁路筹建

广西边防随着国际形势的变化而逐渐演变成为西南国防、华南国防(抑或是东南国防——如广西谘议局言)的一个重要组成部分。除前述赵炳麟对此有所认识外,岑春煊和林绍年在 1906 年也曾深刻地指出:“夫广西所任之边防,非广西一省之边防,乃中国南方之边防也。亦非南方对于越南分界之边防,乃南方对于法人在亚洲侵略势力之边防,即各国视为进退之边防也。”[2]由于广西处于屏蔽大西南,有着面向边界和沿海的重要战略地位,因此西南经济的开发必须有一条南下的出海通道,整个西南国防的巩固也必须通过广西与长江中下游各省取得联系。从清末收回利权运动开始,广西铁路的筹建就不是孤立的,西南各省为寻求出海通道、为巩固西南国防,都不断筹划着建筑从内地经过广西到西南或由西南经广西出海的铁路,这其中以云南省筹建的滇桂铁路最为突出。滇桂铁路的筹建缘起于法国对滇越铁路建筑权的掠夺。1910 年 3 月,云贵总督李经羲在《议借外债折》中认为:“滇省最要之路有二:一由云南至四川之重庆,曰滇蜀铁路;一由云南至广西百色,曰滇桂铁路。此两路能同时并修,局势更为宏远,或择要先筑,军事既有裨益,利权亦可挽回。”[3]4 月 4 日,他又上奏:“滇省铁路关系重要,匪特为整顿交通之至计,并且为防制法人之要图,拟请饬部迅将滇蜀铁路收归国有,赶速测勘,并先将滇桂铁路设法筹办,庶滇路有挽回之机,法路有可赎之日。”[4]5 月 24 日,清政府要求邮传部对李经羲的意见“妥议具奏”[5]。邮传部经过讨论,认为滇桂铁路最宜先修,要求借外债兴筑此路。度支部对此表示赞同,指出:“查滇桂铁路,既预为巩固国防,且用以振兴实业,及今兴筑,自不能视为缓图。”认为:“借赀营业,本与寻常称贷不同。果能经理得法,当不至别滋流弊。”[6]

邮传部尚书徐世昌于 6 月就云南究应修筑何路作了比较细致深入的分析,关于滇桂铁路在云南铁路中的地位,他指出:“尝考滇省奏办之路,首惟滇蜀。其归入滇蜀公司统筹者,曰腾越。其拟俟滇蜀工竣接修者,曰滇黔。其

---

〔1〕《宣统政纪》卷 63,中华书局 1987 年影印版,第 12—13 页(总第 1164 页)。

〔2〕《广西文献》第 82 期,台北广西同乡会 1998 年发行,第 32 页。

〔3〕宓汝成编:《中国近代铁路史资料(1863—1911)》第 3 册,中华书局 1963 年版,第 1162 页。

〔4〕广西通志馆、广西图书馆编:《〈清实录〉广西资料辑录》(五),广西人民出版社 1988 年版,第 292 页。

〔5〕广西通志馆、广西图书馆编:《〈清实录〉广西资料辑录》(五),广西人民出版社 1988 年版,第 293 页。

〔6〕宓汝成编:《中国近代铁路史资料(1863—1911)》第 3 册,中华书局 1963 年版,第 1114 页。

尾衔滇蜀,成为直线者,曰滇越。其首衔滇蜀,成为曲线者,是为现议之滇桂。”他对为什么要先修滇桂铁路的问题进行了深入分析,得出结论:“为今之计,自应拟请准如原奏所议,先从筹修滇桂入手。其滇蜀一路,业经前督臣丁振铎奏准在案,拟即用英人虚议滇缅之法,一并由部派员履勘,以预防他人要挟。俟滇桂办有端绪,仍酌量与滇黔枝线次第兴修。既以渐行臣部规划全国轨线之方,即以连合西南数省通力筹边之局。”关于李经羲要求将色邕一段并入滇色线,徐世昌认为“色邕一线,自应衔接一气”[1]。7 月 21 日,李经羲致电张鸣岐,认为滇桂铁路“关系边防交通,若不速自修筑,恐启外人窥伺,爰会同电催邮部从速履勘路线,俾得早日修筑,至勘路费用则请邮部与滇桂两省各认其半”[2]。9 月 14 日,邮传部奏派罗国瑞、贺良楷等查勘滇桂铁路和腾越铁路。[3]1911 年 5 月李经羲致电邮传部表示进一步支持先修滇桂铁路的主张,因为“滇桂先至百色,即通水道,路短费轻,其成效速”。而先修滇蜀铁路则“川汉工险道长,任蜀能自办,成效无期”。但是,借债兴筑滇桂铁路极易引起外交纠纷,因此,他主张借债时只言借债兴筑云南铁路,而不言明具体的线路。[4]8 月 11 日,他致电内阁说:“滇蜀迟而滇桂急,将来由桂接通粤汉,早成一大路,国家收湘粤桂黔四省于堂奥,兵谋饷计,悉出于此。较之仅通滇蜀,再议黔桂,枝节而为,实操胜算。”[5]并且,应云南绅商陈荣昌等所请,他要求内阁加速筹办滇桂铁路。当时的广西也非常支持滇桂铁路的勘测工作。当邮传部要求广西分担滇桂铁路的勘费时,广西布政使司、广西劝业道认为:“本司道等伏查敷设腾越、滇桂铁路事关大局,筹办正不容缓。现奉大部奏准派员测勘路线,所有勘费由部省分半摊认,第桂省财力万分艰窘,然为大局计,无论如何竭蹶,亦应勉力筹挪分认摊派。”[6]

由于盛宣怀建议将云南铁路通过滇桂铁路与粤汉铁路连接起来成为一大干路,所以,1911 年 8 月 13 日,李经羲就滇桂铁路的筹款问题又提出了进一步的办法:“滇路接通粤汉,成一干路。杏老所论,羲极赞同。既由滇黔、色邕接至全永,地达四省,费至五六千万。款归部借,路归部办,断无疑义。”他还以民力难举为由,建议撤销滇蜀铁路公司,以便全力以赴地筹筑滇桂铁路。[7]但不久盛宣怀改变自己的看法,认为云南铁路宜先筹建滇蜀铁路。李经羲于 8 月 24 日致电盛宣怀反对说:“放松川汉,注重滇桂,十五年后牵算功

〔1〕 宓汝成编:《中国近代铁路史资料(1863—1911)》第 3 册,中华书局 1963 年版,第 1114—1115 页。
〔2〕《申报》第 107 册,上海书店 1986 年影印版,第 353 页。
〔3〕 陈晖:《广西交通问题》,商务印务馆 1938 年版,第 72 页。
〔4〕 宓汝成编:《中国近代铁路史资料(1863—1911)》第 3 册,中华书局 1963 年版,第 1164 页。
〔5〕 宓汝成编:《中国近代铁路史资料(1863—1911)》第 3 册,中华书局 1963 年版,第 1237 页。
〔6〕《广西官报》第 106 期,第 220 页。
〔7〕 宓汝成编:《中国近代铁路史资料(1863—1911)》第 3 册,中华书局 1963 年版,第 1117—1118 页。

利，岂在蜀下？”[1]由于云南财力不支，他希望清政府将滇桂铁路收归国有。10 月，邮传部主事涂葆熙等人在呈文中申述了西南边疆危机，要求改订线路，统筹西南铁路。他们的改订路线为“由龙州铁路经南宁府分歧北达桂林，南折至梧州，接广东铁路。再由南宁西走百色厅，沿西洋江岸，经广南府、澂江府直达云南省会，名曰桂滇铁路。其路线贯穿两省，不必取道越南，则南部之横断线纯为我有。桂、滇两省气脉相连，不惟有事之秋足资控驭，即平时之交通，其利益亦有不可胜言者”[2]。从这里已经可以看出，广西铁路具有相当重要的地位。

给事中石长信对议建滇桂铁路的主要看法是，广西边防乃至西南国防的加强，必须依赖于与内地取得铁路交通上的联系。他在 1911 年 5 月 4 日上清政府的奏折中说：“近来云贵督臣李经羲议造滇桂边路，于国防尤有关系。然不有粤汉干路，自湖南之永州与广西之全州相接，则滇桂路何能自守？”他进一步强调滇桂铁路在国防上的重要地位，指出：“今我粤汉直贯桂、滇，川汉远控西藏，实为国家应有之两大干路。万一有事，缓急可恃。”[3]在近代特定的历史条件下，他的见地也颇有道理。虽然西南地方势力筹建各种西南出海线时有很多很多的理由，但最堂而皇之的理由是加强西南国防。事实上这也是必须给予考虑的一个重要方面。正因为滇桂铁路对西南国防具有重要的战略意义，民国初年议建滇桂铁路亦曾热闹一时。1912 年 12 月，北京政府工商部召开全国工商会议，当时的云南代表联合广西、广东代表又乘机提出“急宜修筑滇邕铁路以利商贾而保国防”的要求，他们认为：“为国防计，为云南商业生命计，速将滇邕铁路首先提前赶办或予滇以借债权以便直接借债建筑，俾早一日告成，即早抒滇困一日也。”[4]1913 年，孙中山在致函蔡锷时还提出了包括滇桂线在内的滇桂粤铁路线规划，其依据之一也是考虑到广西的边防问题：“南宁逼近法疆(指越南，当时为法国属地)，遇有军事，南宁必先受敌。南宁有险，则本路为西南重要干路，一被截断，极为不便。”他又进一步指出：“广州为南部之中点，商埠已兴，不难与世界竞胜。即于军事上，亦属重要之地。滇省货物运送外洋，由此出口，未为迂折，而输入腹地各省，则必至广州而后便于分布。至龙门一口出洋，虽觉较捷，然商埠未开，轮舶罕至，倘事经营，非有数千万之巨款不可，实非目前之力所能办。再以军事上而论，南宁逼近滇、越路线，一旦有事，易于受敌。故桂省一段，不如取道柳、庆，开自古未开之

〔1〕 宓汝成编：《中国近代铁路史资料(1863—1911)》第 3 册，中华书局 1963 年版，第 1237 页。
〔2〕 宓汝成编：《中国近代铁路史资料(1863—1911)》第 2 册，中华书局 1963 年版，第 672—673 页。
〔3〕 宓汝成编：《中国近代铁路史资料(1863—1911)》第 3 册，中华书局 1963 年版，第 1234 页。
〔4〕 中国历史第二档案馆馆藏档案，一〇三八全宗，1429 案卷。此资料由广西师范大学历史文化与旅游学院张坚博士提供，特此鸣谢。

路，于铁路原理上实有重大之价值。而由柳州至南宁可建一支线，仍不失滇、邕之功用。”〔1〕1932年，有人在论及西南铁路系统的建设目标时，第一个考虑的就是关于西南国防：“西南各省与英法毗连者，有云南、广西二省，而尤以云南为最更重要。……故中国建设西南铁道系统，一所以固边防；一旦有事，则大军朝发夕至，不难从容筹抵御之策。二所以塞外人之野心，使无隙可入，则自免边防若干纠纷也。”〔2〕

铁路筹建与清末广西边防相互之间错综复杂的关系，一方面反映了近代中国铁路建设的动力特征，也就是说，中国近代的铁路建设不是源于中国近代社会经济发展的内在需要，而是源于中国社会内忧外患的逼迫性动力；另一方面也深刻地反映出中国近代社会半殖民地化的历史特征，一直困扰清政府的边疆危机逼使铁路建设必须考虑边防问题。由于中央政府与地方政府着力统筹的全局存在着不同的出发点，因此，尽管都认识到铁路筹建在边防建设中的重要地位，也都认识到铁路筹建的紧迫性，但包含完整铁路网在内的近代战略交通网络未能最终形成，也没有在近代国防体系中占据应有的地位，这应当是近现代广西社会，乃至西南社会多种因素交相作用的必然结果。

（原载《中国边疆史地研究》2006年第3期、《广西师范大学学报》2006年第4期，此次收入时，各部分加了标题）

〔1〕原函未署时间。据函中所说“奉到一月二十五日复信”及“本公司之计划如此”推断，此函应在铁路总公司成立后，孙中山离沪赴日前，即1913年1月至2月间。关于滇桂铁路在民国初年的筹建情况可参考拙著《铁路与社会经济——广西铁路研究（1885—1965）》（广西师范大学出版社1999年版），第141—152页。

〔2〕吴龢：《西南铁道系统与中国西南国防及其他》，《新亚细亚》（月刊），第4卷第2期，第13—14页。

铁路与近代社会力量的成长

——以粤汉铁路筹建体制和机制为切入点的分析

甲午战后，受民族危机的刺激，中国朝野上下咸知铁路之“实有利益”，准备进行大规模的铁路建设，粤汉铁路的建设正是在这个过程中提出来的。但是，采用何种体制和机制，关系到铁路筹建和建设的成效，当时即有人指出“盖照章办理，或尚有微利可图”，并建议“董其事者留心效泰西之良法”。〔1〕在铁路筹建和建设采用何种体制和机制的问题上，曾有过反复与争论，这也比较突出地反映在粤汉铁路的筹建过程中。建设体制和机制的反复与争论，也给社会力量的成长提供了历史的机缘。

本文所说的“社会力量”，并非是学术界较多地提到的“绅商”阶层的同义语。它包括绅商阶层，也包括新知识分子群体（新式学堂里的学生和海外留学生），甚至还包括与铁路发生关系的农民（某些省份的租股承担者）和小手工业者、小商业者等，是与政府力量或官僚阶层相对的概念。绅商阶层是社会力量的重要组成部分，在清末则应当是核心组成部分（立宪派大多来自绅商阶层）。“社会力量”的表现形式是多种多样的，从组织形式来看，可以表现为各式各样的同乡组织或同乡群体，可以表现为业缘关系的组织或群体，甚至表现为基于某种目的、目标的，带有在野的近代政党性质的组织；从活动方式来看，表现为社会力量之间的信息交流相当频繁（这得益于近代电报、邮政的发展），以及由此能迅速造成的强大的社会舆论（公电、公呈以及报刊舆论、集会演说）；从力量增长的途径来看，这体现在社会力量与政府力量的相互关系上，无论是合作还是对抗，都能导致社会力量的增长，政府力量与社会力量的合作，是社会力量在一定阶段得以成长的基础，这种合作是基于社会力量不可忽视的合作，是对社会力量影响力的认可，合作积累了日后与政府力量对抗的资本和能力；而与政府力量的对抗促进了社会力量内部的整合，促进了社会力量主体意识的增强，以及集体活动的日趋活跃，使社会力量的增长成为清末突出的历史现象。

---

〔1〕《申报》第56册，上海书店1985年影印版，第227页。

一、“商人承办，官为督率”体制的确立
——体制内社会力量的应有地位

所谓铁路筹建和建设的体制和机制问题，开始时还是偏重于体制问题，即铁路建设究竟是采用官办政策、商办政策、官督商办政策，抑或是官商合办政策？应该说，甲午战前，李鸿章在筹建和建设唐胥铁路、开平铁路、津沽铁路、津通铁路和关东铁路时，采用的都是官督商办政策，而且洋务派创办的民用企业也多采用官督商办的政策。但是，官督商办的政策引起了商民的不满，社会舆论对“官督”的批评越来越多，许多企业招股维艰。因此，财政拮据的清政府在甲午战后准备进行大规模铁路建设时，是偏向于商办政策的。在以官办政策建设津榆铁路的同时，即以商办政策建设芦汉铁路。当时即有人认为芦汉铁路商办难成，要求官办。然而一时间争揽承办芦汉铁路和粤汉铁路的不乏其人，考虑到这两方面情况，清政府又稍作变通，提出了所谓“商人承办，官为督率”[1]的政策。即便如此，张之洞等人不相信商人的力量，认为“华商无此大力，无此远识”[2]，且“商不顾大局”[3]，他们花了几个月的时间查实了那些争揽承办铁路的人所集款项均不可靠，都与洋款、洋股有关；也就是说，单纯地依靠商人是不能建成铁路的。

由此我们不难看出，所谓的铁路筹建和建设的体制问题，实际上就是在铁路筹建和建设的过程中究竟是以政府力量为主导，还是以社会力量为主导？而究竟以什么力量为主导的关键则在于铁路建设的资金问题，什么力量能够解决铁路建设的资金问题，什么力量就可以占主导地位，张之洞曾经对湘绅很实在地指出，“但以招徕实在资本股分为主，谓之绅办也可，谓之商办也亦可”[4]。从晚清铁路筹建和建设的实际进程来看，单纯依靠政府力量或社会力量都不能解决资金问题，这就决定了在铁路筹建和建设的过程中这两种力量的联合与合作的必要性，同时也决定了这两种力量需要向第三种力量求助的必要性，外资力量由此进入中国近代铁路筹建和建设的领域也就不可避免。因此，铁路筹建和建设的体制问题就转变为政府力量与社会力量联合或合作的机制问题，在这个机制之下，如何处理与外资力量的关系，也是一个重要的问题。

由于清政府确定的“商人承办，官为督率”的政策一时不能改变，张之洞、王文韶、盛宣怀等人筹拟了一个以中国铁路总公司作为商人承办的载

---

〔1〕 宓汝成编：《中国近代铁路史资料（1863—1911）》第 1 册，中华书局 1963 年版，第 225 页。

〔2〕 苑书义、孙华峰、李秉新主编：《张之洞全集》第 9 册，河北人民出版社 1998 年版，第 6973—6974 页。

〔3〕 苑书义、孙华峰、李秉新主编：《张之洞全集》第 9 册，河北人民出版社 1998 年版，第 6973—6974 页。

〔4〕 苑书义、孙华峰、李秉新主编：《张之洞全集》第 3 册，河北人民出版社 1998 年版，第 1751 页。原文标点有误，兹据原意改正。

体,以沿线督抚和总公司督办大臣承担"官为督率"职责的铁路筹建和建设的体制。在这个体制里,资金问题解决的渠道有官款、商股和洋债,这三者的关系就是张之洞等人提出来的"六递法",即递招、递垫、递修、递押、递借、递招[1]。这个"六递法"的出发点和落脚点都是招股,说明了对社会力量的期待和重视。要使社会力量踊跃购股,必须让社会力量看到铁路建设的预期,这个预期就是要让铁路首先能够开工兴建,其次还要让铁路能够大规模地建设起来,这里的关键还是巨额资金问题。政府力量的作用在于要让铁路能够先开工兴建,这需要政府的垫款。政府的垫款不能解决所有的资金,否则就不需要与社会力量联合了。大规模的铁路建设需要数量庞大的资金,这就需要借债。政府力量的垫款除了保证铁路开工兴建使社会力量看到铁路建设的预期外,还为利用外资力量创造了条件。由此看来,政府力量的作用亦不可缺。政府力量的垫款可以修成一段铁路,然后以此段铁路作抵押,即可借到洋债。洋债借到后,大规模的铁路建设才有可能,这使社会力量进一步看到了铁路建设的预期,社会力量也才有了踊跃购股的积极性。这样,利用招来的商股以及修成铁路的盈余就可以源源不断地偿还洋债了。按照张之洞等人的设想,只要政府力量与社会力量有机配合,就能有效地解决铁路建设的资金问题。由于中国铁路总公司充当了商人的身份,这种体制在张之洞等人看来就是一个商人自行筹款的体制(自行招股、自行借债),而从借债的角度即是一个商借商还的体制,这种体制迎合了清政府对"商人承办"的要求。

在这个体制之下,商人承办是前提,招到商股是维持商借商还体制的保证。因此,除了政府力量的垫款和外资力量的介入以外,保证社会力量对铁路建设的预期还在于线路的选择。虽然清政府准备着力筹建的是芦汉铁路,但是盛宣怀则极力将粤汉铁路、沪宁铁路也纳入中国铁路总公司的计划内,因为芦汉铁路偏于北方,仅仅以建设芦汉铁路为号召,要在更大范围内吸引商股是不可能的。而且,这种线路的扩展也是借债所需要的,外资力量进入中国铁路建设要有相应的盈利预期以保证债务本息的偿还,线路扩展对于增加未来铁路的盈利、增强中国的债务偿还能力是有意义的,盛宣怀、张之洞等人将这种线路扩展的办法称为"推广招徕之法"[2]。由是而有粤汉铁路建设的筹拟。粤汉铁路建设的最初筹议,虽然发自政府力量的声音,却反映了来自社会力量的要求。

线路的选择还有更重要的意义。外资力量进入中国铁路建设领域不只是中国的要求,也有其自身的强烈要求。外资力量进入中国铁路建设领域,

〔1〕 苑书义、孙华峰、李秉新主编:《张之洞全集》第9册,河北人民出版社1998年版,第7425页。
〔2〕 苑书义、孙华峰、李秉新主编:《张之洞全集》第2册,河北人民出版社1998年版,第1183—1189页。

不只是要攫取经济利益的高额回报，还有更深刻的背景，它对中国铁路的线路选择是和列强在华划分势力范围联系在一起的。借债筑路也就意味着有丧失利权、主权的风险。也就是说，在商借商还的体制之下，既要能够利用外资力量，又要在尽可能少地丧失利权、主权的情况下利用外资力量。要做到这一点，必须处理好两个问题：一是各线路借债的条件要统一起来，不同线路之间的不同借债条件，会使外资力量相互攀附，从而使借债条件抬高，中国丧失的利权、主权也就更多；二是各线路债权国的选择要考虑到其势力范围，一个债权国总是要选择能够扩大其在华势力范围的线路，势力范围的扩大意味着中国将受到该国更深程度的侵略。正是在处理这两个问题的过程中，粤汉铁路的建设被逐渐提上了议事日程。

借债条件的统一，不只是各条铁路借债条件的统一，还牵涉到铁路借债和其他类型借债之间的条件统一，需要中央政府力量的强度介入。但是，在商借商还的体制之下，李鸿章曾指出"此事政府毫不措意"〔1〕，张之洞也清醒地知道"朝廷于铁路一举招商借债绝不担肩"〔2〕，因此，借债条件的统一，对张之洞、盛宣怀等人来说，只能是奢望，盛宣怀因而感叹借债有"三难"〔3〕，所谓"三难"正好反映了社会力量、政府力量与外资力量在借债问题上的博弈。张之洞、盛宣怀等人所能做的就是两点：一是自己设定借债条件的底线，这就是张之洞所说的断不能令债权国做中国铁路的主人，再提升一点，就是张之洞后来所说的"路权第一，利息次之"〔4〕的原则；二是以夷制夷，权衡比较，寻找借债条件较低的线路和债权国，尽快签订草约，然后再以此抑制条件较高的线路和债权国。粤汉铁路借款草约的议定，就有遏制比利时芦汉铁路借款不断抬高条件而反复要求的意图。而在甲午战后列强瓜分中国狂潮的背景之下，张之洞、盛宣怀等人也感觉到加快粤汉铁路筹建的必要性。向何国借债建设粤汉铁路，则是张之洞、盛宣怀等人在1898年上半年反复思考的问题，债权国的选择要和遏制列强在华扩大势力范围的意图结合在一起，还不仅仅是考虑借债条件高低宽严的问题，"保我腹心"〔5〕或"杜绝腹心之祸"〔6〕成为选择债权国的最高原则。如何"保我腹心"呢？在张之洞看来，列强争借的线

---

〔1〕 苑书义、孙华峰、李秉新主编：《张之洞全集》第9册，河北人民出版社1998年版，第7516页。

〔2〕 苑书义、孙华峰、李秉新主编：《张之洞全集》第9册，河北人民出版社1998年版，第7424页。

〔3〕 1896年8月19日，盛宣怀致电张之洞说："此事有三难：商借洋债，无的款指还，恐洋人做不到，难一。洋债条款，要国家核准，恐政府做不到，难二。华商先收现银二成，方能借债，以后八成须华商按期归还，恐华商做不到，难三。以位卑望浅之人，破此三难，尚无把握。"见苑书义、孙华峰、李秉新主编：《张之洞全集》第9册，河北人民出版社1998年版，第7069—7070页。

〔4〕 盛宣怀：《愚斋存稿》卷二十六·电报三，（台）文海出版社1975年影印版，第20页。

〔5〕 苑书义、孙华峰、李秉新主编：《张之洞全集》第3册，河北人民出版社1998年版，第2113—2114页。

〔6〕 苑书义、孙华峰、李秉新主编：《张之洞全集》第9册，河北人民出版社1998年版，第7476页。

路不能连通海口,路不通海口,则无大患。[1]可以说,粤汉铁路借债选择美国就有一定的必然性。从当时各国抛出的借款条件来看,盛宣怀最中意的是英国的借款,但张之洞对粤汉铁路借款又设定了不用英款的底线,理由是要阻遏英国将其长江流域的势力范围扩展到华南。争借粤汉铁路借款的还有德国,虽然张之洞有些看好德国,但是,盛宣怀觉得德国的条件过高,突破了张之洞所设的"断不能令作主人"[2]的底线,而且,德国在胶州湾事件以后,容闳为抑制德国所攫取的山东铁路的影响而提出津镇铁路的要求,在张之洞看来,津镇铁路的议建实有助于德国势力长驱直入京师,因此,粤汉铁路借款亦不能再找德国。而已取得芦汉铁路借款的比利时更欲取得粤汉铁路借款,比利时作为小国,张之洞等人原以为不会对中国构成威胁,借比款让它继续建设粤汉铁路,曾有过考虑。然而,比利时借款中有俄、法资本在内,如果再借比款修建粤汉铁路的话,那么,芦汉铁路北接津榆铁路,再和俄国的西伯利亚铁路相连,芦汉铁路南连粤汉铁路,而粤汉铁路则可能与法国图谋拓展的龙州铁路相通,中国从南到北纵贯内陆腹地的铁路线和南北边防将处于俄、法集团的控制之下。基于"保我腹心"的考虑,粤汉铁路亦不宜再借比款。从争借的各国来看,唯一可以考虑的也只能是美国,而且美国包办的条件在当时的情况下相对宽松。为了维持张之洞等人所设想的列强在华均势,对美借款的草约和续约都规定了不得将借款合同转让给他国人,粤汉铁路的建设只认美国人和中国人。

在商借商还的体制之下,虽然中央政府对借债"毫不措意",但主导借债交涉的仍然是沿线督抚和总公司督办大臣等政府力量。由此看来,政府力量是分层的,中央政府、沿线督抚、铁路总公司督办大臣构成了政府力量的3个层级,铁路总公司督办大臣则兼具官商身份,充当了政府力量与社会力量沟通的桥梁。而事实上,沿线督抚有些是地方的实力派,他们对沿线政情民俗有更多的了解,在铁路筹建和借债决策中发挥着很大的作用,在特定情况下,他们也会成为社会力量的传声筒。在各线路选择债权国的过程中,社会力量也有其独特的作用,他们发出自办的呼声,得到政府力量的应和,被认为是"预争先着"[3],自办往往是拒绝列强谋求特定线路借款的最好借口。当法国、英国、比利时对粤汉铁路有所图谋时,湘绅的自办行动是最好的说明。

---

〔1〕 苑书义、孙华峰、李秉新主编:《张之洞全集》第3册,河北人民出版社1998年版,第2115—2117页。

〔2〕 苑书义、孙华峰、李秉新主编:《张之洞全集》第9册,河北人民出版社1998年版,第7518页。

〔3〕 苑书义、孙华峰、李秉新主编:《张之洞全集》第2册,河北人民出版社1998年版,第1279—1281页。

二、原有体制中的官商合作
——粤汉铁路废约运动中社会力量作用的彰显

由于政府力量在借债交涉中起着主导作用,当借债风险爆发的时候,政府力量就可能成为社会力量攻击的矛头,但为了共同的利权、主权,两者仍有可能联合起来,张之洞极力主张废约要“合官绅之力”[1]。社会力量在维护利权、主权的斗争中更彰显其重要作用。张之洞在废约运动中就声称:“非绅民合力,不能抵制美公司;非官为维持,不能鼓励民志。”[2]他还认为:“三省绅民万口一词,朝廷俯顺舆情,不能强数千万人迁就坏局。”[3]他甚至有“此事全赖绅士公呈上紧,政府方肯主持”[4]、注重民权“更吃紧”[5]等的说法。

张之洞等人原以为看准的粤汉铁路借款偏偏出了问题,承担借款的美国合兴公司在首董去世后,人心涣散。有法、俄撑腰的比利时一直没有放弃对粤汉铁路的谋求,从两个方面进行活动,一是利用这个机会购买合兴公司的股票,二是购买了不少合兴公司发售的粤汉铁路债票。购买债票不构成对合兴公司的控制,也不构成对粤汉路权的控制。这里的问题是,购买合兴公司的股票。当时传说比利时控制了合兴公司三分之二的股票,这就意味着合兴公司将可能由比利时人控制,按照张之洞和当时舆论的理解,这也就意味着粤汉铁路借款合同转给了比利时人,而转给了比利时人,则等同于转给了俄、法集团。这就与张之洞等人维持列强在华均势、“保我腹心”的初衷大相违背。这种传说,一时还不为国内舆论所知晓,而盛宣怀、伍廷芳等人早已获悉。急于获得借款以促进粤汉铁路建设的盛宣怀对此处理失当(时论以为他有三误:一不当签续约,二不当奏请朝廷批准,三不当签发小票即债票格式),致使他成为日后社会力量攻击的对象。

当合兴售股与比的消息逐渐传到国内,而美比分办粤汉铁路的新传说似乎证实了这个消息的可靠性时,社会力量迅速作出了反应,要求将粤汉铁路借款合同作废,这就是废约的主张。张之洞得知消息后的第一反应也是要求废约,并很快与鄂湘粤三省绅商结成一体,他以三省绅民代表自居,对盛宣怀施加压力。与此同时,张之洞还与三省绅商不断进行沟通,筹集废约所可能需要的经费,并逐步确立了废约自办的目标。

处于风口浪尖上的盛宣怀却有自己的考量,从他的内心来说,他不希望

---

[1] 苑书义、孙华峰、李秉新主编:《张之洞全集》第11册,河北人民出版社1998年版,第9144页。
[2] 苑书义、孙华峰、李秉新主编:《张之洞全集》第11册,河北人民出版社1998年版,第9170—9171页。
[3] 苑书义、孙华峰、李秉新主编:《张之洞全集》第3册,河北人民出版社1998年版,第2285—2288页。
[4] 苑书义、孙华峰、李秉新主编:《张之洞全集》第11册,河北人民出版社1998年版,第9213页。
[5] 苑书义、孙华峰、李秉新主编:《张之洞全集》第11册,河北人民出版社1998年版,第9247页。

借债成为泡影,不太主张废约,以为废约会影响中国铁路筹建和建设的进程。他曾经筹拟过"合纵"之法〔1〕,对他来说,比、法、俄渗入粤汉铁路似亦不是坏事。不过,这种想法是不能公诸舆论的。由于有这样的内心活动,他在行动上的表现就不能令人满意,在社会力量的语境中,他就是在为废约设置阻力,所谓"阳言废约,阴实回护"〔2〕,就是对他的批评。他派福开森到美交涉,却以要求美国政府承认"合兴"为美国公司为目标,嗣后又以要求合兴公司收回比股为目标。在美国玩出了摩根收回比股的把戏后,他又提出废约必致国家吃亏受累的说法〔3〕。只要能够做到实质上不废约的办法,他都乐于尝试,如购股的办法,如以美接美的办法。当然,在社会力量所营造的舆论逼迫之下,他也有朝着废约方向努力的一面,他对合兴公司禁提小票,他要求合兴公司在粤停工,他要清政府驻美公使梁诚直接向合兴公司和美国政府外交部声明废约。

废约,还是不废约,社会力量的主导声音是废约,三省绅商们通过公电、公呈、公函坚决主张废约,相互间沟通频繁,并将废约要求付诸报章,制造了浓烈的废约舆论氛围。而如何废约,特别是废约后如何自办,海外留学生则提供了较多的意见,对于废约交涉的走向影响较大。影响废约交涉走向的不只是要不要废约的争论,还有废约交涉的机制、轨道和策略。

从交涉的机制来看,借债合同是由中国铁路总公司与合兴公司签订的,那么,废约就应由盛宣怀与合兴公司交涉。盛宣怀与合兴公司交涉的途径有两个:一是通过合兴公司在华的代理人,二是通过清政府驻美公使梁诚。在这两个途径中,以通过梁诚的渠道为主。所以,沿线督抚的要求和主张、三省绅商们的意见和要求,都要由盛宣怀通过梁诚才能传给合兴公司。三省绅商们的意见和要求,有的(三省绅商的驻沪代表)是直接传到盛宣怀处,有的则是由张之洞转达。由于绅商们对盛宣怀不满,他们的声音更多的是由张之洞转达给盛宣怀。也就是说,开始时盛宣怀充当的是废约的主事者,而张之洞则不过是三省绅商的传声筒。当然,张之洞本人的意见和想法也是盛宣怀不能不考虑的。这种交涉机制可概括为:三省绅商→张之洞→盛宣怀→梁诚→

〔1〕 应该说,盛宣怀的设想在当时并不完全是孤独之声,左中允黄思永也有类似的想法,1898年4月19日,他在《请均利保权折》中就向清政府建议:"由国家速设铁路、矿务两大公司,所有中国之路、矿两项,统归总公司筹款主持。无论华商、洋商,皆准附股,勿专借一国之债、专附一国之股,亦不允一国自专之路、自指一处之矿。股本统由公司招集,转发各省,次第兴办。所得之利,亦皆汇归公司,按照定章均平分给,不以一处之路、矿计其盈亏,不以一事之兴衰定其作辍。而一切管辖之权,朝廷主之,公司任之,各国不干预。"[汪叔子、张求会编:《陈宝箴集(中)》,中华书局2005年版,第1122页]

〔2〕 苑书义、孙华峰、李秉新主编:《张之洞全集》第11册,河北人民出版社1998年版,第9267—9268页。

〔3〕 盛宣怀:《愚斋存稿》卷六十四·电报四十一,(台)文海出版社1975年影印版,第27—29页。

合兴公司。由于借款合同是得到清政府批准的，废约的决策也应得到清政府的同意，废约事宜就应由主管外交的外务部负责，沿线督抚、铁路总公司督办大臣、绅商如有意见都应集中到外务部，并得到外务部的认可，然后再由外务部责令梁诚与美国政府外交部交涉。因此，废约交涉还并行着另一套机制，即三省绅商→张之洞、盛宣怀→外务部→梁诚→美国政府外交部。这两种并行的机制使废约交涉变得相当复杂。这两种机制其实就是废约交涉的两种轨道，前一机制属于民间外交的轨道，用张之洞等人的话语即是"商务"的轨道，后一机制属于政府外交的轨道，用张之洞等人的话语即是"交涉"的轨道。"交涉"的轨道意味着更大的丧失利权的风险，因为通过这种轨道对一国所作让步而失去的利权还可能被另一国援引。张之洞比较早地意识到应将粤汉废约交涉纳入"商务"的轨道，他一再强调绅民的力量、以三省绅民代表自居，都是这种努力的表示。当清政府要求商部介入此事时，他则通过瞿鸿禨活动让商部不必过问。由于他坚持走"商务"的轨道，到后来外务部都不了解废约交涉的进展，以致梁诚在美交涉的权力受到美国政府外交部的质疑。废约改为赎约，也是张之洞等人坚持走"商务"轨道的一个结果，在他们看来，"赎约只是公司之事，与国际交涉无干"[1]。也就是说，废约有可能导致政府间的交涉，而赎约则属于商务往来，有利于排除美国政府的干预。因此，为了排除美国政府干预的可能性，张之洞采取的策略有三：在途径上，他主张通过赎约达到废约的目的，"不至牵入交涉"[2]；在经费上，他主张"多费不惜"[3]，"不争银数多少"[4]；在节奏上，他则主张争取一切的可能性"从速定局"[5]。

由于盛宣怀有不愿废约的意图，他徘徊在废约与存约之间，他的活动总是试图使废约走向"交涉"的轨道，这与张之洞的要求是背道而驰的，这决定了盛、张关系的交恶是必然的，使得废约的机制发生了多次变化。最初是由盛宣怀一人致电梁诚的，后来由盛宣怀、张之洞两人联名致电梁诚，再后来则是由张之洞径电梁诚，到最后则是张之洞、外务部分别致电梁诚。也就是说，盛宣怀逐渐被抛离到粤汉铁路废约运动之外了，甚至他后来不时地发出若干意见时，也遭到张之洞的暗中抵制。盛、张交恶的过程，反映在这种废约交涉机制的演变之中，而其实质则折射出废约与存约之争，甚至影响了他们对废约运动意义的认识。而说到底就是，他们的交恶又说明了利用外资的模式之争，究竟在什么样的底线条件之下利用外资是可以接受的。能不能接受则取

[1] 苑书义、孙华峰、李秉新主编：《张之洞全集》第11册，河北人民出版社1998年版，第9363—9364页。
[2] 苑书义、孙华峰、李秉新主编：《张之洞全集》第11册，河北人民出版社1998年版，第9303页。
[3] 苑书义、孙华峰、李秉新主编：《张之洞全集》第11册，河北人民出版社1998年版，第9281页。
[4] 苑书义、孙华峰、李秉新主编：《张之洞全集》第11册，河北人民出版社1998年版，第9296页。
[5] 苑书义、孙华峰、李秉新主编：《张之洞全集》第11册，河北人民出版社1998年版，第9315页。

决于社会力量，盛、张在废约机制中的地位变化，是社会力量起了很大的作用，张之洞全面主持废约交涉事宜则是湘绅活动的结果，因此，对于张主持废约事，曾有所谓“三省士民，欢声雷动”〔1〕的说法。

从合兴公司代表和股东倍次在华活动的情况来看，美国资本对中国铁路曾有广泛的诉求，美国政府对美国资本的诉求表示支持。美国参议员弗里奇曾强调，修筑铁路是美国资本抢夺中国市场的关键步骤，“铁路修筑到哪里，贸易就伸展到哪里”〔2〕。废约改为赎约，意在排除美国政府的干预。但是，在最后关键环节，美国政府仍然出面干预，反对甚至阻止合兴公司顶售〔3〕。历史的谜团在于，这种反对、阻止竟然没有成功，中国付出了 675 万美元的代价赎回了粤汉路权。如果美国政府真正从战略高度重视粤汉铁路所体现的在华利益，那么，675 万美元就不会成为吸引贪婪的美国资本的饵料。在中国提出废约交涉的一年多时间中，它为什么没有采取更有效的战略措施，通过更有效的外交渠道来解决合兴公司所出现的问题，应对中国的废约要求呢？4 年之后，它又为什么更为强烈地要求加入湖广铁路借款呢？这个问题值得专题探讨。从废约的过程来看，张之洞、梁诚等人一方面利用美国国内各种有利于中国废约的力量，如路提、福士达、良信等人为中国废约、赎约服务，并争取到惠惕尔态度的转变；另一方面针对“美重民权”的特点一再强调中国国内社会力量的呼声，申述如果违逆这些呼声所可能导致的后果〔4〕，并对合兴公司在经济上作出较大的补偿，使当时在进步主义思潮主导下的美国政府似乎无路可退，即便比利时政府出面阻挠赎约，并要求美国政府支持与配合，美国政府也只得同意中国的赎约。在某种程度上可以说，中国赎约的成功，是张之洞等人利用社会力量的成功。不过，这种利用是以社会力量确实积极参与、发挥较大作用为现实前提的，更何况当时的中国国内还并行发生着抵制美货运动呢。

三、“官商合办”：一种可能的体制变革设计
——基于社会力量成长的理性诉求

中国赎约的成功，似乎意味着原先确立的商借商还的体制被打破了。但

〔1〕 黄昌年编著：《粤汉铁路保路始末记》，湖南省文史研究馆 1997 年，内部资料，第 22—23 页。

〔2〕 朱卫斌：《西奥多·罗斯福与中国——对华“门户开放”政策的困境》，天津古籍出版社 2005 年版，第 217 页。

〔3〕 所谓顶售，就是将合兴公司的股票、铁路债票以及建成的线路全部卖给中国，中国支付双方议定的价格后，即收回粤汉铁路的全部权利和一应产业，借款合同作废，所以，粤汉的废约，后期改称为赎约。

〔4〕 1905 年 4 月，被梁诚聘为粤汉废约律师的美国人福士达说：“今日事关国权，绅民如此力争，与我干涉保全之意正相吻合。”见黄昌年编著：《粤汉铁路保路始末记》，湖南省文史研究馆 1997 年，内部资料，第 95—100 页。

是,张之洞通过赎路借款[1]仍旧维持了这种体制,只是这种体制发生了变化。原先的"商"是指中国铁路总公司,而此时的"商"则是指鄂、湘、粤三省绅商。如果说,此前粤汉铁路的筹建主要是靠亦官亦商的中国铁路总公司,那么,此时则完全是依靠三省绅商了。到粤汉赎路成功之时,盛宣怀主持的中国铁路总公司所能谋划的也只有芦汉铁路了,随着芦汉铁路的建成,中国铁路总公司快要完成它的使命了。废约后期,由于张之洞全面主持废约事宜,粤汉铁路在事实上已经脱离了中国铁路总公司的管辖。因此,张之洞在筹划赎路借款时,就准备以三省的各种税厘为抵押,并要求三省分摊偿还。这种做法仍然是在商借商还的体制之内,只是所谓的"商"发生了变化。随着这种变化,粤汉铁路的筹建和建设也由中国铁路总公司统一筹办的机制变成了分省合办的机制。这种机制就是在张之洞的努力之下由三省绅商达成的合办协议。这种机制的基本原则即是张之洞提出的"权可分,利可共"[2]思想。其实,在1897年湘绅要求建筑粤汉铁路时,张之洞即已提出这一思想,此后不断有所发展。发展的成果都体现在三省合办的协议之内。由此看来,分省合办的机制是从统筹合办的机制中逐渐酝酿而来的,这种机制上的变化,是张之洞面对三省绅商不断提出的各种要求而不断调整的结果。

在张之洞调离湖广总督任之前,对三省绅商之间的利益协调,他做了不少工作。在这个过程中,他已感受到工作的艰巨性。为了株昭路事,他曾发出"湘事难办,天下所无"[3]的感慨。这种感慨固然有湘绅们内在要求歧义的因素,也有对湘绅们过于强势的要求的无奈,而粤省铁路风潮则更使他感到了绅商力量的不可小视。废约的过程彰显了绅、商、学各界的力量,而自办的过程,则更使绅、商、学界的力量得到张扬。在广东,商办政策得以确立;在湖南,虽然形成了官率绅办的局面,但部分绅商仍然要求商办。也就是说,在废约后,铁路筹建的体制渐渐地发生了本质的变化。所有这一切,都需要张之洞更为理性地面对社会力量,更为有效地应对来自社会力量的要求。对此,他有一个思考的过程。

在废约的前期,张之洞对盛宣怀、对梁诚、对外务部都曾以三省绅民代表的身份和语气提出这样的主张或那样的要求,认为"三省绅民万口一词"[4],"志

---

[1] 为了支付赎路款,张之洞当时通过英国驻汉口领事法磊斯向香港政府借款110万英镑,称为赎路借款。

[2] 苑书义、孙华峰、李秉新主编:《张之洞全集》第9册,河北人民出版社1998年版,第7424页。

[3] 苑书义、孙华峰、李秉新主编:《张之洞全集》第11册,河北人民出版社1998年版,第9656—9657页。株昭铁路即指由株洲至昭山段,为萍乡煤矿运煤铁路与粤汉干路连接的部分。

[4] 苑书义、孙华峰、李秉新主编:《张之洞全集》第3册,河北人民出版社1998年版,第2285—2288页。

坚意决”[1],“众情坚迫”[2],“三省托命”[3]。到了废约的后期,他虽然强调三省绅民的作用,但已开始突出政府力量的作用了,并对社会力量的作用使用“鼓噪”[4]的字眼,担心社会力量在民主革命风潮的影响之下会别生事端。赎约成功后,他甚至说:“此次争回美约,全恃官力。”[5]到了自办阶段,他反复对岑春煊强调政府力量在铁路建设中的作用,而岑春煊按照他的想法进行操作竟酿出风潮。对社会力量的忧虑[6],使他不断地反思在铁路建设中究竟应如何平衡社会力量和政府力量的地位和作用,由此他逐渐提出了官商合办的体制构想。

赎约成功后,社会舆论对铁路建设领域的官督商办体制也发出了批评的声音,有人通过分析官场积弊认为,“今日铁路之事业必不可拘旧日官督商办之谬说”,并根据社会力量成长的现状预言:“当昔日风气未开之初,内地之民不知铁路为何事,不但不愿出而创办,且从而力阻焉。此时之以官为督办犹可曰权宜之计,不得不尔也。今则风气渐开,资本之家已知实业之利益,纠资创办公司者相踵起,地方绅商之于实业上有声望者亦未尝无其人,犹欲沿前日之弊政,以地方大吏揽其全权,而不肯付托于商民之手,以此百弊丛积之官场,当此商业竞争之世界,其必偾事无成也,无疑矣。”[7]还有人针对粤省官绅因粤汉铁路集款大起冲突事而讨论铁路官办与民办之利弊,从西方学者的争论及西方各国铁路建设的实际情况来看,他认识到官办、民办各有利弊,在铁路建设的不同阶段应采取不同的政策,他建议:“故今日办法,常以有才与

---

〔1〕 苑书义、孙华峰、李秉新主编:《张之洞全集》第 11 册,河北人民出版社 1998 年版,第 9359 页。

〔2〕 苑书义、孙华峰、李秉新主编:《张之洞全集》第 11 册,河北人民出版社 1998 年版,第 9276—9277 页。黄昌年编著《粤汉铁路保路始末记》收有《刘振愚外部主政京寓密信》,其中认为此电为盛宣怀所发(参见该书第 48—49 页),误。

〔3〕 苑书义、孙华峰、李秉新主编:《张之洞全集》第 11 册,河北人民出版社 1998 年版,第 9276—9277 页。

〔4〕 苑书义、孙华峰、李秉新主编:《张之洞全集》第 11 册,河北人民出版社 1998 年版,第 9304—9305 页。

〔5〕 苑书义、孙华峰、李秉新主编:《张之洞全集》第 11 册,河北人民出版社 1998 年版,第 9387—9388 页。

〔6〕 关于社会力量中绅商阶层出现的问题,当时及后来实行干线国有政策时,有许多人做了分析。这些问题主要有:第一,绅商们“以自为谋,其于国计民生无与也,于路矿成败利钝无与也”[宓汝成编:《中国近代铁路史资料(1863—1911)》第 2 册,中华书局 1963 年版,第 526 页];第二,绅商们“或以款绌而工程停辍,或因本亏而众股观望。固因民间生计困难,集股不能踊跃,亦由各省绅耆,自私乡土,枝枝节节,未能统筹全局”(同前书第 3 册,第 1233 页);第三,经理之人“或以植党以营私,或蹈虚不务实。集兹巨款,已由闾阎搜括而来,乃不免虚糜坐耗,甚至侵挪倒帐,失之于董司之手者,仍必索之于小民”;第四,全国路政错乱纷歧,“不分枝干,不量民力”;第五,“乃数年以来,粤则收股及半,造路无多,川则倒帐甚巨,参追无著,湘、鄂则设局多年,徒资坐耗”(同前书第 3 册,第 1235—1236 页)。

〔7〕 《申报》第 81 册,上海书店 1985 年影印版,第 633 页。

财二者判决之，不当以官权与民权二者争执之，使官吏有才与财而民无之也，则专归官办可也；使人民有才与财而官不及也，则先从民办可也；又使官民而皆有其才与财也，则官民合并兴办，犹其无不可也。”[1]官商合办的想法已呼之欲出。但是，“商人承办，官为督率”的体制，在张之洞等人心目中就是官督商办的体制，前已提及，这种体制从筹款借债的角度即是所谓商借商还的体制。而且，清政府的多次上谕也强调了铁路建设领域就应该实行官督商办的体制，所以，在部分湘绅要求商办湘路之时，张之洞明确地坚持湘路仍应实行官督商办的体制，并对这种体制有详细的阐发。他离开湖广总督任后，湘绅们仍对官督商办的体制多有不解，新任湖广总督赵尔巽曾做了多次解说。但是，分省合办机制所导致的“事权纷歧，议论淆杂”[2]的弊端使这种体制效益得不到发挥，各省筹建进展维艰，湖北省的经费得不到解决，湖南省绅商纷争不断，而广东省公司董事相互倾轧，在此情况下，清政府任命张之洞为粤汉铁路督办大臣，企图在粤汉铁路重新建立起全线统筹的机制。督办大臣相当于原来的中国铁路总公司充当统一的“官督”身份，而不像在分省合办的机制之下，“官督”被分解成三省督抚和总公司督办大臣。既然要建立全线统筹的机制，那么就得调整铁路筹建的机构，张之洞的设想是在三省公司之外另设督办大臣之下的三个官局。公司和官局共同负责各段铁路的筹建和建设。这种调整意味着利益关系的调整，因此，督办大臣的任命曾遭到三省绅商特别是湘粤绅商的误解甚至抵制。

督办大臣的重要任务还在于解决铁路建设资金问题，赎约成功后，清政府一度确立了不借外债的政策，随后又将举借外债的权力收归中央。在分省合办的机制之下，各省筹款情况不尽如人意。湖北省的线路较短，资金缺口似不大，但湖北若筹建川汉铁路，则缺口很大；湖南省的线路较长，绅商纷争，一直筹不到着实款项；广东省虽然能够招到部分股份，但公司内部的管理很成问题，造成资金的浪费。如果不借外债，湖南、湖北两省的铁路建设资金是无法解决的。在统筹合办机制下，张之洞只得继续谋划借款，由于当时的限制，他曾经变通办法，拟从邮传部借款中分拨，但未成功，此即所谓部借部还的做法。这个做法给了张之洞更多的启示。部借部还，意味着拨到两湖的款项即是官款。如果能够争取到清政府的支持，那么，以督办大臣的名义借到的款项也可视为官款。官款算作垫款，还是算作补助款呢？这种官款是铁路建设的主体资金，数目太大，不宜作为垫款；这种官款，实质上还是外债，需要偿还本息，它也不能作为国家的补助款。公司制之下的资金主体大多是股

---

〔1〕《申报》第82册，上海书店1985年影印版，第289页。

〔2〕（清）朱寿朋编，张静庐等校点：《光绪朝东华录》第5册，中华书局1958年版，总第6019页。相似内容亦可参见《张之洞全集》第11册，第9691—9694页；第12册，第10713、10725—10726页。

份,将官款转为官股,官股有利,由利而偿还本息,是一个很好的设想。这样,部借部还就转变成了官借官还。公司制下的股份结构决定了其内部的治理结构,如果官股与商股各占一半,官、商即可平权,政府力量与社会力量在铁路建设领域也就找到了一个平衡点。由此,政府力量对铁路的管理有了合理的依据,社会力量也可以从铁路获得预期的利益。这种思考,就是官商合办的体制构想。在张之洞看来,铁路属于国家大政,政府力量不能失去对铁路的管理和控制;而在绅商们看来,铁路属于纯商务的性质,社会力量应该成为铁路建设和管理的主体。这种分歧能够在官商合办的体制中实现平衡,做到双赢吗?应该说,官商合办的体制构想,还没有成为完全的事实。

从前面的分析来看,官督商办的体制从借债的角度看是商借商还的体制,而官商合办的体制从借债的角度看则是官借官还的体制。这种体制的最初尝试是在张之洞筹建苏沪铁路时。当时,他对这个问题的思考还是初步的,还没有深入到借债体制的层面。在废约、赎约过程中,面对民气张扬而无着实财力的困境,他还理性地认识到铁路建设不能全靠洋债,由此他感受到铁路建设的复杂性。自办阶段不借外债就找不到筹款出路的现实逼迫他变通筹款,改变外债的利用方式。在讨论粤省招股大纲时,他提出对商民之权须有范围限制。在考虑湘路筹建时,他对官督商办体制的运转提出了“权限必须分明,维持必须同心”〔1〕的原则,并进一步提出官商合办的设想,要求官股与商股各占一半,要求对商民“于限制之中,仍兼寓爱养之意”〔2〕,但对官股的来源,还没有深入思考。在他任粤汉铁路、川汉铁路督办大臣以后,对粤强调“统筹督催”〔3〕、“统筹全局”〔4〕的机制,意在申述政府力量对全线的统一管理是必要的,而对湘则向湖广总督陈夔龙提出“由官借款,而预定分其半,准商民买股”〔5〕的建议。他受部借部还的启发,找到了官股的来源,即将洋债转为官款,官款视为官股。这样的想法,他一时还未付诸文字。因为,这种体制的建立,首先需要对外借债的成功。可惜这次借债一直到他去世之时还未能定局,考虑到借债定局的复杂性,张之洞在临终前的一个未奏稿中全面阐述了这个设想,这个设想的关键在于处理好官局与公司的关系,明确指出:“官股系属借款,十年以后应还借本,统由官股余利付给。”〔6〕他觉得这个体制的效益应该是“官权不损分毫”,而“商民同享乐利”〔7〕,与预备立宪政体

〔1〕 苑书义、孙华峰、李秉新主编:《张之洞全集》第3册,河北人民出版社1998年版,第1750—1755页。
〔2〕 苑书义、孙华峰、李秉新主编:《张之洞全集》第3册,河北人民出版社1998年版,第1756—1757页。
〔3〕 苑书义、孙华峰、李秉新主编:《张之洞全集》第11册,河北人民出版社1998年版,第9691—9694页。
〔4〕 苑书义、孙华峰、李秉新主编:《张之洞全集》第11册,河北人民出版社1998年版,第9674页。
〔5〕 苑书义、孙华峰、李秉新主编:《张之洞全集》第11册,河北人民出版社1998年版,第9677页。
〔6〕 苑书义、孙华峰、李秉新主编:《张之洞全集》第3册,河北人民出版社1998年版,第1831—1832页。
〔7〕 苑书义、孙华峰、李秉新主编:《张之洞全集》第3册,河北人民出版社1998年版,第1831—1832页。

所蕴含的“国与民共享乐利”[1]的原则是一致的。杨度则进一步发展了他的设想，要求在粤、湘、鄂三省都实行官商合办的体制，并将督办大臣之下的三个分局撤去，保留各省的公司，用人、集股均仿股份公司的原则，在此前提下，对借款提出了不损商权商利的限制。官商合办的体制是张之洞理想中的铁路建设体制，也是他长期从事铁路筹建的实践所证明的铁路建设体制。

张之洞去世后，清政府并未按其遗愿推行官商合办的体制，而是实行干线国有政策，试图建立起国有官办的体制。这种体制的资金来源仍是张之洞原先草签的湖广铁路借款。张之洞自以为“于中国利权主权毫无损失”、“实无丝毫流弊”[2]的借款草约，在他生前就遭到社会力量的非议和反对，使他甚为不解。他去世以后，这笔借款引起了更大的反对浪潮。如果这笔借款能够转变为官股，在官商合办的体制之下，允许商股的不断进入，那么，反对借款的势头可能会有所减弱。但是，在干线国有政策之下，借款成为干线铁路的唯一的资金来源，还要将原有的商股收回，将干线铁路收归国有，彻底排除社会力量在铁路建设中的地位和作用，而偿还商股的办法各省又不统一，这就激起了社会力量对政府力量的强烈反对，使社会力量与政府力量的矛盾一下子尖锐起来。在一些社会力量看来，收路即是卖路，保路成为如火如荼的运动。在民主革命风潮激荡的时代背景之下，社会力量融入了民主革命的洪流，各种力量的汇合冲垮了政府力量，从而埋葬了清政府。

对于清政府的铁路干线国有政策，自20世纪末以来，学界已有不少评述，提出了一些新观点。应该说，清政府提出干线国有政策有三个方面的因素：一是部分人看到铁路国有是近代世界各国的一个基本趋势；二是商办铁路确实存在许多问题，已经影响到铁路建设的实际进程，而且各省商办铁路也不利于中央政府实现对全国线路的统筹规划和对全国铁路的统一管理、统一监督；三是当时的清政府已经成功地实现了电报国有，似乎为铁路国有提供了基本经验。从这些方面看，铁路干线国有政策似乎有其一定的合理性。但是，这个政策的实行需要有强有力的中央政府和比较完善的法律体系。没有强有力的中央政府，就没有实施这一政策的权威资源和财力支撑；没有完善的法律体系，就无法遏制国有政策实施过程中的腐败现象，完善的法律体系

---

〔1〕 苑书义、孙华峰、李秉新主编：《张之洞全集》第3册，河北人民出版社1998年版，第1756—1757页。

〔2〕 苑书义、孙华峰、李秉新主编：《张之洞全集》第3册，河北人民出版社1998年版，第1829—1831页。

也是强有力的中央政府的重要构件。[1]当时的清政府已经脆弱不堪,摄政王载沣没有掌控全局的能力,也没有尽快实行宪政的诚意,各项新政反而加重了中央政府的财政压力,所有这些都使清政府不具备实施干线国有政策的权威资源和财力支撑。虽然清政府也在进行各项立法活动的准备,但距离建设完善的法律体系还很遥远。因此,清政府实施干线国有政策,其失败是必然的。

从表面来看,在建筑粤汉铁路的问题上,张之洞前后的思想似乎是矛盾的:他从主张借债筑路,到主张废约自办,再到主张借债筑路;他从反对向英国借债,到向英国举借赎路款,再到向英、法、德、美举借湖广铁路债款;他在废约、赎约运动中不时地以三省绅民代表自居,而到他担任督办大臣时则又处处强调他是国家代表。但是,从总的思想倾向来看,他对铁路建设领域政府力量、社会力量和外资力量三者之间权衡的思考越来越成熟。虽然前后都主张借债,但不是简单的思想重复或自相矛盾。经过废约运动的洗礼,他对如何借债、如何在借债中自保国权已经有了比较成熟的思考(如抵押问题、购料问题、总工程师的权力及聘用工程师问题、不主一国的债权国选择),而且整个筹款体制拟从商借商还转变为官借官还,这种转变试图实现政府力量、社会力量和外资力量在中国铁路建设领域里的均衡,以保证铁路建设的平稳发展。虽然他开始时反对向英国借债而后来却又真诚地重视对英国的借债交涉,但自始至终贯穿的一个思想没有变,那就是试图维持列强在中国的均势,抑制英国势力在华独大的倾向。在后来一意向英借债的同时,张之洞并没有忘记对英国的防备和限制。在保障国权的前提下,从总的体制构想方

---

[1] 1911年,梁启超在评议清政府的干线国有政策时,从政治、财政、国民生计和法律等四个方面进行分析,都提到了该政策与宪政的关系。从政治方面看,他认为实行干线国有政策的政府必须具备七项条件才会有良好的效果,七项条件中最根本的有两条,即卓有成效的国民教育和巩固的立宪政体基础;从财政方面看,他估计实行干线国有政策须有六万万的财政支持,国库每年还本付息六千万,这就需要国有铁路以后每年产生六千万的利润,才不致使国家财政基础发生动摇,但"我国官僚政治"没有把握保证国有铁路达到这样的营利水平;从国民生计方面看,政府应该将作为"获利最确实之事业"的铁路交给人民企业来办,以提高我国的"国民企业能力",商办诸路中出现的舞弊问题不能作为干线国有政策的理由。他说:"今使能确定立宪政体,而立法、司法之作用能约束民以纳于轨物,而谓吾民犹乐于舞弊、敢于舞弊,吾不信也。"从法律方面看,他反问道:"然则据大清商律以设立之各铁路公司,政府果有以一纸命令取消其权利之权利乎?"他认为:"凡一权利之变更,直接蒙其损失者不知几何人焉,间接蒙其损失者又不知几何人焉,故国家慎之,凡规定一权利或变更一权利,必以法律。而法律也者,不能由执行机关(即政府)漫然发布之而已,必经意思机会(即国会)之决议然后成立。"他指出:"今国会虽未开,资政院固俨然在也。资政院有议决法律之权,明载于钦定章程第十三条。""法律范围内之事而不付资政院决议,则又何事始用着资政院者?"他得出的结论是:"夫就令此政策极适于今日之中国,而犹不能以实行之冲托诸现政府,况其间又实有大不适者乎?"见沧江(梁启超):《收回干线铁路问题》,张枬、王忍之编:《辛亥革命前十年间时论选集》第三卷,生活·读书·新知三联书店1977年版,第785—796页。

面,他拟实现从官督商办向官商合办的转型。这种转型的思想基础,一在于他对近代世界各国铁路国有化趋势的体认;二在于他对近代中国铁路建设的艰巨性和复杂性的体验。艰巨性来源于幅员辽阔的国土对庞大铁路网的需求,以及不同的区域禀赋对铁路建设提供的不同支持;复杂性来源于铁路建设过程中三种力量的博弈对铁路建设进程和效益的影响,社会力量逐渐成为不可忽视的体制内主体力量(而不再是被监督的客体力量)。这种体制转型的构想真实地反映了近代社会力量在铁路建设领域所曾发挥的重要作用及其地位的变化,因而也说明了近代社会力量成长的面相。

四、铁路建设与近代社会力量成长的必然性

从中国近代铁路建设史的全局角度来看,近代社会力量的成长也是有着某种历史必然性的,这种必然性又是建立在三个历史必然性基础之上的。"19 世纪的更大进步依赖于铁路的持续扩张及其有效运输能力的不断提高。"[1]因此,第一个是中国近代铁路建设的历史必然性,在晚清时代,有人已经认识到:"铁道所及之地,即文明发达之地。""今日世界之文明,当以铁道为比例差。"[2]对此,近代先进的思想家都有充分的阐述。既然建设铁路是必然的,那么,如何筑路?资金何来?这是最最基本的问题,必须得到解决。近代中国的政府财力和民间社会的民力就决定了中国借债筑路的历史必然性,这是第二个历史必然性。对近代中国中央政府的财政收支进行分析,就不难发现,财政拮据的中央政府无法筹集到建设庞大铁路网所必需的资金。民间社会虽有游资或散资,但能否满足大规模铁路建设的需要确实是个问题,而且民间社会由于对体制的顾虑和对铁路认识存在的差异,因而还不能踊跃地、大宗地将资金投向铁路建设领域。国内资金筹集的现状说明了借债筑路的必要性,而近代各国借债筑路的历史经验则又提供了可能性。借债筑路的历史必然性由此得到印证。这种必然性还决定了第三个历史必然性。借债筑路,对积贫积弱的近代中国来说,就意味着失权损利的风险,这是因为,"夫近年以来,列强所以伸其帝国主义开拓殖民地者,率皆先由铁路着手"。"况近时欧洲各国之侵人国者,全持铁路之侵略主义。"[3]杨度则揭露列强的险恶用心说:"今世各国之亡人国者,皆以铁道政策。铁道之所至,即商务、政权、兵力之所同时并至。质言之,则瓜分线之所至,势力范围圈之所

---

〔1〕[美]斯坦利·L.恩格尔曼、罗伯特·E.高尔曼主编:《剑桥美国经济史(第二卷):漫长的19世纪》(高德步、王珏总译校),中国人民大学出版社2008年版,第411页。

〔2〕张枬、王忍之编:《辛亥革命前十年间时论选集》第三卷,生活·读书·新知三联书店1977年版,第385、386页。

〔3〕张枬、王忍之编:《辛亥革命前十年间时论选集》第三卷,生活·读书·新知三联书店1977年版,第388、428页。

至,无比无美无俄法,一也。”[1]雷麦指出:“每当中国政府危弱之时,铁路合同便纷纷缔结。”[2]这更增加了借债筑路而失权损利的风险。在实践上,借债筑路也造成了失权损利的事实,这激起了社会力量利权意识的觉醒,由此才有收回铁路利权的运动,收回铁路利权的结果就是各省商办铁路运动的兴起,这无形中形成了各省分办的格局,这是铁路建设的区域格局。另一方面,借债筑路的起始模式是向一国借债建筑一条铁路线,这条铁路线的制度就是该国的铁路制度,这就造成了中国铁路制度的线路差异,这不利于全国铁路网的形成,更不便于实际的铁路运输,这从根本上影响了中国铁路的效益,影响了对列强债务的偿还。中国铁路建设的区域格局和线路的制度差异不便于中央政府对铁路的统筹规划和统一管理,而近代世界各国铁路国有的趋势,也提供了中央政府统一管理铁路的合理性。这样,政府的统一管理并进而收归国有似乎就有着某种历史的必然性。从借债的角度来看,向一国借债造一路的模式也要相应地进行变革,向多个国家一起借债来统筹建设中国铁路并使用统一的铁路制度,也成为一种必然的选择,向数国银团的集合体借债的模式在逐步地形成,列强由此发出了国际共管中国铁路的叫嚣。这种模式避免了中国借债条件不统一的问题,也避免了中国对一国势力在某个区域独大的忧虑,还可以实现中国铁路制度的统一,更重要的是可以使中国铁路有相应的收益预期,从而保证中国对铁路债务的偿还,维护了列强对华债务的收益。因此,所谓的国际共管中国铁路的体制似乎有着相对的优越性。因而,国际共管中国铁路的叫嚣也就有着一定的必然性。我们应该看到,收归国有和国际共管是二而一的问题。收归国有后,铁路建设资金仍然是借债,而由张之洞发端的、邮传部拟实行的就是这种借债模式,这种模式的发展即是列强提出的共管中国铁路问题。从中国来说,是实现对铁路的统一管理,而对列强来说,这种统一管理是要由他们共同管理来实现的。前文已经说明,收归国有,意味着对社会力量的排斥,而向数国借债,由列强共管,则是更大利权的丧失,必然激起社会力量的民族主义情绪。收归国有或国际共管,都导致了社会力量与政府力量、外资力量的对立和对抗,在这种对立和对抗中,社会力量必然进一步形成鲜明的主体意识,结成各种形式的组织和团体,展开一系列争利保权的活动,从而增强了凝聚力和战斗力,在推翻清政府统治的过程中发挥了重要的作用。由此看来,既然收归国有或国际共管有某种历史的必然性,那么,在对抗收归国有或国际共管过程中社会力量的成长也就有其一定的历史必然性。民国初年,杨廷燮从近代中国铁路建设的进程说明这种必然性,指出:“我国开办铁路,由原始时代,一进而为各国争揽敷设

[1] 杨度:《粤汉铁路议》,横滨新民社1905年版,第2页。

[2] [美]雷麦:《外人在华投资》(蒋学楷、赵康节译),商务印书馆1957年版,第104—105页。

权、借款承办时代，再进而为划分干线、鉴借款损权、各省收回自办时代，三进而为商办延误、大借外款、干路收为国有与小民争利时代。政策横施，茫无条理，于是人民不忍以财政关系之路权委诸精神丧失之政府，愈压制而人心愈离，海内愤怨，革命风潮因之而起，所谓压力重则拒力生，热汁凝则火山爆，专制极则民权伸，自然之理。”〔1〕在此需要明确指出的是，张之洞提出的官商合办体制构想具有一定的过渡性质，官商合办体制介于官督商办体制与国有官办体制之间，属于一种过渡型的体制。它有助于找到社会力量与政府力量暂时的均衡，但随着铁路运营效益的提高以及路网规模的扩大，这种均衡很快被打破，因此，这种体制构想的出现既不会影响收归国有的历史必然性，也不会从根本上影响或改变社会力量成长的历史必然性。

正因为如此，铁路所引发的社会力量的成长，就不只表现在粤汉铁路的筹建上，近代其他铁路的筹建与建设也存在同样的现象。以滇越铁路为例，有人描述滇越铁路的废约运动说：“自戊戌定滇越路章而后，内而商绅，外而学界，沥肝胆，枯舌血，经营运动，奔走呼号，以争废约，以期赎路者，盖以滇越铁路朝成，云南夕亡，云南朝亡，中国夕裂。”如何进一步赎路废约，他建议：“惟统一吾滇议员、学界、绅界、商界、军界、实业界千万人为一心，目光所射，射在赎路，心血所注，注在赎路，口所谈者，谈赎路策，力所为者，为赎路事。以赎路为职业，以赎路为生活。精神所贯，何事不成？”〔2〕有人揭示社会力量在苏杭甬铁路风潮中的爱国热情说：“夫浙之废苏杭甬路约而自办也，始由学界倡议，各府商学界响应之，相继演说，遍布传单，于是人之挽回利权心，风起云涌，膨胀遂达极点。先集优先股六百万元，虽妇孺亦节縻费以购股。……英人挟外部势力，强公司以借款；各府县村镇开拒款会千余起，认股约二千万。小学堂学生至减膳金以入股，乞丐头亦认十股，娼妓亦集会演说认购巨股，其爱乡心较吾父老兄弟何如？”〔3〕1907年，外务部在与英国驻华公使朱尔典谈到苏杭甬铁路时指出：“近年来如沪宁，如广九，均已次第议成。至苏杭甬、山西等事，其未能即行议妥之缘因，系自粤汉铁路赎回以后，中国的人皆知路、矿两事，关系甚大，所以不惜巨款，争求自办。我们须设法开导他们，总要办的和平，方能彼此相安，实在非有心与英国为难。”〔4〕总之，在收回铁路利权运动中，“人人以附股为爱国之义务”，“妇女拔簪珥，儿童节羔枣，相率投

〔1〕《申报》第118册，上海书店1982年版，第681页。

〔2〕张枬、王忍之编：《辛亥革命前十年间时论选集》第三卷，生活·读书·新知三联书店1977年版，第562、567—568页。

〔3〕张枬、王忍之编：《辛亥革命前十年间时论选集》第三卷，生活·读书·新知三联书店1977年版，第110页。

〔4〕宓汝成编：《中国近代铁路史资料(1863—1911)》第2册，中华书局1963年版，第859—860页。

之若恐后”[1]。在这个过程中，社会力量的利权意识、爱国意识、民族主义情绪都在增强，正如岑春煊所说：“追潮汕、京张创为自办，而粤汉一路尤以废约著称，海内因谓借款有损利权，纷纷挟自办为主义。”[2]

近代建设铁路的历史必然性、借债筑路的历史必然性和铁路国有的历史必然性，造就了社会力量成长的历史必然性。这种种必然性规定了近代特别是晚清铁路建设的历史走向，绘就了近代铁路建设史上丰富而悲壮的画卷，构成了近代中国铁路建设史的基本规律。

（原载《江海学刊》2012 年第 5 期，转载于中国人民大学报刊复印资料《历史学文摘》2013 年第 5 期）

---

〔1〕 梁启超：《外债平议》，《饮冰室合集》文集之二十二，中华书局 1989 年版，第 80 页。
〔2〕 宓汝成编：《中国近代铁路史资料(1863—1911)》第 3 册，中华书局 1963 年版，第 1153 页。

近代铁路的"反日常"现象论析

——以1916年《申报》对铁路的报道为例

铁路作为近代文明的物质成果,对近代以来人们的日常生活产生了深刻的影响。从总体上看,铁路给人们的日常生活带来的是安全、便利、舒适的感受和体验,我们称之为铁路的"利日常"现象。但是,由于各种复杂的原因,铁路有时也会给人们的日常生活带来不安全、不便利、不舒适的感受和体验,我们称之为铁路的"反日常"现象〔1〕。铁路的"反日常"现象出现的频率过高,不但会影响人们的日常生活和社会的稳定,也会影响铁路自身的社会信誉和经营效益。因此,研究铁路的"反日常"现象值得重视。

本文研究铁路的"反日常"现象,以1916年的《申报》报道为例,是基于以下考虑:一是1916年在中国铁路史上是一个转折点,铁路国有化基本完成,列强争夺中国铁路借款权达到高潮;二是由于"护国运动"的爆发,战争对于铁路的营运和管理产生了直接影响,这些影响有些正属于"反日常"现象;三是1916年的《申报》对铁路的各种"反日常"现象有大量的报道,笔者在详细翻阅时发现了这些报道,觉得有必要进行系统的研究;四是以对1916年的研究为尝试和基础,进一步上溯下延,对于系统地探讨铁路的"反日常"问题,开辟铁路史研究的新领域,具有重要意义。

一、"不安全"的因素

铁路给人们带来"不安全"感受的主要是行车事故、沿线犯罪和旅途意外伤害。

〔1〕此处的"反日常"概念,不同于"非日常"、"反常"。"非日常"是指不属于日常生活范围内的社会生活现象,具有非重复性和非经验性的特点,未揭示日常生活与他者特别是与铁路的关系。而"反常"则相对于"正常"而言,不指明反常现象与日常生活之间的关系。本文的"反日常"是指铁路的建设、营运、管理中的各种因素给人们的日常生活带来的负面影响,使人们在日常生活中产生不安全、不便利、不舒适的感受和体验。其相对的概念则是"利日常",即铁路的建设、营运、管理给人们的日常生活带来诸多安全、便利和舒适的感受与体验。

（一）行车事故

行车事故威胁的不仅是旅客的生命、财产安全，对沿线居民的生命、财产安全也构成严重的威胁。1916 年《申报》报道的行车事故有三种类型：碾毙人命、火车出轨或相撞、运载物的爆炸或燃烧。

碾毙人命，主要是列车在运行中无法及时采取制动措施而压毙在轨道上的行人。近代铁路的绝大多数路段，未能隔离，行人本不应在轨道上行走或滞留，但一些乡民无知而图便利，或铁路部门宣传不到位，这样的现象常常发生，列车碾毙人命的事故也就不能避免。当年《申报》报道的这类事故共有 13 起，可参见下表：

时间	火车	地点	碾毙人数	资料来源
1月21日	沪杭一号车	枫泾东首 42 号桥梁	乡民 1 人	第 138 册第 310～311 页
2月19日	沪杭火车	上海沪杭车站	儿童 1 人	第 138 册第 654 页
2月22日	沪宁夜班车	闸北太阳庙	妇女 1 人	第 138 册第 702 页
2月22日	沪宁火车	镇江宝塔巷	妇女 1 人	第 138 册第 731 页
2月26日	沪宁火车	上海沪宁车站	车站人员 1 人	第 138 册第 782 页
3月8日	沪宁火车	无锡石塘湾	乡农 1 人	第 139 册第 167 页
5月4日	沪杭火车	闸北太阳庙	男子 1 人	第 140 册第 101 页
6月22日	沪杭火车	松江新桥站分道处	儿童 1 人	第 140 册第 848 页
6月25日	沪杭火车	闸北太阳庙	妇女 1 人	第 140 册第 865 页
7月5日	沪宁头班车	无锡周泾港	乡人 1 人	第 141 册第 71 页
7月26日	沪杭三号车	松江石子滩	乡妇 1 人	第 141 册第 423 页
8月14日	沪杭六号车	上海辛庄	旅客 1 人	第 141 册第 757 页
8月28日	沪宁夜班车	无锡南关外柴浦庙	山东男子 2 人	第 141 册第 981 页

这类事故多由行人在轨道上行走所致，有感于此，沪杭甬铁路当局有所行动。6 月 26 日，《申报》载："沪杭甬铁路孙总办近以各乡轨道时有碾毙人口情事，闻之深为悯恻。此皆系乡民不知利害，致肇丧身之惨剧，自应通饬路线经过之各站长，分传各地保到站，着会同分别诰谕管辖境内各乡民，告以火车行驶甚速，车机力极宏大，一经误走轨道，设被碰撞，必有性命之忧。嗣后切勿在各处轨道行走，以免突遭惨祸。昨经通饬各站长遵办矣。"[1]

由于轨道本身的故障或调度出了问题，列车在运行中有可能发生出轨或

〔1〕《申报》第 140 册，上海书店 1983 年影印版，第 880 页。

相撞的事故。关于火车出轨或相撞，1916 年《申报》对这类事故的报道不多，只有 3 起。1 月 11 日晚 11 点，“由南京开来上海之沪宁快车经过安亭站时，因分轨处未及扳机，致与货车相撞，拖车侧翻数节，搭客颇有受伤，并有车头上之司机五人因此殒命”〔1〕。5 月 2 日，《申报》报道：“粤汉车头于前夜行至武泰闸附近，突然出轨，车头倒地，仅伤三工人。闻因车条高低不平之故，粤汉路自开车以来尚未发生危险事，兹乃第一次遇险也。”〔2〕据《申报》载，7 月 7 日，“由杭开沪之九号特别快车附挂头二三等客车四辆载客来沪，驶至嘉善，时在五点五十分钟，车头甫进嘉善站之分路叉道，讵钢轨下垫之枕木因连日大雨泥土松动，已陷入泥内，螺丝钉亦已宽松，钢轨突然下陷，以致车轮出轨，所拖客车四辆断去勾搭，翻倒道旁。”〔3〕。

列车运载易燃易爆物品，特别是运载武器炸药时，列车运行产生的震动有可能导致这些物品的爆炸或燃烧。关于铁路运载物的爆炸、燃烧，1916 年的《申报》只报道了两起。一起发生在中东铁路。10 月 14 日，“由哈尔滨开往满洲里之火车四十余辆，内载地雷两车，系由日本所购，该车行抵距江省八十五里之朱家坎站停车。讵所载地雷突然爆炸，势如山崩地裂，炸毙人民二百余名，轰毁楼房四十余座，火车三十余辆，血肉横飞，死尸遍地。炸落手足者无算，甚至有尸骨无存者。种种惨状，目不忍睹”〔4〕。另一起发生在沪杭铁路。11 月 1 日上午，沪杭路货车在艮山车站装载油纸 40 件、毛太毛鹿粗细纸六百余件，“驶至长安车站附近，车内突然发火，车与货物尽行烧毁，仅剩车底”。当时查明的原因是：“因油纸一物其性甚为燥烈，于火车行动时际沿路颠击震动，油纸摩擦出火，以致焚烧。”由于“局与转运公司定章，凡货物偶遭不测，路局与公司各不负责，故此次损失只可客商担负”〔5〕。

（二）沿线犯罪

铁路沿线的犯罪活动直接威胁着旅客的生命、财产安全。炸毁铁路，是最极端的“犯罪”活动。这种情况在 1916 年发生过多次。1 月 8 日晚 9 点 45 分，闸北太阳庙东首沪宁火车轨道，“被人施用炸弹炸毁铁轨一条，约长数尺，及枕木三块，地陷一二尺深。路上所铺之石子飞落于附近乡民家屋面上者甚

〔1〕《申报》第 138 册，上海书店 1983 年影印版，第 538 页。对此次事故，《申报》还有两次后续报道，可参见第 554、570 页。

〔2〕《申报》第 140 册，上海书店 1983 年影印版，第 23 页。

〔3〕《申报》第 140 册，上海书店 1983 年影印版，第 138 页。《申报》对此次出轨事故有后续报道，提到因此次出轨而有交通部要求沪杭甬铁路管理局查察沿线轨道的命令（参见同册第 186 页的《部饬修理轨道》、第 218 页的《修理轨道车辆》）。

〔4〕《申报》第 142 册，上海书店 1983 年影印版，第 904 页。

〔5〕《申报》第 143 册，上海书店 1983 年影印版，第 192 页。

多,道旁电杆木亦被轰倒数株”[1]。“考其发炸之物,似系先期潜埋,故有如此之猛力。”[2]1月21日,南满火车“由长春南来行至铁岭车站时,忽在三等客车中突发极爆裂之声,乘客大乱,经日警上车看视,谓系炸弹爆发,惟未知何人私运,遂经日警向乘客逐一搜寻,并无可疑之点。当时炸伤搭客二人,守车日警一名,亦受微伤,均送医院调治”[3]。4月24日晨,“北京赴汉之邮件火车将抵河南许州时,因闻前途断桥一座,故即暂停。查桥下共置华人自制之炸弹十八枚,图毁该桥,但仅轰发两枚,所损不重,故赶速修理后即可通车”[4]。4月30日上午,“津浦北段平原附近张庄地方,忽有爆烈声轰然,震闻远近。追经站员驰往察看,始验悉为极大炸弹爆破铁轨之猛烈声。闻共破坏铁轨四条,计长三丈,地陷一穴。铁轨之破坏者均已湾(弯)曲,致南来快车及北下货车均不能通过”[5]。

当然,炸毁铁路有时是革命斗争的一种手段。3月30日晚11时许,“有党人数百名皆持长枪分向广三路上柏、狮子窦、小塘三车站,勒令工人三十余名将路轨三度拔起,并施放炸药爆毁铁路十余丈”[6]。

偷窃、抢劫是沿线犯罪活动中较为常见的类型。偷窃犯罪有三种情况:一是偷窃铁路材料,特别是轨道及其零件,这直接威胁着铁路的行车安全,为此沪杭甬铁路管理局曾会同上海县告示保护。4月16日,《申报》刊载了这份告示:“上海县会同沪杭甬铁路管理局钟局长,昨发示谕云:为会衔出示事:照得本局长奉交通部通饬,以铁路轨件所以巩固轨道,对于行车之安危,关系最为要重,倘有缺少,险象立生。乃无知小民不晓利害,往往偷窃铁路轨件,致影响及于生命。国有常刑,一经查实,自必请求司法机关尽法严惩。惟此事愚民罔知法律,若不先为晓谕,未免不教而诛。兹特将白话布告底稿一通,随文发交各路刷印多份,会同各该路沿线各县知事会衔贴示各站及附近之城乡通衢,俾小民咸知刑法所在,不敢轻于尝试,以后每届半年,重贴一次,著以为例等因。奉此遵即印就白话布告,送由本知事会衔贴示前来。承准此合亟会衔出示,除沿路各车站由本局长发交各该项站长自行粘贴外,所有本县境内附近铁路之城乡通衢,仰各该图保等择要粘贴,妥为保存,并传知各乡居民人等一体遵照,互相劝诫,切切毋违。此示。”[7]5月24日,《申报》载:“沪宁杭

〔1〕《申报》第138册,上海书店1983年影印版,第134页。此次被炸,《申报》也有后续报道,参见第148、180页。
〔2〕《申报》第138册,上海书店1983年影印版,第148页。
〔3〕《申报》第138册,上海书店1983年影印版,第320页。
〔4〕《申报》第139册,上海书店1983年影印版,第957页。
〔5〕《申报》第140册,上海书店1983年影印版,第49页。
〔6〕《申报》第139册,上海书店1983年影印版,第647页。
〔7〕《申报》第139册,上海书店1983年影印版,第744页。

甬铁路管理局以近日沿路所装之螺丝钉等件屡被不知利害之人潜行偷窃，火车经过诸多危险，亟应责令沿路军警严加保护，并饬各地保传谕附近乡民切勿擅取轨道物件，以妨路政。除分饬各站长随时防范外，并已咨请陆军第二、第四两师长及各地方官转饬军警一体保护矣。"[1]这种偷窃铁路轨道及零件的行为之所以发生，是因为当时有赃物销售的渠道，当时还有人在《申报》上登载收买铁轨的广告，其文如下："本行兹欲购买旧铁道轨数种，今将其磅数及里数开列于下：计十八磅三英里、四十五磅三英里、五十磅三英里、六十五磅十英里及平削机器一部。凡愿出售者请通信或来行面议。再：本行现有铅丝螺丝钉铜钉及油漆等物出售，如欲购者，亦请驾临本行可也。上海虹口闵行路九十二号，日商共三洋行广告电话四六八七号。"[2]

二是偷窃铁路系统的物资，3 月 29 日，沪宁铁路公司"送李长和、李怀和二人至四区警署。据称该公司屡次失窃煤斤，为数甚巨，兹已查悉系二李所为，请为究办。姜警正谕令暂押，听候研讯"[3]。在铁路建设过程中，也存在着这种偷窃铁路材料的现象。11 月 10 日，《申报》载："宁杭两路接轨工程由钟局长饬工赶筑，迭纪前报。现通车支路之枕木钢轨即日可以铺竣，日来正在赶填轨道下之石子，约一个月亦可竣事。阳历本月终全路大工定可告成。所定本年十二月四号通车不致延期。惟钟局长以近来沿路轨道接笋(榫)处之狗头钉、螺丝钉等屡被偷窃。上月间安亭站西二十二英里地方之狗头钉两只被杨家鳌窃去，曾为稽查员陈玉良查获，解由嘉定县知事讯实，判处徒刑一年又六个月在案。此次新筑支路上之料物均系新制，恐为窃贼生心，特函请上海县景代知事传谕各该地保妥为照料，并于昨日出示通告，以重路政。"[4]

三是偷窃旅客财物。6 月 23 日，"由杭开沪之三号快车于午后十二点二十五分时，抵沪后有赵连喜之妻某氏窃取乘客茶叶十二包，正欲图逃，为该火车茶房查见，当即追获解经车站警区，由王巡官从宽判将该氏释放，茶叶给还失主具领"[5]。10 月 5 日，《申报》报道："南市沪杭车站四等票房门首昨晨售票时，突有扒窃张阿荣等旅客衣袋内窃取银洋两元，当被该路巡警查见，即将张阿荣拿获，解送淞沪警察二区署请为讯办。"[6]

关于抢劫犯罪，主是抢夺旅客财物。1916 年的《申报》报道了三起这类犯罪活动，其中两次发生在广东，造成了较为严重的后果。6 月 15 日上午 8 点，由广州"开行之广九快车行至离省约二十米里之新塘地方时，被贼一队约六

[1] 《申报》第 140 册，上海书店 1983 年影印版，第 373 页。
[2] 《申报》第 142 册，上海书店 1983 年影印版，第 733 页。
[3] 《申报》第 139 册，上海书店 1983 年影印版，第 475 页。
[4] 《申报》第 143 册，上海书店 1983 年影印版，第 174 页。
[5] 《申报》第 140 册，上海书店 1983 年影印版，第 848 页。
[6] 《申报》第 142 册，上海书店 1983 年影印版，第 585 页。

七十人蜂拥上车行劫。时车上约有华客百五十人,多被劫掠,并闻当场死者西人一名,华人两名,伤者共二十余人"。"当车到新塘时,贼匪从路轨两高阜开枪,一排原欲向管理车头者攻击,使其停车。惟管理车头者不理,仍前直驶。未几车头因铁条松坏,以致脱轨。其第一二两客车即行倾倒,因此伤毙多人。""闻该车头现横亘路中,须将机器逐一拆出,方能运回,而此次劫去之数,约值银千余元。"〔1〕7 月 21 日,江门北街第一次车往新宁到汾水江站时,"被匪三百人蜂拥登车劫掠一空,当场枪毙烧火二人,伤司机一人,护车警察一人,掳去收票二人,搭客男女百余人。邓本殷之胞弟邓本雄赴新会城公干亦被掳去。及知事派队百余专车到,步匪已驾二帆船向南垣远飏。因无小轮,各军无从追捕"〔2〕。还有一起抢劫发生在上海沪杭车站。10 月 23 日午后,上海"沪杭车站迤北马路上第十五岗巡警柴配山见有身穿短衣形似匪徒之四人舍命奔逃,急鸣警笛,召集第十四岗巡警龚云程等分投追赶,当场拘获王桂郎、余和尚二名,其余二名乘间逃逸。该警等即将王、余两人解送二区警局,抄出洋烟三十四盒,经余炳文警正向之研诘,据供此项洋烟系在逃之甲乙二人在沪杭车站地方冒充禁烟调查员向商民搜检,抄出洋烟三十四盒。因原主不允释手,被同党大顺子抢下转递小民等手内,立时奔逃"〔3〕。

沿线犯罪活动的第三种情况是破坏铁路行车安全。这类犯罪活动是指故意在轨道上设置障碍,或在火车行驶过程中向其投掷砖块等物,严重影响铁路行车安全。6 月 21 日,《申报》载:"昨据沪宁火车人员述及本月十五日下午一时,火车驶经南翔镇附近陈店地方,适该处地棍王士春、王锦春等纠集二十余人,与朱成林、杨国义、徐姓、朱姓等挟仇寻衅,互殴之下,朱成林头部被刀砍伤而死。杨、徐等亦受重伤。当由南翔镇警佐派通班长警到场,将王士春、王锦春兄弟拘解嘉定县公署收押候办。当二王纠众行凶之时,因该处即在铁路轨道之旁,恐有火车经过与己不利,预将数尺长之石条横置轨道之上,阻止通车。幸时在白昼,得免发生意外之危险。故沪宁路局长孙多珏已函请嘉定县并案严办矣。"〔4〕7 月 12 日,"由杭开沪之五号火车驶至松江附近之新桥地方,忽有土棍五人各负布袋一只,袋内储有石块,向车抛掷,击碎车上玻璃,当由车务员知照司机将车暂停,派人追获张纪生一名,押解来沪。车务总管洋员烈德以火车行驶之时,每有土棍抛砖掷石,颇为危险。现既查获张纪生一名,自应严重惩办"。7 月 13 日,"已将张函送松江县知事署请为究惩

〔1〕《申报》第 140 册,上海书店 1983 年影印版,第 812 页。
〔2〕《申报》第 141 册,上海书店 1983 年影印版,第 486—487 页。这则报道有较为详细的内容。
〔3〕《申报》第 142 册,上海书店 1983 年影印版,第 941 页。
〔4〕《申报》第 140 册,上海书店 1983 年影印版,第 800 页。

矣"[1]。7月19日,《申报》报道:"沪杭铁路管理局孙局长以火车驶至松江一带每有顽童将石块向车抛掷,击碎玻窗,伤害乘客,屡有所闻。虽经迭次示禁此种顽童,罔知戒惧。若不严拿究办,殊与路政有碍。昨特公函松江县知事等迅即饬令地保在沿路线一带随时查察,遇有抛砖掷石之孩童,即行拘究以儆效尤。"[2]

(三)意外伤害

意外伤害是指旅客在途中或因列车设施或因人事关系而受到的不可预料的伤害,有的还直接威胁到旅客的生命安全,甚至导致旅客伤亡。4月17日,《申报》刊布一则消息说:"北京电:津浦铁道昨夜开向浦口之火车,内有日本人某乘车之际,为张勋部下之兵并中国巡警无端凶殴受伤。经日本宪兵队出场拘获暴行巡警数名,目下正与中国官宪交涉。"[3]这是因人事关系而出现的意外伤害。8月14日,"午前八点余时,由沪开杭之六号火车有旅客一人购买由沪前往长安之三等车票,讵料该客坐在火车月台上瞌睡,车至辛庄附近,堕入轨道气闭殒命。嗣为沪站长得悉,立即移文松江县知事,请为相验棺殓"[4]。8月16日,《申报》载:"沪杭甬铁路孙局长因鉴于乘车旅客每在火车月台上纳凉,藉观野景,以致时有失足跌毙情事,昨特谕饬各火车查票司员嗣后凡见乘客在月台纳凉者,务即劝其走入车内,以免危险云。"[5]这是因列车月台缺乏防护设施而导致的意外伤亡。

二、"不便利"的因素

铁路给人们带来的不便利,主要在于铁路的制度因素。为列车和旅客安全或为某种政治目的创设的各种名目的检查制度,有时却含有不便利的因素。售票制度中关于货币的要求或限制对出行购票者来说甚为不便,给出行者带来的是极不便利的感觉。运输制度中客运的车次分等、列车开行次数,货运中的捐税征收,以及客货运的不守时,给人们的日常生活均带来不便。在种种不便的因素中,列车的停开,则是最大的不便,直接打乱了人们的日常生活。

(一)检查制度

在旅客进入车站或上车之前实施检查在某些情况下是必需的,也是合理的。但从旅客的角度来说,检查愈少,则愈感便利。邵飘萍的《车中生活》就记录了他的一次旅行感受,文中说道:"记者于七月三十一日下午十一时,由

---

[1] 《申报》第141册,上海书店1983年影印版,第218页。
[2] 《申报》第141册,上海书店1983年影印版,第296页。
[3] 《申报》第139册,上海书店1983年影印版,第752页。
[4] 《申报》第141册,上海书店1983年影印版,第757页。
[5] 《申报》第141册,上海书店1983年影印版,第775页。

沪宁车站出发，同行者有国会议员刘君成禺。刘君居东居美均有年。谈话声浪甚高。车行后殊不寂寞，八月一日早晨即抵浦口。途中并无搜查之事，行李亦自由取携，颇为便利。"[1]因此，各种名目的检查或稽查，必定给人们带来或多或少的不便或内心的不快。

近代烟毒泛滥，查缉烟土一直是铁路系统的重要工作。当时，北洋政府厉行禁烟。年初有人发现"火车往来私运亦多，所有津浦铁路车南下，转从沪宁铁路夹带贩私接踵而来"[2]。因此，包括铁路在内的有关部门加强了对私运烟土的查缉，8 月 30 日，《申报》登载东方通信社的消息说："自上海发生密输云南鸦片问题以来，凡遇轮船、火车往来旅客、行李、货物，搜索甚严(二十九日)。"[3]车站查缉私土由谁负责，是否有一个权限问题，超过权限会给旅客带来很大的不便。当时的沪宁铁路管理局局长钟文耀就曾指出："烟禁森严，路员本有协查之责，车务、警务各员固应随时认真查察，以除毒害。顾职掌营业兼顾难周，故查缉之专责不能不惟地方官厅局所是赖。至于海关缉私权限只及口岸，近因江海关税务司派扦手到沪宁上海车站搜查搭客行李，始仅注意洋人，继乃渐及华人，行旅咸称不便。"[4]为了规范检查私土的行为，明确检查主体的职责范围，沪宁铁路管理局制定了《车站检查私土之章程》。[5]为了查禁妇女夹带私土，有的铁路车站还设立了妇女检查所。3 月 23 日，《申报》称："淞沪警厅徐厅长近奉齐巡按使电饬，注意妇女挟带私土烟膏及危险品，特在沪宁火车站设一妇女检查所，雇用女检查员，不日实行搜检。"[6]当年查获的私土、烟犯不少。6 月 3 日，淞沪警察厅派驻车站稽查员江政卿在沪宁车站查获皮箱内所带之波斯土二十余斤，立即扣住，遍查私运之人，无从稽核。[7]烟犯多为上海闸北五区警署的岗警、探警们在沪宁火车站所查获，查获后的处理程序为解经警署司法科讯明，然后判送地方检察厅核办。从 7 月至 12 月，见诸《申报》报道的计有 6 起，查获烟犯 23 人。[8]

为了保证列车行车安全、旅客的生命安全，维持社会的稳定，检查违禁物、军用品也是铁路部门一直在做的工作。在特殊时期，对各类违禁物、军用品的检查是非常严厉的。2 月，"淞沪护军使杨君以沪杭火车往来旅客甚众，

---

〔1〕《申报》第 141 册，上海书店 1983 年影印版，第 533 页。
〔2〕《申报》第 138 册，上海书店 1983 年影印版，第 488 页。
〔3〕《申报》第 141 册，上海书店 1983 年影印版，第 1011 页。
〔4〕《申报》第 139 册，上海书店 1983 年影印版，第 58 页。
〔5〕《申报》第 139 册，上海书店 1983 年影印版，第 74 页。
〔6〕《申报》第 139 册，上海书店 1983 年影印版，第 362 页。
〔7〕《申报》第 140 册，上海书店 1983 年影印版，第 560 页。
〔8〕查获这些烟犯的报道，可参见《申报》第 141 册，上海书店 1983 年影印版，第 123、171、283 页；第 143 册，上海书店 1983 年影印版，第 233、537、801 页。

当此防务严紧之际，自应切实检查，以防夹带违禁物品，且南市车站系在防线以内，稽查尤宜周密。昨特饬令驻沪宪兵营调派士兵，每日至车站查察，遇有携带物件情形可疑者，即行详细检查，毋稍疏纵云”[1]。2 月 26 日，《申报》载：“交通部以现在滇事紧急，恐有党人私运暴烈物品乘机响应。昨特将运输办法行知沪宁、沪杭两路管理局长妥慎遵办。运输办法如下：一、各军队装运军装、军械应有该省高级军官填发护照，注明件数及运往地点，并领在部颁军用半联执照，方准输运。一、各地火柴公司特运硫磺、硝磺等品，必须持有该省高级长官护照，并将购货单验明无讹，方能代运。一、各国人之游历内地，间有携带自卫枪弹，应由该管领事或交涉公署填发护照，并将所携枪弹报明车站查验，相符始能携带，否则即行扣留。一、部中已有饬知或临时电达运输各项军需物品，应准验明输送，不得阻滞有误戎机。一、夹带或私运各项军火暴烈物品，如此站未能查出而由彼查出者，应照疏忽论，查明惩戒。”[2]3 月，北洋政府“统率处又特定《取缔铁路运输办法三条》，咨由交通部通饬津浦、沪宁各路局遵照办理。(一) 军需、军装、军械应由各该省高级军官填发护照，注明件数及运往地点，并领有部颁军用半联执照方准输运。(二) 部中已有通知或临时电达运输各项军输物品应准验明输送，不得阻滞，有误戎机。(三) 夹带或私运各项军火暴烈物品，如此站未能查出而由彼站查出者，应照疏忽论，查明惩处”[3]。

近代土匪常在铁路沿线出没，而各类罪犯的出逃或藏匿也往往通过火车达到目的，因此，查缉土匪、罪犯常常要得到铁路部门的支持和参与。铁路沿线是土匪或敌对势力出没的地区，时刻威胁着铁路行车的安全。8 月 7 日上午 10 点钟，济南“商埠津浦站由南开来之火车载有三十余人，举动仓皇，形迹可疑，当经警士向前盘诘，搜出手枪三支，赃物若干，确系土匪，遂将一干人等绑送警厅讯办”[4]。8 月 23 日，《申报》以《南满沿线之蒙匪与宗社党》为题报道：“近来，蒙匪与宗社党大有联结一气之势，其所出没之地，据日报所传，自长春以至新民屯，自四平街以至郑家屯之间，凡其地稍重要者无不有蒙匪之足迹。”[5]

对罪犯的查缉，车站是最好的场所。10 月 1 日，《申报》刊登了两则译电。一为“北京电”：“华字报云：与上海土案有关之袁嘉谷辞议员职后在徐州为张勋所捕获。闻张勋侦探在津浦铁路甚为活动，形迹可疑者多被拘留，并军法

---

[1]《申报》第 138 册，上海书店 1983 年影印版，第 520 页。
[2]《申报》第 138 册，上海书店 1983 年影印版，第 750 页。
[3]《申报》第 139 册，上海书店 1983 年影印版，第 342 页。
[4]《申报》第 141 册，上海书店 1983 年影印版，第 627 页。
[5]《申报》第 141 册，上海书店 1983 年影印版，第 892 页。

课严鞫。"二为"汉口电":"王督军因京汉铁道沿线近有土匪出没,故于二十九日派遣省防军第三团赴孝感县方面以资镇压。"[1]11 月 29 日,《申报》报道:"水警第二厅侦探华云标侦知行劫苏乡某姓家之盗犯高四金、张一魁二名,匿迹租界,持有该厅缉捕公文来沪访拿。适该盗于二十六号傍晚欲搭沪宁火车他往,来探即协同淞沪警厅派在车站之侦缉队士蔡少廷、张用甫等将该盗拿获,解经司法科讯明收押,候水警厅来文移提归案究办。"[2]

而对政治犯的查缉有时更为严厉。近代,革命党人也常常乘坐火车转移活动,稽查党人在 1916 年是一个突出的政治现象。这种稽查出于纯粹的政治因素,是由政治局势决定的,而非铁路自身应有的正常检查制度,一旦政治局势发生变化,这种稽查就会取消。

1 月 3 日,《申报》之《专电》栏载:"交通部现发通告,各省邮局检查与滇往来信件、书报、包裹一律扣留,各省电局检查与往来电文,凡电码不明,或有离奇语,一律扣留,严查西南等省铁路客货。"[3]这种检查在北京表现得更为严格。据称:"自滇事吃紧,各地党人时起时仆,遂有党人注力北京之谣说。政府得此消息,京中戒备侦查因以日严。而日昨京奉路车站、税关果有搜出妇女挟带枪械一案发现,警厅与提署以妇女既挟此违禁物公然入京,则非妇女者当更多,而以后此等案件发生必仍不少,故该两机关为严密防查起见,于昨日已各加派便衣侦探多名,在东西两车站对于旅客无论男女一体注意,凡有形迹可疑者,即向前搜查。"[4]其他各地,在车站查拿党人的行动多有报道。

2 月 15 日下午,在武汉"大智门车站,车到时有稽查处包探刘某带同身着黄色军服之警备队数人,皆荷枪实弹,押解党人一名,年约三十,貌甚魁伟,下车时即加以镣铐,带向稽查处而去。闻系由孝感破获者"[5]。3 月上旬,"沪宁铁路局钟局长现奉交通部电饬,大致以滇军发难,地方不靖,各处党人图谋响应,跃跃欲试,各省铁路运兵输饷关系綦重,故党人对之尤为注意。各路局均设有巡查,亟应随时稽查,严密防范,以免党人袭击等因。钟局长当已通饬沪宁路线各军队查照办理矣"[6]。3 月 10 日上午,"沪宁火车抵沪时,有铁路督察长孙翊乘火车来沪,下车后知照五区岗警指拿朱长江一名,谓是党人,当即由警将朱逮获解送闸北司法科押候讯办"[7]。4 月 25 日,《申报》报道:"自昨夜严查党人后,火车站各轮船亦同时紧急搜索。今日下午二时,沪宁车抵

[1] 《申报》第 142 册,上海书店 1983 年影印版,第 504 页。
[2] 《申报》第 143 册,上海书店 1983 年影印版,第 537 页。
[3] 《申报》第 138 册,上海书店 1983 年影印版,第 18 页。
[4] 《申报》第 138 册,上海书店 1983 年影印版,第 278 页。
[5] 《申报》第 138 册,上海书店 1983 年影印版,第 683 页。
[6] 《申报》第 139 册,上海书店 1983 年影印版,第 74 页。
[7] 《申报》第 139 册,上海书店 1983 年影印版,第 186 页。

苏,有外人数十余名来苏游历,各带弹枪手枪下站后,即向城中游行。朱师长得车站宪兵队队官谢廷树报告,心有所疑,以为无论游历人等,最多断无数十余人同来。又未接得特派交涉员杨小川君之公文,当即电询关监督,亦云未知。朱师长谓于防务上有绝大关系。征诸上年党人文凤藻故事,不免可疑。当此风鹤频惊之时,无论是否,均应侦探切实举动,即派探员娄子云君率侦探十名跟踪相随,藉资保护,并察其详情,俾知实在。”〔1〕4 月 27 日,又报道:“政府现以南北和议无成,外间谣言日紧,一切防范不可不格外从严,俾免他虞。兹据政界某要人云,日昨当局传见交通总长梁崧生氏进府筹议,特别增加防御各路线种种办法,且以津浦路线为南北往来之要道,更宜认真保护,以免革党有所图谋,闻梁总长对于保护路线颇有建议,并献条陈一件,当邀留览。”〔2〕

这种所谓的保护成为查拿党人的手段,所以有消息说:“张勋之军队奉命保护津浦铁路北段,因于济南、德州之间派驻一营,济南、泰安之间派驻约三营,并于兖州设司令部。闻将以十五营分布山东省内津浦铁路沿线,上述张勋之派兵原出与张有亲密关系之蔡巡按使计策,以此牵制靳将军之山东独立运动。惟山东省民非难之声甚高。”〔3〕

5 月 6 日,《申报》特别报道了当时苏路的车站检查制度。“沪宁路之苏站检查,原系宪兵专责,戒严而后,加派目兵三班,排长亲自督率,旋警察厅亦添饬消防队一排,以辅宪兵之不逮。惟事权、职务则划分为二:警察仅帮同检查、管理者,乃烟土一项,其他如违禁各物,一经发见,全属宪兵处理之。”“崔厅长又通饬五区五队各选干练长警一名挑派至苏车站执行检查任务,暂令警厅委员施泽统属之,保护路务。原二师第四旅专责沪宁路由苏至申之全线,均归其担负保护。讵朱师长又饬工兵一排,令排长李荣祥率领员兵驻扎钱万里桥附近火车站之三茅堂,又派二排至外跨塘检查以防党人知苏站之紧急而半途下车者。”另外,当时的军署还“调派安武军两营,昨日陆续到境,一律山塘驻军,专任保护铁路”。〔4〕看来,苏路严密的检查制度是针对党人的。

针对党人的严密检查,在沪杭铁路也得到相当的重视。6 月 18 日,沪杭铁路恢复通车后,铁路当局非常重视铁路的检查,松沪护军使在铁路车站调派多种力量加强检查,《申报》报道:“兹悉杨护军使以沪杭货客两车十八号开车后每日往来计各五次,各货装车输运必多,旅客亦必不少,诚恐有人夹带禁品以及他种危险物件,自应责令驻防车站军队严加检查,除饬由宪兵营转饬

〔1〕《申报》第 139 册,上海书店 1983 年影印版,第 882 页。
〔2〕《申报》第 139 册,上海书店 1983 年影印版,第 914 页。
〔3〕《申报》第 139 册,上海书店 1983 年影印版,第 956 页。
〔4〕《申报》第 140 册,上海书店 1983 年影印版,第 77 页。

第一连连长吴金亭加派兵士十名在沪站协同车务警察巡官王长庆率警检查货物及旅客所携包裹外，并饬松江陆军步兵十四团龚团长转饬所部兵士凡遇车过时刻，务须登车加严查察，一面又饬驻枫泾苏界之步兵十六团第一营营长派兵一体检查。”〔1〕而且，铁路当局还制定了《沪杭车站检查施行细则》，《申报》对此予以报道：“沪杭客货各车于本月十一、十八两日先后通行，已迭志前报。兹松沪杨护军使以前次通行货车时曾设立银茧检查处，现客车亦遵交通部电照常开车，该检查处已不适用，除即日取消外，特另订车站检查施行细则，以便从事检查。”〔2〕不只是车站检查，沪杭铁路还加强“途中稽查”，松沪杨护军使“又以各站上落旅客甚众，诚恐有人携带禁物潜至他站乘车，故途中稽查亦关紧要，特分饬淞沪警察厅及使署侦缉处各派探员二人随车往来查禁，又饬松江防守司令部暨枫泾所驻之步兵十六团第一营部亦各派员跟车往返检查，凡在苏省境内之各车站归三省军警所派探员负检查之责，除核发随车各探员护照外，并于前日函请该路孙总办填给免票”〔3〕。当时杨护军使派王琪为稽查员，率领侦缉处委派的吴保茂、陈鸿猷、周绍铨、赵干生等四员随车检查乘客，查至枫泾为止〔4〕；而浙省吕都督亦已委派辎重营差遣员陈某率兵两名驻于枫泾车站专司检查枫杭乘车旅客，以防夹带。这种随车检查制度一直持续到 7 月 24 日。〔5〕8 月 23 日，《申报》也报道：“字林报十八日北京通讯云：北京政府今已呈松动之象，公共信任渐见恢复，商务已大有进步，从前警察在车站搜查行客、检视行李非常严厉，今则渐不若是之认真。”〔6〕

（二）售票制度

不合理的售票制度也给人们的旅行带来不便利的感受和体验。1916 年，售票制度受到金融形势的影响，在中国银行、交通银行停兑令发布以后，“各地虽纷纷反对，而都门以内因为势迫，中交纸币固畅行无阻，然旅行者出都门一步，即枝节横生，难于应用”。如当时美籍传教士丁义华“以会务由京至昌黎，一往返间于车站买票，即受此院令之影响不小”。5 月 23 日的《申报》详细披露了他从昌黎返回北京购票时，昌黎车站拒收他在北京从交通银行支取的河南交通钞票的遭遇，由此他大生感慨：“此次鄙人适逢其会，若中国人则被国家铁路如狼似虎之横蛮。拿了国家钞票搭坐国家铁路，亦必受国家凌辱

---

〔1〕《申报》第 140 册，上海书店 1983 年影印版，第 752 页。
〔2〕《申报》第 140 册，上海书店 1983 年影印版，第 784 页。
〔3〕《申报》第 140 册，上海书店 1983 年影印版，第 816 页。
〔4〕《申报》第 140 册，上海书店 1983 年影印版，第 864 页；《申报》第 140 册，上海书店 1983 年影印版，第 928 页。
〔5〕《申报》第 141 册，上海书店 1983 年影印版，第 283 页；《申报》第 141 册，上海书店 1983 年影印版，第 406 页。
〔6〕《申报》第 141 册，上海书店 1983 年影印版，第 889 页。

矣。可不哀哉？前数年中国市面上所见者，无非外国银行钞票，近来中、交两银行纸币信用极大，其发达已与外人银行平等地位，余满望中国将来可以不必用外人纸币，未始非收回金融主权之好消息。”事后，他还在《申报》上发表了《中华铁路独立》的时评。〔1〕

丁氏的遭遇不是个别现象，当时“京汉、津浦、京奉、京绥各国有铁路共同发出二种通告：其一声明货票、客票一律搭收三成现洋；其二声明各路收入以各该路所经过大埠之交通银行钞票为限”，时人指出：“上项广告实为一种最奇怪之广告。盖就法理论，国务院令明言不收纸币者应按国币条例施行细则第九条办理。今该铁路等首先拒绝国币，公然违背院令，以国家之铁路竟不奉政府命令，实为千古奇闻。就事实论，政府既禁止人民兑现，人民自无处可得现洋，今铁路不收纸币，其结果与断绝交通，禁止人民往来无异。当各路局发出此项通告之初，人民并未周知，日昨出行各旅客持纸币买票，车站不收又无处可兑换现洋，欲行不得，有怅怅而归者，有据理争论者，有哭泣者，有怒骂者，纷扰情形，不堪言状。”〔2〕

至7月，沪杭铁路售票开始接受纸币，但仍有限制，该路上海站长订定收受纸币规则三条：“一、凡以不兑换纸币来付车价者，须车价之数超过纸币票面之数，如尚须找现银者，不能收受。二、收受不兑换纸币只能以单张客票计算，不能合并数张客票计算。三、收受包件或行李运费，均照上项规条办理。”〔3〕应该说，这种有条件的接受，给旅客、货主仍然带来不便。不只是对纸币有限制，即便当时上海市面的“新银角”，亦不能购买客货票。7月14日，《申报》报道：“南市沪杭车站昨日贴出通告，谓市上发行之新银角小洋，实因银色不佳，殊难收用，如有购票，概不照收云云。”〔4〕

至10月，不收纸币的情况稍有好转。10月11日，《申报》载：为了应对当时中、交两行兑现钞票问题，“就铁路而论，除北京、张家口车站全收不兑现票外，其余天津即系兑现地方。京汉、津浦、沪宁全系兑现地方。此就客票而言，更就货物而论，北京为受货之地，非出货之地，故货物运价全在他站，苟行此法，交通部所收现款远过于搭现之时。此有利之说也。闻诸个中人云：京汉、陇海两路必难办到。盖北京钞票为最多，非仅流行于北京本地已也。天津、济南、奉天等处皆有之，尤以河南一省为满坑满谷。盖河南通行之票北京者多，本省者少。军警给饷全系京钞，当停兑之命甫下，河南军民长官即饬军

〔1〕《申报》第140册，上海书店1983年影印版，第352、405页。
〔2〕《申报》第140册，上海书店1983年影印版，第432页。
〔3〕《申报》第141册，上海书店1983年影印版，第106页。
〔4〕《申报》第141册，上海书店1983年影印版，第218页。

警强制商民京钞与本省钞同时使用,不得区别”[1]。

但是,不收纸币的问题没有得到完全解决。沪宁铁路还准备从1917年元旦起实行售票辅币贴水制度,其具体内容为:“(甲)凡站长所收之各项车票价运价,其数过五角者,应向客核收大银元。(乙)凡收数自一角至五角,按照单列贴水价目核收银角。(丙)凡收数不满一角者,收进找出俱用铜元。(丁)凡各车票价之零数自六分至一角者,贴水铜元二枚。凡车票价之零数在五分及不满五分者,贴水铜元一枚。”[2]这样的规定对旅客、货主购票提出的货币要求太过复杂,不利于人们的出行和货物流通。

售票工作的疏忽或漏洞也会给旅客带来极大的麻烦。时人乘车亲历反映说:“一农夫自嘉善来,将至新桥,购自嘉善至新桥之票,不知此客车至新桥固不停车也。至松江站,人告知彼坚不肯信,谓我固购有票者,人告以至新桥实不停车,尔果不于此下车者,则径至沪上,又须补票,彼不得已,方怀丧去。此不奇于农夫之愚,而奇于车站之售票者,售票至不停车之站,将使其人为飞鸟之堕地耶?”[3]

(三)运输制度

铁路客运列车是分等的,高等次的列车条件好,票价高,面向富裕的或上流社会的旅客,而低等次的列车则是面向贫困阶层的旅客。一般来说,不同等次的列车应有合理的比例安排,才能较好地满足不同经济水平的旅客的要求。否则,就会产生贫民乘车不便的问题,如:“沪杭火车开驶慢车向有四等客车附挂往来,以备贫民乘坐。现因杨使以四等车辆途中不易检查,商由该路孙总办将四等客车暂时由沪附挂至枫泾站为止,至由杭开沪之四等车亦只由闸口附挂至嘉善为止,其中枫泾至嘉善一段,暂勿附挂。”[4]沪杭火车的这种做法,很快有了反应,7月5日,《申报》即以《贫民乘车之不便》为题报道。报道称:“沪杭火车业已照常通行,惟附挂之贫民四等车只可由沪挂至枫泾为止,而杭州所挂之四等车仅能拖至嘉善为止,其自枫泾至嘉善一段禁止附挂,系为防范匪徒混乘四等车骚扰苏浙两省秩序起见,故由松沪杨护军使商请浙省吕都督饬令该路遵照在案。兹有旅沪蒙古商人郑焕章等因见沪杭两埠贫民甚众,每因只有小洋八九角欲购四等车票无着,流落异乡,实堪悯恻。至于防范匪徒混乘贫民车辆,乃系误会。盖既系奸徒则旅费定必不惜,且三等客车所费有限,亦可潜行往来。现在最苦者莫过于贫民,故于昨日分别禀陈苏

[1] 《申报》第142册,上海书店1983年影印版,第695页。
[2] 《申报》第143册,上海书店1983年影印版,第807页。
[3] 《申报》第141册,上海书店1983年影印版,第426页。
[4] 《申报》第140册,上海书店1983年影印版,第816页。

浙两军署，请求迅将杭沪之四等车辆准予全路附挂，以惠穷民云云。”[1]7月23日，《申报》对此又有报道：“沪杭火车头二三等客车及输运货物之货车曾经苏浙两督军暨上海杨护军使等商准通行，已将匝月。惟附挂之贫民四等车当时因恐匪徒混入，是以不得由沪直达杭站，一般贫民颇为不便。兹该路孙局长以苏浙两省业已安静无事，四等车不能通行殊非体恤贫民之道，爰特详奉交通部批准于昨日(二十二号)为始将四等车全路附挂。惟每日只有一次，以上午十点一刻时由沪开杭云。”[2]

“减少火车次数”也给人们带来不便。年节期间正是人们外出的好时机，但有消息称：“旧历年关各官署休息三日，报馆七日。交通部核准正月一日起八日止减少火车次数。”[3]此实不便于人们探亲访友。

不合理的货运制度也会给人们带来不快。“南浔铁路抽收货股，本为一时救济之法，与税捐性质绝然不同，原议通车后即行停止。现在开车已久，且又添招巨股，此项货股本应早日停止”，至3月，南浔铁路公司却将此项货股“改归官厅代收”。商人们认为，“是直以货股变为货税，将永无停收之日”，而且当时南浔铁路承运的货物已经承担了较多的税负，“该公司请官厅提拨湖口米谷备荒经费，又加征统税，并推行契税附加税之外，更抽货股”。因此，对南浔铁路公司的做法，南京、安庆、湖口、芜湖、申江、南昌各纸帮代表数十人群起反对，表示对“此等办法万难承认”[4]。

铁路承运货物的税负过重，在津浦铁路也有反映。“津浦路统捐局前以窒碍转输，由路线经过各省商务总会联衔恳请裁撤专局，寓征于运”，“嗣后设局榷征，一般贩商相率改途，两年以来，不惟江皖直鲁四省商业因而停滞，即铁路额运费以屡形减少，虽直接抽得捐款比从前加增倍蓰，犹不能弥其缺数，公私交病，莫此为甚”，所以，8月下旬，山东济南总商会在致电大总统、国务院暨财政、交通、农商各部恳请即行废止，并致函天津商务总会要求“协力请求官府取消”。[5]津浦铁路的问题还不止于税负，还有津浦铁路管理局公布的回扣新章18条，其中的第五条颇遭非议，该条将“回扣分五阶级，以四万车价扣九七五，递至五十万扣八七五为止”。当时的津浦商业公所及各转运公司元成、捷运、利兴、瑞泰、恒锦源、兴成、同春、通远等致函天津津浦管理局正、副局长表示反对，其理由有四：(1)“同是转运百元车价，相讹十元”；(2)当时的沪宁铁路只将回扣分为“三阶级，至四万元为止”；(3)天津管理局颁布的新

[1] 《申报》第141册，上海书店1983年影印版，第75页。
[2] 《申报》第141册，上海书店1983年影印版，第360页。
[3] 《申报》第138册，上海书店1983年影印版，第417页。
[4] 《申报》第139册，上海书店1983年影印版，第167页。
[5] 《申报》第141册，上海书店1983年影印版，第893页。

章“与南段订立合同大相抵触”;(4) 这些公司与路局订立合同,“现在期限未满,理应照原合同有效”。[1]

铁路部门能否应对季节性的货运高峰,也是影响货运是否便利的重要因素。津浦铁路在这方面也有问题,据当时的记者调查,“各转运行本由铁路局委托由内地运农产品至浦,然后改交沪宁铁路运沪。近因各货销路畅旺,所有货车不敷输运。故浦口各堆栈积货至数千吨之多。堆栈既无隙地,不得不堆置空野。货主情急,乃托轮船公司运沪”。当时有人在大雨中看到的货物堆积情形是:“适逢大雨,见堆栈码头及路轨江滨一带,皆满堆巨袋,中储豆谷花生等物,其上并无油布,致受渍颇甚,询知为内地农家收获所得,托转运行运沪销售者,而转运行则以轮船公司不肯给付回扣,故遂弃货空地,任令雨淋也。”[2]

铁路能否守时直接影响着人们出行的便利和安排。铁路运输的特点在于列车的定时出发和按时到达,如果做不到这点,对人们的出行也会带来很大的不便。沪宁、沪杭两路接轨通车以后,在这方面就出了问题。当时,“乘客之在北站登车赴杭者日渐增多,而南站之旅客亦仍不减少,盖因火车可直达杭垣,途中并无延搁故也。且由杭来沪之旅客至南站下车者较多,因新龙华站距离南站仅有四英里余,火车可以先到,是以旅客仍在南站往来,所有沪杭两埠之货物亦以在南站装卸者为多”。由此看来,上海南站成为两路的中转之地,但是,“惟通车迄今,凡南站之杭嘉驶沪快慢区间各车有时不能依照规定时刻到站,以致去车亦不能准时开行,各转运公司及邮局之接送信车大为不便”。为了克服这种不守时的状况,沪宁、沪杭铁路管理局拟采取两方面的措施:一是,当时的管理局局长钟紫垣认为,“迩来杭省驶沪各车不能照时抵站,必系司机、工师疏忽所致”。所以,他“责成杭省总站站长督令司机、工师依照规定时间由杭开行,途中亦当照章行驶,切勿违背定例”。二是,钟紫垣指出:“宁杭两路业已接轨,办事人员现均驻扎北站,所有每日各班火车应挂车辆若干,均须随时酌定”。所以,他要求“其向在南站之各等车辆皆应移往北站停驻,凡有修造车辆亦归北站承办”,如此则便于“随时添挂,易于指挥”。[3]

问题似乎出在沪杭路上,由此人们担心会进一步影响到铁路的联运。铁路联运之所以发生困难,也是因为各列车的不守时。有人向《申报》写信反映铁路联运困难的问题。该信说:“铁路联运所以图运输之便利也,武进商会以沪宁车时有迟到之故而颇不满于沪宁之守待津浦,以致行车愆期。夫以守待

[1] 《申报》第141册,上海书店1983年影印版,第186页。
[2] 《申报》第138册,上海书店1983年影印版,第282页。
[3] 《申报》第143册,上海书店1983年影印版,第1038页。

而愆期,致旅客有不能准时到达之憾,诚属非计。然因津浦之迟到而遂不守待,则联合之效用尽失,似亦有乖联运之本指。此其咎固不尽在沪宁。大抵行车之路线愈长,则到达之期间愈难准确,自匪以精密之手续为统一之计划,此等现象不易排除,固匪小小一改革所能整顿也。抑记者尤有言者,沪杭一路路线不可谓长,然由杭至沪之车往往不能准时而到,其甚者愆期乃至一二小时之多。此种弊病自始已然。今杭宁已相接轨,吾不知影响于沪宁者何如?如果两路相衔而杭沪之车仍不能依期而至,则沪宁既以津浦而下驶不能准时,复将以沪杭而上行又多牵率,局外责言之至,恐将不止武进一商会也。"[1]

火车的延误是普遍现象,造成延误的原因有些是铁路设备或技术上的问题,2 月 25 日上午,"由上海开杭之慢车行至嘉站,忽因车头灰积过多,亟须添水出灰,以致中途停搁二时之久。各搭客大为喧嚷,及车至城站,钟鸣五下。一般渡江旅客不能过渡,咸往旅馆投宿,在旅资不充足者,殊为懊恼"[2]。3 月 9 日上午 8 点 25 分,"沪宁铁路由南京开沪之火车,行至苏州左近忽因车头机器内部略有损伤,在苏稍有担搁。该班火车向例下午四点五十分到沪,是日直至下午七时许始到,当未到时沪站曾发电询问,始悉迟到之原因"[3]。7 月 6 日,"南京头班火车开驶来沪于一句(点)钟时,驶至本埠西乡车袋角地方车头机件忽然损坏,不能行动。俄为沪站所闻,立派快车龙头至该处拖带至沪,计迟到二十分钟,损坏龙头业已入厂修理"[4]。而有些延误则是由自然现象,如恶劣的天气等因素造成的。同是在 7 月 16 日,还有一趟车也出现了延误现象,据报道:"大雨连朝,山洪怒发。镇郡各乡山圩田亩尽成泽国。迨六号上午十时距镇城三十里辛丰地方之黄泥山因大雨倾盆,忽然倒塌多丈,该山泥土均坍入沪宁轨道中,堵塞不通,以致早班沪车行至该处被阻。当经铁路工程司赶雇小工多名,将泥挑去,直至翌日上午始照常行车云。"[5]还有些延误是多种因素综合作用造成的。7 月 18 日,《申报》载:"杭沪铁路前因停车多日,轨道木石均未修理,加以近月以来,风狂雨暴,沿途土方多被陷落,以致开驶快车阻碍较多,每误原定时刻,其特别快车甚有至晚间八九时或十时半始抵闸口者。现车务总管烈德君已商请孙局长派杭段洋工程司麦劳尼君前往查勘线路,择要修筑。一面通电各站长对于行车事务,均须认真办理,以免遗误。"[6]

---

〔1〕《申报》第 143 册,上海书店 1983 年影印版,第 853 页。
〔2〕《申报》第 138 册,上海书店 1983 年影印版,第 763 页。
〔3〕《申报》第 139 册,上海书店 1983 年影印版,第 170 页。
〔4〕《申报》第 141 册,上海书店 1983 年影印版,第 106 页。
〔5〕《申报》第 141 册,上海书店 1983 年影印版,第 135 页。
〔6〕《申报》第 141 册,上海书店 1983 年影印版,第 279 页。

(四) 列车的停开

较列车的延误给人们带来更为不便的是,本已开行的列车有时会因故停开。4 月,浙江的独立,导致沪杭铁路火车局部停开,沪杭之间无法实现全线畅通。4 月 13 日,《申报》报道:“昨日沪杭火车不能直达杭州,仅开至松江为止。本埠遂喧传浙江已宣告独立,一时风声鹤唳,居民纷纷迁移,市面亦颇受影响。”〔1〕4 月 14 日,《申报》刊登《沪杭甬铁路暂改行车时刻广告》,声称:“兹因发生事故,本路不得不将松江、杭州间之各列车暂行停驶,由上海开行之各列车暂开至松江为止,其时刻亦多有更改,特将暂行之时刻表列下,一俟恢复原状,再行登报通知。”〔2〕当日在《浙江独立纪闻》的报道中也说:“忽闻火车停开,杭沪往来之途被阻滞矣。”〔3〕同一天在《浙江独立中之沪滨恐慌》中转述《文汇报》的报道:“云浙省独立后,上海发生种种谣言,类皆虚诞无稽。惟今日(十三日)上午三点四十五分钟时,忽有一极大之声,居民多从梦中惊醒,初疑沪杭路桥被炸,但沪松火车仍然开行,足证此路未有变故。沪宁火车亦照常往来。”但这则报道中又专门提到“沪杭交通之未便”,称:“昨有客自杭州来者言,该省确已宣布独立,地方尚称安靖,秩序亦不紊乱,故招商局内河杭班小轮仍照常行驶。沪杭火车站因浙省独立消息传递到沪后,前日火车暂行停止开班。”〔4〕

4 月 15 日,《申报》一则报道称:“沪杭火车松江以西不能通行已经三日。兹经调查其原因,缘嘉善车站分路叉道之岗轨于十一号夜间断去三节,长约十余丈有奇,以致火车不能直抵杭州。而枫泾系属浙境,是以亦难驶往。”〔5〕4 月 16 日,《续纪杭城独立消息》透露:“今日火车仅通江墅线一段,向上海行之客车来往全停,或云路轨有断绝处。”〔6〕这天的《惊魂稍定之上海》中也提到“沪杭火车之消息”,说:“浙省宣布独立之后,沪杭火车不通,迄今已有四日。兹悉其轨道之阻断处,一在石湖荡至枫泾站之中途,撬去两节;一在嘉善车站分路近侧,毁去三切(节),致上海火车只能驶往松江。……近日之松沪旅客乘车往来每日仅有百数十人,致该路营业顿减。至于由嘉兴而达硖石、长安、笕桥、清泰以至杭州、闸口之路线,并未损坏。浙省商界因嘉兴与杭州旅客货物往来甚多,自火车停驶以来,大受影响,故由浙杭车站商允该省军政各当道,已于昨日(十五号)为始先行开驶由杭至嘉火车,每日往来亦分三次,并已知会沪站车务长查照矣。……沪杭火车今分两段驶行,江苏方面由沪至

〔1〕《申报》第 139 册,上海书店 1983 年影印版,第 698 页。
〔2〕《申报》第 139 册,上海书店 1983 年影印版,第 705 页。
〔3〕《申报》第 139 册,上海书店 1983 年影印版,第 707 页。
〔4〕《申报》第 139 册,上海书店 1983 年影印版,第 714 页。
〔5〕《申报》第 139 册,上海书店 1983 年影印版,第 730 页。
〔6〕《申报》第 139 册,上海书店 1983 年影印版,第 737 页。

枫，浙江方面则由嘉至杭云。”[1]

火车的停开给人们的日常生活带来巨大的不便，一度导致轮运业的发达。4 月 17 日，《申报》报道：“自沪杭火车交通阻隔后，由沪至杭，惟有小轮照常开班。因此，商民乘轮来往者颇多，营业大为发达。”[2]尽管如此，人们还是感到实实在在的不便，为此不断有人吁请通车。4 月 18 日，《申报》又报道：“杭沪铁路除江墅段开驶客车外，其余各区间内仅供军事之运输，仍不售买[卖]客票。现自笕桥、临平、长安、周王庙、嘉兴以至枫泾各站，节节设有陆军步兵、炮兵及辎重、工程各营防护路线。全路员司仍在站照常办公。惟杭沪火车不通，瞬经四日，商货停滞，金融亦受影响，商旅往来，全恃内河小轮，殊形不便。各业商业未免引起恐慌，纷诣杭总商会要求转请交通机关即日照常开驶，以维市面。”[3]4 月 19 日，《申报》报道嘉兴的情况：“十二日起，杭沪早车停驶已阅四日，各界以交通阻滞，致生恐惶，特纷纷要求早日开车，以定人心。”“嘉邑本为交通要道，自火车通行后，各处汽船航船均聚集东门，惟东城水城门因年久失修，朽腐异常，难以启闭。”[4]当天的《申报》还有报道分析沪杭火车停驶给沪、杭两地商业带来的不便，说：“自浙江省宣告独立以来，沪杭火车业已停班多日，两地商业殊多阻滞。昨由沪杭转运公会代表致上海商会函云，自杭州风潮以来，沪杭铁路交通断绝，敝业大受影响而人心惶惶，谣言纷起，于地方治安颇有关系，为此情急函贵会即日电致杭商会，设法早日全路通车以维市面而保商业，无任感戴之至。”[5]

当然，争取江浙间通车的不只是商人，政界中人也为此多有努力。4 月 20 日，《申报》报道：“屈映光自十七号改称都督后，所有巡按使名义亦于同日自行取消，并通电所属各机关知照”，在杭州总商会的要求下，屈映光“并允电商江宁冯公，准将杨护军使军队移驻□江，一面将驻扎嘉善之浙军调回嘉兴。所有松江、枫泾间一带已拆轨道速为修理，俾沪杭客车得以照常开驶，凡此筹划皆为保全地方治安，并为交通便利起见”。[6]当天还有报道称：“自浙省宣告独立后，沪杭火车中途梗阻，迄已七八日，两地商业交通备受影响，兹浙江都督屈映光特请代表持函来沪，与松沪护军使杨君商议通车办法。”[7]屈映光派到上海的代表为龚心铭，他到达上海后，分别致函上海总商会和松沪护

[1] 《申报》第 139 册，上海书店 1983 年影印版，第 744 页。
[2] 《申报》第 139 册，上海书店 1983 年影印版，第 760 页。
[3] 《申报》第 139 册，上海书店 1983 年影印版，第 772 页。
[4] 《申报》第 139 册，上海书店 1983 年影印版，第 788—789 页。
[5] 《申报》第 139 册，上海书店 1983 年影印版，第 792 页。
[6] 《申报》第 139 册，上海书店 1983 年影印版，第 804 页。
[7] 《申报》第 139 册，上海书店 1983 年影印版，第 808 页。

军使杨善德，要求接洽通车事宜。[1]

这时，沪宁火车亦发生局部阻断、停开的现象。4 月 22 日，“锡地商民，闻之知两军已开战，均携老挈幼纷纷逃难，火车拥挤不堪。二十四号晨，无锡车站之站长及卖票等人亦均离锡至沪暂避。故是日沪宁火车只开至苏州为止”[2]。4 月23 日，发生在无锡的两军战斗，严重影响了无锡火车站的设施和火车的开行，“江阴七十五旅之军士训练已久，此次第十师退守无锡北门，锡邑震惊，一时侦悉澄军已到高乔门，更为恐慌(因高乔门为锡军之防守线)，一刻数警，霎时攘扰，商民不安。而独立军抵锡时先将火车旗站之房屋并站长办公室拆毁，以除军事上之阻碍。无锡车站站长及办事人员乃各携带行李物件纷纷逃至苏州。至傅站长处电报上海沪宁铁路管理局长钟紫垣君核办，故今日傅站长通告各旅客暂将沪宁客货车由望亭至无锡以达南京者停止开行。二次之苏州专车驶行至望亭为止。昨日下午七点钟，由上海至镇江客车行抵无锡时，因交通已断，适江阴军队与第十师交兵之际，乃半途折返”[3]。4 月 25 日，《申报》报道：“内地风云紧急，因江阴、无锡两方军队发生战事，附近常州亦大受影响。兹闻沪宁火车前日夜车中途已有阻滞。昨日列车除苏沪客车照常往来外，其余只可宁镇通车云。另一函云：沪宁火车自前晚夜车起，仅开至苏州为止，因前日江阴变兵图袭无锡，被防军击退，恐苏沪等处调兵往攻，遂将望亭镇相近轨道拆除一段，以阻军队进行。故火车暂时停驶。”[4]但沪宁很快恢复通车，4 月 26 日，即登载《沪宁铁路照常行车广告》，称：“日前因路线中途不靖，客列车暂时被阻。兹已于阳历四月念四日晚开行沪宁夜快车起，凡行车时刻表内所载往来各站之客车均已照常通行。”[5]火车的一度停开仍有后续影响，当时的常州人就未从停开的阴影中摆脱出来，“江阴独立后，谣诼月兴，常人日处风声鹤唳中，其一种惊皇状态，笔亦不忍描述。昨日接得无锡消息，谓锡澄军队激战七时，澄军将扑锡城，今未开市云云。又见火车中段停止，人民更形忧惶，一若大祸立至，因此迁避者颇不乏人”[6]。

沪宁列车在短暂的停开后恢复通车，但沪杭间的通车仍未实现，各界力量仍然在进行着各种努力。杭州总商会陈请浙江省长官“函商沪杭甬路局将沪杭火车迅即照常开驶，并经函陈杨护军使暨吕镇守使，请将前拆轨道分别修理”。嗣后，该商会又公推协理王湘泉“往谒杨、吕两使面商一切”。[7]而屈

[1] 《申报》第 139 册，上海书店 1983 年影印版，第 840 页。

[2] 《申报》第 139 册，上海书店 1983 年影印版，第 902 页。

[3] 《申报》第 139 册，上海书店 1983 年影印版，第 894—895 页。

[4] 《申报》第 139 册，上海书店 1983 年影印版，第 886 页。

[5] 《申报》第 139 册，上海书店 1983 年影印版，第 893 页。

[6] 《申报》第 139 册，上海书店 1983 年影印版，第 911 页。

[7] 《申报》第 139 册，上海书店 1983 年影印版，第 964 页。

映光在派出龚心铭之后，又“加派军官某员（即近时往来于沪杭间者）及杭州总商会代表王湘泉来沪”，他们“邀同上海总商会代表某君面谒杨护军使，磋商之下，即由杨使电达北京交通、陆军两部请示，旋得复电谓：如无他虞，自可照准。惟交界之处，应审慎办理，以期两无顾虑”。因此，江浙“双方订定办法，于松江、嘉善间仍用轮船往来过渡”，但是，“商界中人以似此办法，运输货物仍多不便，故尚未能满意”。〔1〕沪杭转运公会认为，“各小工平日藉扛挑货物以资糊口者为数甚多”，担心“现因生机顿阻，待哺嗷嗷，设再迁延”，这些小工“恐不免流而为匪，肆行骚扰”。因此，该公会“又函请商会转呈各官厅，迅即筹办善策，详请交、陆两部早日通车，以维治安”。〔2〕在此形势之下，商人们组织了利济临时轮船局，通过轮船运输与火车的衔接，实现沪杭间的商旅往来。5月9日，《申报》刊登了《接通沪杭通车利济局》的广告，其词称：“自路轨中断，商旅备极行路之难，同人等因特组织临时轮船，禀请江浙军府核准往来石湖荡、嘉善两处。凡由沪往杭之客，可在上海乘早车至石湖荡换坐本局轮船至嘉善乘车，当日可达杭州。自杭往沪者，乘早车至嘉善换轮至石湖荡乘车到沪，交换钟点已与路局商明，断无舛误。定阴历四月初十日（即5月11日）开班，以路通之日为止。”〔3〕

尽管如此，火车的停开还是给人们的文化生活带来了不便，如《申报》在杭州、绍兴等地的发行就受到相当的影响。5月12日，《申报》发表致读者的通知，对此解释说：“本报杭州向章逐日交头车邮寄，当日午后到杭，由城站新福缘路本分馆徐耀庭君发行，绍城归轩亭口泰和源内申昌号经理，规定隔日上午专人分派。杭绍两属均系随到随送，并无贻误。自此次浙江独立后，杭沪火车停驶，不日已由轮船寄送，以致迟滞，到时参差。报纸以先睹为快，敝报殊深抱歉。近闻有诿咎送报人者，实系误会，用特声明。一候火车开驶，定不稍稽时刻，希原谅为幸。”〔4〕

而且，沪杭间这样的商旅往来方式也不能满足即将到来的茧市贸易的需要。商人们“在松江境内枫泾乡一带开设茧行，每届茧市由沪地华洋各商携资来行收买蚕茧，历由地方长官拨派水陆军警保护在案。其间运银运货全恃火车装载。盖茧市为期甚短，一遇货旺，需用现款，须得车运迅速，方免竭蹶之虞”。所以，茧商裕成、义昌、谦吉、永泰、隆振纶致函松江商会，要求先行开通沪枫火车。松江商会得知茧商的要求后，又致函上海总商会“请转陈杨护军

〔1〕《申报》第140册，上海书店1983年影印版，第10页。
〔2〕《申报》第140册，上海书店1983年影印版，第40页。
〔3〕《申报》第140册，上海书店1983年影印版，第123、139、155、171页。5月10日、11日、12日，该广告又登载了3次。
〔4〕《申报》第140册，上海书店1983年影印版，第171页。

使俯允所请"。上海总商会还通过沪海道尹斡旋,沪海道尹表示"自当竭力函商杨护军使",一时仍没有肯定的答复。[1]随后,"江浙皖丝茧总公所迭据江浙丝茧商人公请代恳通车以利运输,由该所总董沈镛等迭电北京国务院、交通部迅赐察核以恤商艰"。5月28日,北洋政府国务院、交通部"电询杨护军使以该商一再电陈,究属直接通车于军事上有无窒碍,迅即互商查明电复核办",由此人们意识到沪杭间能否"直接通车并非格于部议,其权实操诸军界长官之手也"。[2]火车不能开行,而"新茧须随收随烘,如不将蛹烘死,稍延时日,即化蛾而出,茧即成废"。茧商们只得另外设法,5月24日开市后,"特由各商合雇小轮一只,逐日由枫装茧至松江大涨泾码头起岸,转装火车来沪,以期迅速"。[3]这种运输"种种周折,茧商亦颇有怨言",沪杭铁路管理局局长孙多钰顺应商情,"一再详请交通部早日通车"[4]。"丝茶各商"继续"禀请江浙两省准予通车,颇为急切"。因此,江苏冯上将军(国璋)与浙省吕都督(公望)商妥,"曲从丝茶两商之请详部批准允予通车",议定从6月11日起,"丝茶两商如有鲜茧新茶装载火车输运者,每日准由杭州开车赴沪两次,由沪赴杭者亦准于每日上午十点十分时开车一次"。[5]但是,这种通车是有严格限制的,"仅指运送鲜茧新茶及装运银洋之车而言,此外不准搭客,各项货物亦不许装运。至于乘客与运输他种货物之车,须俟浙省取消独立后再行开行。现在装运茧茶二货,议定每日沪杭各开一次,以上午十点十分为上海输送丝茶商银洋之火车开杭。上午五点为杭省装运茧茶之车开行,约午后十二点四十分可抵上海"[6]。对这些限制,铁路当局还制定了专门的通车办法、检查办法和惩罚规则。[7]

问题是,这种通车"以四星期为限"。期限之后,何时正式通车仍是问题,各界力量仍然在努力,所以,"沪上转运公司及商帮、协会均举代表赴浙省恳当道早日通车,上海南北商会正、副会长亦已电禀南京冯上将军迅即转详政府提早通车以便商旅"。沪杭甬转运公会则致函沪杭车站华总管沈叔玉,要求沪杭铁路管理局"详请杨护军使允准即日往返通车,以利运输而苏商困"。而湾南车站之裕通、三济、公益、慎大等转运公司认为,"安徽、浙江两省素为产茶之区,每年徽州新茶上市必经杭省装载火车运沪"。他们以"近日杭埠新

〔1〕《申报》第140册,上海书店1983年影印版,第148页。
〔2〕《申报》第140册,上海书店1983年影印版,第452页。
〔3〕《申报》第140册,上海书店1983年影印版,第498页。
〔4〕《申报》第140册,上海书店1983年影印版,第514页。
〔5〕《申报》第140册,上海书店1983年影印版,第650页。
〔6〕《申报》第140册,上海书店1983年影印版,第666页。
〔7〕《申报》第140册,上海书店1983年影印版,第680页。

茶甚多”为由,要求“援照鲜茧办法由车输运新茶来沪”。[1]因此,6 月 16 日,又开通新茶货车。紧接着,上海总商会致电北洋政府国务院、杭州总商会致电国务总理段祺瑞要求沪杭客货车通行。[2]沪杭两埠各转运公司又“分别禀求浙省吕都督、上海杨护军使请顺商情,迅将货客两车即日开驶,以甦商困”。杨善德遂“电由冯上将军咨部请示”,很快得到北洋政府交通部的回电,交通部以“沪杭货客两车既与时局无甚妨碍”为由,“准于十八号即星期日起照常通行”。在各方努力下,沪杭铁路终于通车了,客货通行,且可运送邮件[3]。6 月 17 日,《申报》发布《沪杭甬铁路通车广告》[4],并以《沪杭铁路照常通车》为题给予了专门报道[5]。6 月 18 日,《申报》除继续登载通车广告外,还公布了行车时刻[6],报道了《沪杭客车今日通行》的新闻[7]。7 月 11 日,《申报》登载静眼《西湖杂话》说:“杭城自沪车通后,景象一变,旅客之来杭者日多,旅馆生涯颇不如前此之冷落。”[8]

火车停开不便利,所以,6 月 19 日,《申报》的一则报道对此总结说:“自浙省宣布独立后,沪杭火车不能直达,迄今已逾两月,商界往返不便,商情颇多阻滞。”[9]

三、“不舒适”的因素

给旅客以舒适的感受,为旅客提供舒适的乘客环境,使旅客有宾至如归的感觉,使旅客日常的生活情趣和生活节奏不致因出行受到太大的影响,这是运输市场竞争的重要元素。当然,旅客在旅途中由于各种因素,也可能会有不舒适的体验。不舒适的体验主要来自于以下因素:

(一) 旅客流量

旅客流量过多,造成拥挤,过度拥挤,旅客就不舒适。这种拥挤有时是由于政治局势纷乱致使谣言四起造成的。《申报》报道了 4 月初北京城中及车站一带的情况:“近日京中谣言甚繁,至有谓北京秩序颇形危险者,京津间电话可通,故此种谣言遂互相传布,其在津者一闻谣言,即电询京中亲友,转相传播,不知其所自来。又闻京津火车中常有人播散谣言。于是由津来京之人皆

---

[1] 《申报》第 140 册,上海书店 1983 年影印版,第 722 页。
[2] 《申报》第 140 册,上海书店 1983 年影印版,第 752 页。
[3] 《申报》第 140 册,上海书店 1983 年影印版,第 752 页。
[4] 《申报》第 140 册,上海书店 1983 年影印版,第 727 页。
[5] 《申报》第 140 册,上海书店 1983 年影印版,第 736 页。
[6] 《申报》第 140 册,上海书店 1983 年影印版,第 743 页。
[7] 《申报》第 140 册,上海书店 1983 年影印版,第 752 页。
[8] 《申报》第 141 册,上海书店 1983 年影印版,第 166 页。
[9] 《申报》第 140 册,上海书店 1983 年影印版,第 768 页。

耳闻之矣。一日数起,遂致传遍北京,而达官富绅之行李眷属,又时时发现于东车站之中,以是人民愈怀惊疑。闻日昨警厅已捕获散布谣言者数人,正在研讯,并于车站稽查无故出京之人,然而稽查虽严,出京者仍不稍止。车中因旅客过多,日昨竟有火警发见。是日下午四点半钟,由京开往天津之快车,行至廊坊以下,三等客车上忽有火警喧传,旅客相顾失色,甚有惊恐欲哭者。约逾十分钟,车始停止,火已扑灭。所烧者系一旅客之衣包行李。盖旅客因车内已无隙地,故将行李搁至车门外,不意机关车烟筒喷出之火星落下,致被燃烧。该客行李遭此损失,事虽微细而全车受此惊恐已非浅鲜。"〔1〕4 月 16 日,沪宁火车搭客也有拥挤的现象,《申报》报道:"前日下午(指 4 月 16 日)沪宁火车抵沪时,搭客拥挤,且有政界中人之眷口附车来沪,携有箱笼物件甚多。"〔2〕4 月 22 日,《申报》又报道:"自江阴、吴江两县宣告独立后,连日由宁、苏来沪之火车搭客异常拥挤,尤以妇女为多,扶老携幼,并带衣箱等件,每次火车到站,电车、马车、黄包车莫不利市三倍。租界各旅馆之招待员亦应接不暇云。"〔3〕4 月 25 日,《申报》报道:"自苏属吴江县宣布独立后,该处与苏州各地居民稍有身家者,纷纷乘坐火车逃避来沪。前日又谣传无锡已开战衅,内地居民更形恐慌,以故昨日由苏开沪之火车座客更形拥挤,即内地开来之各小轮舱中搭客亦均塞满,而驻沪外交团对于内地不靖情形甚为注意,除咨请英美总巡麦高云君选派干探前往内地各机关调查真相外,并请转饬各该管捕房派探分往车站、轮埠妥为照料。陆军第十师卢师长亦以苏地人民纷纷迁徙来沪,上海车站往来旅客甚众,诚恐匪盗乘间劫掠旅客所携财物。昨已饬派步兵二排前往轮流保护。"〔4〕4 月 27 日,"沪宁火车仍照常开驶,避难者颇为拥挤。观此情形,锡地恐骤难平静也"〔5〕。4 月 28 日,《申报》报道战后无锡的情况说:"昨自火车开行后,锡人士之有身家而胆怯者,即挟带贵重物件扶老携幼,纷至火车站购票赴沪,以致卖票处异常拥挤,而行李如铺程,皮箱堆积月台,尤不计其数。中等以下之人,或原自乡中来城营生者,即雇舟迁居乡僻之处。因此船资较寻常忽溢数倍(小舟一艘乘客数人,须费十余元之巨)。"〔6〕6 月23 日,"午后三点三十分时,由沪开杭之十号特别快车沪站票房共计售出头二三等客票有三百六十余人之多,所挂头二等客车各一辆,三等车四辆。因尚不敷乘坐,且值天气炎热,故由华总管沈君谕令添挂二等客车一辆,以免

〔1〕《申报》第 139 册,上海书店 1983 年影印版,第 582 页。
〔2〕《申报》第 139 册,上海书店 1983 年影印版,第 776 页。
〔3〕《申报》第 139 册,上海书店 1983 年影印版,第 840 页。
〔4〕《申报》第 139 册,上海书店 1983 年影印版,第 886 页。
〔5〕《申报》第 139 册,上海书店 1983 年影印版,第 932 页。
〔6〕《申报》第 139 册,上海书店 1983 年影印版,第 925 页。

乘客拥挤。日来该路营业颇为发达"[1]。这说明当时的铁路管理者已经注意到拥挤可能给旅客带来的不适。

(二) 铁路设施

优良的设施给人的是舒适的体验,不良的设施带给人的是不便利和不舒适的感受。黄远生在其《游美随纪》中记载了他在美国的乘车经历,对美国铁路的优良设施有切身体会。他的记载说:"铁道而遍出广告,亦一特色。……又以船运送火车过河,殆尤一大特色。车人预告夜中五时,火车过渡可起视之。余未起视,乃殊不觉其已经过渡。同伴某君往视之,则船上置轨共四条,可容四车过渡,若行平地,两旁尚有买食物店也。"[2]他还详细叙说了"船运火车过河"的过程:"车到窝客伦(Oakland),即下车过渡,余下车,至一极大车站,见有无数长凳,乘客纷纷坐下,及考究,则已坐船上。未久,则云已到旧金山,乃到真正车站,亦不觉其系已经过渡者。盖其渡船即车站式,仰望不见烟突,俯视又不见机器,侧听又不闻机声,而车船之关灭天衣无缝故也。以此类推,一切皆机械之力如上所述,出入车站须自携行李,不便极矣。然一到码头,则所有行李均系运送公司以自动车分配,凭票收物,所有客人均有各大客栈,以自动车迎送,各有所归。公司之力,机器之力,可一唤而知者也。"[3]

(三) 旅客素质

1916年,有人记载了从北京乘火车至天津,又从天津乘火车至浦口的旅行见闻和感受。其中,他记叙了乘客们喜欢对他人"指手划脚"、评头品足的情形:"头等车中高坐一显者,戴高礼帽,穿大礼服,著黑漆靴,胸前勋章累累然满,态度昂藏,不可一世。苟有摄影机摄其影,可作会客室中之装饰品,或投入各书肆,可作周刊杂志中之插画面。二三等车中座客见者辄指手划脚,曰是法律家也,是参政也。中有一人且曰此君南下非含有政治意味,必挟有重要使命行见报上。必有许多关于此君南下之纪载。然终不出乎吾所揣测。试阅日内各报,当知吾言非妄。此言出于是,有羡其荣幸者,有羡其阔绰者,更有一般痴男女心中且恨不相逢未嫁时,否则今日之我,居然为钦差之夫人,无何车抵浦口,乘客纷纷下车,显者亦大踏步而逝。"[4]身在这样的乘车环境中,遭受品评的人是何感受,可想而知。

还有自称"鹤雏"的人,记述了从杭乘火车至沪途中类似的感受。因为他"此行无侣",所以,他感到"车中殊寂寥寡欢"。如何化解这种"寂寥寡欢"呢?他的做法有二:一是吟诵随带诗卷,二是观察车中旅客。认为"车中既无要与

---

〔1〕《申报》第140册,上海书店1983年影印版,第848页。
〔2〕《申报》第138册,上海书店1983年影印版,第275页。
〔3〕《申报》第138册,上海书店1983年影印版,第289页。
〔4〕《申报》第139册,上海书店1983年影印版,第302页。

语,即默聆坐人之言论,此亦一无聊之破寂法也"。他记载了观察的结果:"余所乘车为自杭至沪之客车,仅有三四两等,而乘客颇拥挤,习闻人言,西人乘车当客众无隙时,遇老弱妇女必起让,而我人则反是。余频年奔驰车中,所见但有乘客争坐耳,求其自就一坐,不横肱加足以妨他人已为难观之事。盖吾人行旅但知自逸,殆无礼让之可言,已成习矣。"他还揭露说:"我人善伪亦成一第二天性。车中每坐容客二人,苟其人已占得而傍有人至,则或饰言此坐(座)已有两人,或强据两人坐(座)视同车之后至者殆如异端敌国,屏弗纳也。"[1]他从社会公德的角度揭示了旅客文明素质对人们旅行舒适感的较大影响。

(四)沿途景象

沿途的景象包括自然风光、人文景观和社会万象,直接影响到旅客的乘车心情和舒适感。邵飘萍在《车中生活》中记录了7月31日他从上海北上的沿途观感,其中有两段是值得我们品味的。其一为:"下午二时半许,闻车至蚌埠,乃起。未几车行,离站数丈,即见幼孩百余人哭跪道旁,叩头求食。再行,延长里许皆有此种贫民。此时余囊中仅有铜元数枚,纵欲给与,又恐其因争而讧,殊穷于对付。而更令吾人触目惊心,陡知此类贫民之所自出者,则附近数十里田庐黍稷淹没水中,或尚有可获,或已去其半,或尽数无遗,致嗷嗷之声与车行声相应和,直至固镇车站,尚为此种现象也。然途中所过高楼大厦亦颇不少,彼无所苦,最遭惨劫而莫可告语者,惟此盈千累万之贫民耳。"[2]其二为:"昨日下午自南宿州至徐州府一带,多热膏粱,颇长茂,可卜秋收尚不薄。令人呕吐者,则军警之奇形怪状,为态不一,亦有新式鹄立者,而青布短衫,辫发凌乱,曲腰斜足,手携枪棒,似用以支撑其垂倒之身体者,为多数焉。外人旅行者颇众,睹此状况,于中华民国之下岂能下一好字之批评?呜呼。……将近山东一带,树木葱郁,苹果花红,蜜桃之类鲜红欲滴,并知其土之肥沃。铁道之旁多植槐树。清风徐来,枝叶摇曳,似对于过客示其迎送。如此江山,宁非乐国,奈何不思有以永保之耶?"[3]由此看来,沿途景象对旅客的心情是有很大影响的,诗意如画的沿途景象带给旅客的是美的享受和愉悦的心情,而哀鸿遍野、满目疮痍的沿途景象则可能使旅客心情沉重,给旅客带来无限忧虑。

四、"反日常"现象评析

我们在看到铁路的"反日常"现象时,也要看到在1916年铁路部门的"利日常"努力。这种努力有的具有全局性意义,有的只具有局部性价值。前者

〔1〕《申报》第141册,上海书店1983年影印版,第426页。

〔2〕《申报》第141册,上海书店1983年影印版,第551页。

〔3〕《申报》第141册,上海书店1983年影印版,第587页。

是由作为全国交通主管机关的交通部做出的,后者则是由各铁路针对具体存在的问题而付出的。

具有全局意义的努力主要有:(1) 铁路公文俱用华文,有利于提高铁路部门的办事效率,更好地为客、货服务。8 月 24 日,《申报》载:"沪宁铁路管理局兼沪杭铁路管理局长昨奉交通部电开:查各局铁路报告业经先电通饬改用华文电部在案。嗣后该局局长、总管、领生遇有一切陈请报告事项,应悉用华文呈部,不得再以西文达司,其印就各项表式如系仅用洋文者,应另行依式造具华文表,一并呈部,即仰遵照部笃印。"[1](2) 整顿路政,提升铁路的服务能力。9 月 8 日,《申报》载:"许总长对余(访员自称)言:交通部将来计划对于铁路因借款利重,材料价昂,且现年收入五千余万,而支出七千余万,约年不敷一千八百余万,故惟有取绝对保持主义,先清积弊,相机进行。"[2]9 月 10 日,《申报》载:"交通许总长近对于路政极力整顿。昨训令津浦黄、沪宁钟两路管理局长,略以按查铁路保管行李一事,已于各快车先行试办,并于旅客联运案内核定各项规章,通令各该路遵办在案。现当整理路务之时,凡可以利便行旅者,亟应切实推行。除三等旅客之行李以各处习惯未能悉交路员保管外,所有各该路慢车对于头二等旅客之行李自当设法由路代为保管,以期整饬而便旅行,务各察酌该两路情形,切实筹议。呈部核夺。"[3]10 月 4 日,《申报》载:"北京电:交通部昨令各路取消长期免票。"[4]11 月 3 日,《申报》载:"北京电:交部为推广运送大宗货物拟仿各国路局,特设商业调查员、运货劝导员等。"[5](3) 加强法制建设,保障铁路秩序。9 月 18 日,《申报》载:"北京电:交通部已从事定路航邮电四项法规。"[6]11 月 7 日,《申报》又载:"北京电:交部拟设路律委员会,以次长为会长,路政司长副之,并调熟悉路政者充会员。"[7]当天又报道:"交通部许俊人总长拟就本部组织铁路法规委员会,审定铁路各种法规,并聘请铁道协会文牍干事任关东担任编辑,昨已由曾司长专电邀请,闻任君以事关吾国铁路前途綦重,拟将出任云。"[8]12 月,交通部还订定《各路管理局编制专章》(已颁布京奉、津浦和京绥专章)和《国有铁路局局员月薪分级章程》。[9]

---

〔1〕《申报》第 141 册,上海书店 1983 年影印版,第 915 页。
〔2〕《申报》第 142 册,上海书店 1983 年影印版,第 116 页。
〔3〕《申报》第 142 册,上海书店 1983 年影印版,第 149 页。
〔4〕《申报》第 142 册,上海书店 1983 年影印版,第 558 页。
〔5〕《申报》第 143 册,上海书店 1983 年影印版,第 38 页。
〔6〕《申报》第 142 册,上海书店 1983 年影印版,第 278 页。
〔7〕《申报》第 143 册,上海书店 1983 年影印版,第 110 页。
〔8〕《申报》第 143 册,上海书店 1983 年影印版,第 119 页。
〔9〕 前述专章、章程参见《申报》第 143 册,上海书店 1983 年影印版,第 1001、1019、1055 页。

免票的废除，以沪宁、沪杭铁路为先导。10 月 30 日，《申报》载：“沪宁沪杭铁路管理局奉交通部四〇六号令开：查铁路性质纯以营业为主，国有各路多半借款兴办，还本付利时虞支绌，亟宜筹划改良，以期营业发达，进款增收。查免票一项限制极严，近来各机关仍有要求填发长短期免票者，耗费路币莫此为甚。本部为整顿路政起见，亟应详细调查。兹特颁发表式，仰将该路所发之长期免票目下仍可适用者，照式填注，刻日送部以凭核办，毋再延缓。其短期免票每月平均，并将等次、日期随时报部。”[1]12 月 13 日，《申报》载：“北京电：交通部将火车免票一律取消。”[2]12 月 15 日，《申报》又有详细的报道：“各铁路本有一种免票，为各机关人员出差时之用，但与铁路收入有关，现计全国各铁路之内外债总额达于五万六千万圆，以收入与支出之利息相抵，每年尚少一百八十万圆。近交通部查得免票一项，如以客票价格计算，每年为四百万元，当于亏欠之额之九分二。因决议从事取消。昨已呈大总统以取消办法，请予核准。闻总统亦甚谓然，取消目的可以达到。至津浦方面，安徽督军张勋向多免票，闻亦与之磋商。然张督军前曾以无票乘车枪毙兵士十三人，颇顾大局，似亦可以允许也。”[3]

就局部来说，各路的努力侧重于某些方面，并非带有普遍性。这些努力主要有：

行车信息的发布和宣传，《申报》第 138 册集中刊布了沪宁铁路开车时刻表、津浦铁路开车时刻表、沪杭铁路开车时刻表、沪杭甬铁路甬曹线行车时刻表各 52 次。第 139 册集中刊布了前述铁路行车时刻表 12 次后，又继续刊布津浦铁路开车时刻表 22 次。第 140 册共刊布津浦铁路开车时刻表 47 次、津浦铁路运粮减收车价广告 15 次、津浦京奉两路联运米粮至北京减价广告 4 次，刊布陇秦豫海铁路广告 10 次，刊布沪杭甬铁路通车广告 2 次和沪杭甬铁路通车(行车时刻)6 次。第 141 册共刊布津浦京奉两路联运米粮至北京减价广告 12 次，刊布陇秦豫海铁路广告 1 次，刊布津浦铁路行车时刻表 14 次。第 142 册共刊布津浦铁路广告 8 次，刊布京奉津浦铁路出售赴孔教会减费车票广告 10 次，刊布沪杭甬铁路开驶观潮专车广告 3 次，刊布陇海铁路总公所启事 4 次。第 143 册共刊布津浦铁路管理局招商投标承办日本枕木广告 10 次，刊布陇海铁路及汴洛铁路管理处紧要广告 10 次，刊布陇海铁路及汴洛铁路通车时刻表 10 次，刊布沪杭甬铁路接轨通车广告 6 次，刊布沪宁铁路核收辅币贴水广告 10 次。

票务制度的改进，如：3 月 25 日，《申报》载：“本年四月一日为京汉铁路通车十周年纪念之期，京汉南段线局已先期通告各站于是日一律升旗挂彩外，

---

〔1〕《申报》第 143 册，上海书店 1983 年影印版，第 1031 页。
〔2〕《申报》第 143 册，上海书店 1983 年影印版，第 774 页。
〔3〕《申报》第 143 册，上海书店 1983 年影印版，第 812 页。

并将各站出售之头二等客票均于是日附赠该路沿途风景图画及本路行旅指南各印刷品,以志纪念。又该路售票时间向系开车前两分钟至十分钟止,今为便利行旅起见,更改为开车前五分钟截止,以免迟误。"[1]

基础设施的建设,如:3 月 27 日,《申报》载:"镇江沪宁车转货小车站,本设小码头底。兹因该站左近旗民柴滩涨出,交通不便,遂议迁移。现已由工程师择定鲇鱼套地方,将驾桥其上,通过微润洲,直对瓜洲口岸云。"[2]9 月 22 日,《申报》载:"汉口电:粤汉铁道武岳线工事已将告成,惟余各地桥梁些少工事,大约今年十一月间可开通。"[3]近代铁路多是分线设局,铁路与铁路之间在线路上往往没有连接起来,这给铁路客、货带来不便,因此,将不同的铁路连接起来,其实就是为铁路客、货带来便利。1916 年,比较突出的事件是沪宁与沪杭的接轨通车,《申报》也给予了最多的关注,但其中的曲折颇多。两路接轨之议始于 1915 年,最终完成通车于 12 月,历经一年的时间。

客、货运措施的调整,在客运方面,9 月 23 日,《申报》载:"沪宁铁路上海北站至津京通车之行车时刻自缩改加快以来,旅客无不赞誉,将来由铁路旅行之搭客可必其日增。现在旅客由该路上海北站乘上午七点五十五分开之上行完备特别快车,其时刻系与津浦铁路每日开驶之邮快车互相接合,次日下午五点另五分到天津,七点五十分到北京。按自开行至毕程,仅需三十六小时,其由京下行客车之完备快捷亦与上行车无异,似此进步,非但节省光阴,所有从前之种种障碍,亦悉归消灭矣。"[4]在货运方面,7 月 8 日,《申报》载:"宁波铁路车务处于四日晨到有沪杭甬路洋总管列德暨副总管华人沈叔玉君,与甬绍段局长姚伯良君询问甬绍路营业之状况,拟于本月内自宁至姚,除开常车外,再添开区域车一次,以便装运货物,探其原因,以沪杭此次通车后六月份,营业收入较五月份进增,几增至五万余元。现在沿路各栈中之货物仍形堆积拥挤,故添驶一次,以便商民。闻管沈二君接洽之后,即于是日趁轮回沪矣。"[5]

旅游线路的开辟,如:7 月 9 日,《申报》载:"沪杭铁路上海车站营业部以每届炎夏,中外人士之往莫干山避暑者实繁有徒。今该山避暑会已经开幕,特订定便利办法,凡有乘车赴杭转往该山者,由杭站特小轮载送,所有火车与轮船在途之时间仅须十二小时。如沪站上午八点时开行,至下午八时可抵山上。倘欲回沪由山于上午六时起程,至下午六点半可抵上海。车轮两费每客收洋五元,幼童仆役减半,小孩四岁以下者免费,昨已黏贴通告矣。"[6]8 月 19 日,《申报》

---

〔1〕《申报》第 139 册,上海书店 1983 年影印版,第 391 页。
〔2〕《申报》第 139 册,上海书店 1983 年影印版,第 423 页。
〔3〕《申报》第 142 册,上海书店 1983 年影印版,第 346 页。
〔4〕《申报》第 142 册,上海书店 1983 年影印版,第 370 页。
〔5〕《申报》第 141 册,上海书店 1983 年影印版,第 119 页。
〔6〕《申报》第 141 册,上海书店 1983 年影印版,第 138 页。

载:"北京电:交通总长许世英命即自京奉铁路某点建筑支路通至北戴河避暑处,此事议论多年,卒未实行,今许氏独允成之,外人颇为感谢。"[1]

货物厘税和运价的调整,一是津浦路厘的裁撤,8 月 17 日,《申报》译电载:"交通总长许世英命津浦铁路一带之厘局于本月内或九月初旬裁撤,允岁拨洋八万元予苏鲁皖直四省以抵其所失之入项。"[2]津浦路厘的裁撤颇费周折,其间关系到交通部与财政部、沿线四省的利益,最终得以裁撤,表明了交通部在整顿路政方面的某种姿态。[3]二是津浦铁路应济南商埠商会的要求,"所有由津浦铁路北段之天津各站,南段之浦口、蚌埠南站运米麦粮豆至济南卸车者,无论官运商运均按普通运价七五折减收运费,其他装卸各费仍照章收取,以八月份一个月为限"[4]。

由此看来,虽然铁路部门在做着各种"利日常"的努力,但"反日常"的现象依然大量存在。要充分发挥铁路的效益,就必须处理好这两者之间的关系,尽量减少"反日常"现象的发生,而彰显"利日常"的效应。

导致铁路"反日常"现象出现的原因,可从社会、自然和铁路自身三个方面去考察,铁路安全事故和沿线犯罪活动是"反日常"的集中表现。有些"反日常"现象的出现,是铁路系统自身难以避免的。社会大环境的动乱纷扰,自然灾害的不可抗力,都是铁路自身无法预料或抵御的。但是,良好的制度安排和高效的制度执行力,仍是考量铁路应对社会大环境和自然不可抗力的标准,在"难以避免"的前提下,还是有减少"反日常"现象的制度空间和谋事余地的。"反日常"现象有显性和隐性、直接或间接之分,还有结构性差异,因此,对"反日常"现象的评价也不能全盘否定,要有全局的和长远的眼光。"不便利"并不意味着"不安全",为了"安全"而临时创设的制度安排往往是"不便利"的,但这符合全局"利日常"的需求。"舒适"也不意味着"便利",因为与"舒适"相随的往往是高价格,这对贫困阶层的出行是不利的,这就是"反日常"。"利日常"与"反日常"是相互交织的。如何从总体上追求"利日常"而尽可能减少"反日常",是铁路系统应该确立的目标。但是,在特定的社会历史条件下,这样的努力可能是异常艰难的。

(原载《民国研究》2012 年第 5 期)

---

[1] 《申报》第 141 册,上海书店 1983 年影印版,第 820 页。

[2] 《申报》第 141 册,上海书店 1983 年影印版,第 784 页。

[3] 《申报》第 141 册,上海书店 1983 年影印版,第 806 页。

[4] 《申报》第 141 册,上海书店 1983 年影印版,第 877 页。这则消息在第 771 页(8 月 16 日)已报道一次。8 月 16 日的报道在转述济南商埠商会的请求时,多了陈述要求减收运费的理由:"东省连年兵患水灾,岁收荒歉,近复师旅频兴,以致粮价奇昂,灾黎遍野。"